디자인
웍 스

Design Works

디자인웍스

초판 인쇄 2017년 3월 6일
초판 발행 2017년 3월 13일

지은이   헤더 프레이저
옮긴이   주재우 윤영란
펴낸이   김승욱
편집   김승관 장윤정 한지완
디자인   이효진 이현정
마케팅   이연실 이숙재 정현민
홍보   김희숙 김상만 이천희
제작   강신은 김동욱 임현식

펴낸곳   이콘출판(주)
출판등록   2003년 3월 12일 제406-2003-059호

주소   10881 경기도 파주시 회동길 210
전자우편   book@econbook.com
전화   031-955-7979
팩스   031-955-8855

ISBN   978-89-97453-82-5 03320

＊이 도서의 국립중앙도서관 출판시도서목록(CIP)은 서지정보유통지원시스템 홈페이지(http://seoji.nl.go.kr)와 국가자료공동목록시스템(http://www.nl.go.kr/kolisnet)에서 이용하실 수 있습니다. (CIP제어번호: CIP2017005133)

＊이 책은 한국출판문화산업진흥원의 출판콘텐츠 창작자금을 지원받아 제작되었습니다.

헤더 프레이저 지음
주재우 윤영란 옮김

디자인

새로움을 원한다면 분석이 아니라 디자인하라!

웍스

이콘

만약 당신이 디자인 웍스에서 소개하는 프레임워크나 기법을 습득하지 못하는 리더라면, 무한 경쟁에 돌입하는 미래의 비즈니스 환경에서 설 자리가 없을 것이다.

_팀 브라운, IDEO의 CEO

디자인 웍스는 전통적인 전략 프레임워크에 창의적으로 사고하는 방식을 결합함으로써, 시장에서 성공하는 동시에 성장에도 집중할 수 있는 사업 전략을 만드는 방법을 고안해냈다. 혁신적 해결책을 만들어 경쟁 우위를 유지하기 위해서는, 이 책에서 제안하는 프로세스와 기법이 필수적이다.

_대니얼 듀티, Target Corporation의 기업 전략 책임자

헤더 프레이저는 다양한 사례를 통해 비즈니스 디자인이 어떻게 혁신을 불러일으키는지 설명했다. 이 책에는 디자인과 전략의 통합에 관한 유용한 팁이 가득하다. 혁신이 필요한 기업에서 일하는 사람이라면 꼭 읽어야 할 멋진 책이다.

_필립 여, SPRING 싱가포르의 회장

디자인 씽킹과 비즈니스 전략을 한데 묶은 비즈니스 디자인은 의심의 여지 없이 다음 세대의 중요한 혁신 기법이 될 것이다. 이 책은 디자인 씽킹을 알기 쉽게 설명하고 실전 사용법을 단계별로 안내해 주어, 더 나은 전략을 구상하도록 도와준다. 디자인 웍스는 필수적이다.

_스티븐 딜, VF Group의 전략 혁신 담당 부사장

헤더 프레이저는 비즈니스 디자인을 짜내어 혁신이 필요한 누구나 손쉽게 사용할 수 있는 셀프 가이드 북을 만들었다. 우리 팀은 디자인 웍스에 소개된 기법을 이용해서 고객의 니즈를 만족시키는 신제품을 만들었을 뿐 아니라, 시장에 출시하는 제품을 넘어 더 먼 지점까지 볼 수 있게 되었다.

_앤 무커지, Frito-Lay의 부사장 겸 최고 마케팅 담당자

비즈니스 디자인은 고질적인 문제점을 해결하고 공공 기관이나 사기업에서 변화를 불러일으키는 원칙을 알려준다. 디자인 웍스는 어떻게 해야 하는지 기법을 알려주는 유용한 책인 동시에, 더욱 중요하게는 이러한 기법이 왜 중요한지도 함께 알려준다.

_로버트 벨 박사, University Health Network의 대표 겸 CEO

미래를 내다보는 CEO, 리더, 전략가는 이 책을 읽음으로써 시장에서 전략적 우위를 확보하는 비즈니스 디자인의 원칙과 실천 방안을 알게 될 것이다. 디자인 웍스는 여러 기업들이 미래를 고민하고 사업을 새롭게 시작하는 완벽한 시점에 출간되었다. 시장에서의 승리란 절대 운에 기댄 결과가 아니다. 시장에서의 승리는 디자인할 수 있다.

_대니 나이두, Old Mutual Group의 IT 국제 혁신 부서장

디자인 웍스는 혁신의 가능성을 극대화하기 위해서 디자인 씽킹을 어떻게 사용해야 하는지 설명하는 멋진 책이다. 이 책에는 실행 가능한 인사이트를 찾아내고 아이디어를 성공적으로 상품화한 사례가 풍부하다. 혁신을 추구하는 사람이라면 반드시 책장에 꽂혀있어야 한다.

_베스 콤스톡, GE의 부사장 겸 최고 마케팅 책임자

미래의 사업, 조직, 도시를 당신만의 방법으로 준비하고 싶다면, 헤더 프레이저의 디자인 웍스를 반드시 읽어야 한다. 이 책에는 글로벌 기업들이 조직 전반에 디자인 씽킹을 적용하여 창의성과 경쟁력을 동시에 끌어올린 사례가 여럿 소개되어 있다. 이 책은 한 마디로 현장 경험에 기반한 전략 훈련 지침서이다.

_리차드 플로리다,
토론토 대학 마틴경제발전연구소의 책임자 겸 The Atlantic의 편집장.

조직 내의 까다로운 과제에 디자인 원칙을 적용하면, 신선한 인사이트에 기반한 돌파구를 찾아내고 모든 이해 관계자가 가치를 얻을 수 있다. 몰입도가 높고 실용적인 이 책은 디자인을 조직에 적용하는데 필요한 프레임워크와 기법을 소개한다.

디자인 웍스에 소개된 눈을 뗄 수 없는 케이스와 영감이 가득한 인터뷰를 통해, 세계적 수준의 글로벌 기업들이 '디자인 씽킹'을 전략적으로 사용하는 방법을 알 수 있다. 이 책을 읽고 나면,

- 조직 내에 강력한 '인간' 중심 사고가 생겨나면서 고객에게 민감한 조직원들이 생겨나고,
- 정량적 분석을 위반하지 않으면서 기발한 생각을 빠르게 모아서 큰 아이디어로 변환하는 방법을 배우게 되고,
- 조직을 전략적으로 조정함으로써 조직원들이 중요한 목표에 집중하도록 견인할 수 있다.

비즈니스 디자인이란 습득할 수 있는 혁신의 한 방법이다. 이를 통해 기업은 기존 기획팀이나 개발팀과 균형을 유지하면서 미래 지향적인 신규 전략을 통합적으로 구상하여 앞으로 전진할 수 있다.

2년여의 마케팅 전공 박사 과정을 마치자, 색다른 연구 주제를 찾아야 한다는 부담감에 입이 바짝바짝 마르고 잠이 오지 않기 시작했다. 기왕 평생의 업으로 삼을 연구라면 좋아하는 것을 해야겠다는 일념 하에, 1999년 ABC 방송국에서 방영하고 이제는 전설로 남은 아이디오IDEO의 쇼핑 카트 프로젝트 동영상을 수십 번 돌려보았고, 정통 마케팅 연구 주제와는 다소 거리가 먼 디자인 관련 연구 주제를 여러 차례 제안했다. 어느 날 지도 교수님은 경영대학원 산하에 디자인 스튜디오가 만들어지니, 담당자를 만나보고 연구 주제를 상의해보라고 제안하셨다. 다음날, 학교 모퉁이 커피숍에서 디자인 스튜디오의 디렉터이자 이 책의 저자인 헤더 프레이저Heather Fraser를 만났다.

당시 나는 도서관에서 논문을 읽고 연구실에서 데이터를 수집하는 일을 쳇바퀴처럼 반복할 때였는데, 헤더는 디자인 씽킹에 기반해서 여러 신상품 기획 프로젝트를 수행할 것이라는 이야기를 호탕한 웃음소리와 자신감 넘치는 목소리로 들려주었다. 어떻게 하면 건강을 고민하는 사람들에게 팔 수 있는 아이스크림을 만들 수 있을까, 어떻게 하면 토론토라는 도시를 대표하는 휴대폰 서비스를 만들 수 있을까, 어떻게 하면 집 안에서 쓰레기를 소각하는 시스템을 만들 수 있을까. 프로젝트 진행 방식과 결과물이 궁금했던 나는, 헤더의 초청을 받아 학교 캠퍼스 바깥에 새롭게 리노베이션하는 건물에 구경을 가기 시작했다. 빨간 벽돌로 지어진 건물에, 1층과 지하실의 문을 없애고, 채광이 잘 되는 커다란 유리창을 달고, 벽을 칠판처럼 칠해서 마커로 그림을 그릴 수 있게 하고, 바퀴 달린 책상과 의자를 여러 개 가져오고, 냉장고 한 대와 에스프레소 커피 머신 하나, 소파를 가져다 놓았다. 밝은 연두색과 짙은 파란색이 더해진 화사한 공간에는 로트만 디자인웍스Rotman Designworks 스튜디오라는 이름이 붙었고, 이후 일주일에 한두 번 정기적으로 놀러 가기 시작했다.

스튜디오에는 다양한 사람들이 모여 들었다. 헤더는 P&G에서 광고 효과를 측정하던 마케팅 전문가였고, 마크 륭Mark Leung은 공학을 전공하고 토론토 대학에서 MBA 학위를 받았으며, 유진 그리시코 Eugene Grishko와 알페시 미스트리Alpesh Mistry는 토론토 대학에서 남쪽으로 두 블록 떨어진 온타리오 예술 디자인 대학(Ontario College of Art and Design, 줄여서 OCAD라고 부름)에서 디자인을 전공한 디자이너였다. 4명의 핵심 멤버 이외에도 토론토 대학에서 MBA를 공부하던 치히로 호소에Chihiro Hosoe와 OCAD에서 디자인을 전공한 그레이스 박Grace Park이 종종 놀러 왔으며, 토론토 대학의 MBA 재학생과 OCAD 석사생을 대상으로 진행된 실무형 비즈니스 디자인 수업이 일주일에 한 번씩 진행되었다. 가끔은 캘리포니아, 시카고, 도쿄에 위치한 디자인 컨설팅 에이전시 대표님들이 와서 특강도 했으며, 경영대학 교수님과 디자인 교수님이 모여서 공동 연구를 진행하기도 했다. 디자인과 경영이 섞이는 것에서 더 나아가, 프로젝트와 수업과 연구가 모두 한데 뒤섞여 진행되는, 무어라 콕 집어서 부르기 어려운 융합 공간이었다.

실무에서 중요하게 생각하는 디자인 주제를 검증된 마케팅 방법론으로 연구해야 한다는 부담은 늘어 갔지만, 학교로부터 걸어서 10분 걸리는 스튜디오는 내게 일종의 오아시스였고 안식처였다. 스튜디오까지 걸어가는 동안, 학교라는 울타리를 벗어나 토론토라는 도시에 발을 딛고 살아가는 '진짜' 사람들을 보면서 현실을 느낄 때도 많았다. 호화 호텔인 포시즌스 바로 옆에 중국인이 운영하는 초저가 베트남 쌀국수 집이 있었고, 맥주 가게에는 빈 맥주병을 모아다 돈으로 바꿔가는 사람들도 많았다. 스튜디오에 들어서면 연구가 잘 되기를 진심으로 기원해주는 사람들의 관심과 따뜻한 격려에 무엇보다 고마웠다. 이때쯤, 디자이너라고 불리는 사람들은 착한 사람들이 아닐까라는 혼자만의 결론에 도달하기도 했다.

헤더는 디자인웍스 스튜디오를 흥미롭게 운영했다. 북미와 아시아에서 자란 우리는 좋은 직장이 무엇인가에 관해 여러 번 이야기를 나누었는데, 헤더는 '친구를 데리고 와서 함께 놀고 일할 수 있는 곳'이 좋은 직장이라고 정의했다. 쉬는 시간에 찾아가도 마음이 불편하지 않고, 친구를 데리고 가서 함께 시간을 보낼 수 있다면 좋은 곳이라는 의미였다. 함께 일하는 사람들이 나중에 다른 곳으로 이동해서도 잘 되는 것이 중요하다면서 스튜디오가 사람들에게 스프링보드 springboard 역할을 하면 좋겠다는 이야기도 했다. 이러한 생각 덕분인지, 이 스튜디오에서는 흥미롭게도 금요일 3시쯤이면 모두 각자의 컴퓨터를 끄고 냉장고에서 병 맥주를 하나씩 꺼내서 주변 동료나 나를 포함한 놀러 온 사람들과 이런저런 이야기를 나누었다. 처음에는 굴러다니는 의자나 소파에 삐딱하게 앉아서 신변잡기에 관한 이야기를 시작하지만, 두 시간쯤 지나면 모든 사람들이 하나의 프로젝트에 관한 흥미로운 아이디어를 자연스럽게 토론하는 모습이 만들어지곤 했다.

헤더가 디자인웍스 스튜디오를 자유롭게 운영한 데에는 당시 경영대학원 학장님의 공이 컸다. 당시 토론토대 로트만 경영대학원 학장님이었던 로저 마틴은 2009년, "Design of Business: Why Design Thinking is the Next Competitive Advantage"라는 제목의 책을 한 권 썼다. 이 책에 따르면, 분석적 사고analytical thinking가 강조되는 현장에서는 기술 개발에 관한 대대적인 투자나 혁신 컨설팅이 대부분 실패한다면서, 대안적인 사고 방식인 디자인 씽킹design thinking이 필요하며 두 개의 서로 다른 사고 방식의 균형을 유지해야 한다고 주장했다. 디자인 씽킹이 무엇인지 정의한 유럽이나 캘리포니아의 디자인 연구자들이 이미 적지 않았지만, 북미의 경영 전문가가 디자인 씽킹의 사업적 가치를 주장하자 P&G의 성공 사례와 맞물려 실무자들의 상당한 관심을 얻었다.

흥미롭게도 북미 경영 학계에서 스타일링으로서의 디자인은 적지 않은 논의가 이루어진 반면, 개념 정의와 효과 측정이 허약한 디자인 씽킹은 학문적으로 주력 연구 주제가 아니었다. 게다가 로저 마틴 전 학장님, 버지니아 대학의 진 리드카Jeanne Liedtka 교수님, 그리고 윌리엄 앤 메리 대학College of William and Mary의 마이클 룩스 Michael Luchs 교수님을 제외하고는 경영대학 내에 '디자인'스러운 공간이나 조직을 만들어 성공적으로 운영한 사례도 거의 없었다. 학문적인 무관심과는 별개로, 창의적인 문제 해결이나 고객 관점의 신규 사업 창출이 요구되는 실무에서는 디자인 씽킹이 자주 소환되었다.

디자인 도구를 마케팅 프레임워크에 어떻게 적용할 수 있을지 고민하던 내게, 헤더는 "디자인 도구를 장기적으로 사용한 경영자들이 더 나은 비즈니스 결과를 얻는다는 경험적 결과를 얻었다"고 말했다. 토론토에서는 이해하지 못했던 이 말의 의미를 서울에 온 뒤 여러 디자이너들과의 만남을 통해서 이제는 이해할 수 있게 되었다.

도구와 기법은 사고와 생각을 변하게 하고, 결국 기존에는 보이지 않는 시장을 볼 수 있는 눈을 갖게 해 준다는 의미였다. 빈틈 없는 경쟁 상황을 헤쳐나갈 차별화 요인을 찾는 마케터, 고객이 진정으로 무엇을 원하는지 알아야 하는 기획자, 조직 문화를 변화시켜야 하는 중책을 맡은 임원들에게 디자인 씽킹이 의미 있는 중요한 선택지로 자리매김하길 기원한다.

주재우, 윤영란 옮김

PART. 1

차

례

PART. I

추 천 사

로저 마틴**Roger Martin**

(토론토 대학 로트만 경영대학장)

21세기에 들어오면서 많은 기업들이 분석에 대한 집착에서 벗어나기 시작한 것은 확실합니다. 뭔가 다른 것을 원하지만, 분석을 하면 할수록 똑같은 것을 더 많이 만들어낼 뿐이라는 사실을 깨닫게 된 것입니다. '뭔가 다르다'는 것은 종종 업계에서 최고가 됨을 의미합니다. 자신만의 영역에서 새롭고 더 나은 것을 정의한 애플**Apple**, 제트블루**Jetblue**, GE처럼 말이지요. 이에 따라 업계 최고가 되고 싶은 적지 않은 기업들이 분석과는 거리가 먼 디자인을 눈여겨보기 시작했습니다. 디자인은 인류학적 조사, 브레인스토밍, 빠른 프로토타이핑 등 신선하고 새로운 기법을 전면에 내세우며 매력적인 약속을 합니다. 경영자들에게 디자인은 새로운 인사이트와 신선한 아이디어를 제공할 수 있는 흥미로운 대안이라 할 수 있습니다.

　디자인 기법을 받아들인 사람들은 이를 기존 프로세스에 접목할 때 어려움을 겪게 됩니다. 창의적인 아이디어는 좀처럼 얻어내지 못하는 바로 그 프로세스 말이죠. 기존의 프로세스란 기업이 예전에 하던 일을 그대로 계속한다는 뜻입니다. 사실 이미 존재하는 것을 최대한 활용하는 것은 이전 단계의 탐험에 대한 보상이니 나쁘다고만은 할 수 없지만, 수많은 디자인 아이디어들이 벽에 부딪히는 지점은 바로 이렇게 현상 유지를 우선시하는 기업의 프로세스입니다. 자연에서 살아가는 생명체에게 가장 중요한 것은 그 생명체가 이미 가지고 있는 무언가이듯, 기업의 경우에도 그들이 이미 만들어놓은 프로세스에 많은 것이 들어 있습니다.

그렇기 때문에 새로운 비즈니스 디자인이란 기존의 전략 프로세스에 연결되는 것이어야 합니다. 어떻게 성공할 수 있을지를 고려하지 않고 오직 새로운 발견에만 집중하는 창의성이란 사실상 무의미합니다. 헤더 프레이저가 책에서 말하듯 '투자와 노력을 이끌어내는 전략으로 전환되지 못하면' 아무리 훌륭한 아이디어도 절대 실현될 수 없습니다. 반대로 지금 당장 할 수 있는 전통적인 프로세스에만 집중하는 기업에게 창의적인 전략이란 없습니다. 우리는 이러한 요소들 사이에서의 균형을 유지해야 합니다.

비즈니스 디자인이 필요한 지점이 바로 여기입니다. 비즈니스 디자인은 P&G가 어려움을 겪었던 2005년에 시작되었습니다. 2001년 P&G의 회장으로 새로 임명된 래플리^{A.G.Lafley} 회장은 디자인에서 기업의 체질을 변화시킬 가능성을 보았고 클라우디어 코치카^{Claudia Kotchka}를 디자인 혁신 전략담당 부사장으로 임명했습니다. 초기에는 클라우디어의 리더십에 따라 디자인 자체에 상당한 투자를 했지만, 몇 년 후 시장에서 성과를 내는 결과물로 만들어지려면 디자인이 전사적으로 활용되어야 한다는 결론에 도달했습니다. 결국 2005년 클라우디아는 내게 도움을 요청했고, 스탠포드 디자인 스쿨을 세운 데이비드 캘리와 일리노이 공과대학의 디자인 학장인 패트릭 휘트니의 도움을 받아 헤더 프레이저와 함께 디자인에서 가장 중요한 것을 찾아나가며 이후 디자인을 P&G의 전략과 매끄럽게 통합하기 위해 많은 노력을 했습니다.

통합에 필요한 프레임워크로 우리가 제안한 것은 공감을 통한 깊

16

이 있는 이해, 콘셉트의 시각화, 전략적 비즈니스 디자인으로 이루어진 비즈니스 디자인의 3기어three gear였습니다. 이 프레임워크는 P&G에서도 매우 효과가 좋았으며, 이에 로트만 경영대학은 로트만 디자인웍스를 설립하여 헤더 프레이저에게 맡겼습니다.

헤더와 로트만 디자인웍스는 비즈니스 디자인을 현업에 적용하려는 학생과 임원의 능력을 개발해나갔습니다. 이 센터는 로트만 경영대 학생들의 삶과 커리어를 향상시켜 학교에 독특하고 중요한 경험을 안겨주었으며, 문제 해결에 필요한 새로운 전략을 생각해내야 하는 전 세계 비즈니스 리더들에게 영감을 주었습니다.

비즈니스 디자인의 3기어를 간단하면서도 실용적으로 소개하는 이 책은 비즈니스 디자인의 능력을 최대한 활용하려는 조직에 좋은 가이드가 될 것입니다. 여러분도 모쪼록 이 책을 읽고 새로운 프로세스가 만들어내는 창의적인 솔루션을 만끽하시기 바랍니다.

17

서 문

로트만 디자인웍스의 여정과
이 책의 목적

2004년 여름, 교육과 산업의 판도를 바꿀 기회를 논의하기 위해 한 무리의 사람들이 토론토 대학교 로트만 경영대학의 학장실에 모였다. 방에는 경영대학 학장인 로저 마틴, IDEO의 공동 창업자이자 스탠포드 디자인 스쿨을 설립한 데이비드 캘리, 일리노이 공과대학의 디자인 학장인 패트릭 휘트니, 그리고 평생 비즈니스 혁신에 매달렸고 경영대학의 교육을 혁신하려 하는 헤더 프레이저가 있었다. 로저 마틴이 말했듯이 우리의 목적은 '디자인 교육과 비즈니스 교육의 상호보완적인 퍼즐을 맞추어 다학제多學際적인 비즈니스 디자인을 만들고, 세계적인 선두 기업을 발전 및 변화시키기 위해 세 교육기관이 파트너를 맺는 것'이었다.

비즈니스 디자인의 목적은 비즈니스에서 나타나는 우수 사례와 디자인에서 영감을 얻은 기법을 통합, 기업이 처한 혁신 관련 과제를 해결하는 데 도움을 주려는 것이다. 우리는 기업들이 고객의 니즈를 더 잘 충족시킬 수 있는 새로운 기회를 발견하고, 고객을 위해 더 혁신적인 솔루션을 만들어내며, 솔루션을 현실적인 비즈니스 전략으로 전환하여 혁신의 성공 가능성을 더욱 높일 수 있는 접근법을 생각해 냈다. 이것이 비즈니스 디자인의 3기어, 즉 공감을 통한 깊이 있는 이

18

해, 콘셉트의 시각화, 전략적 비즈니스 디자인이었다.

2005년 로저 마틴은 이러한 생각을 세계에서 가장 존경받는 기업 중 한 곳에 적용해볼 수 있는 기회를 만들었다. 경쟁우위를 점하며 시장과 자사에 더 많은 가치를 가져다주는 방법으로 디자인 씽킹을 고려하고 있던 P&G가 바로 그곳이었다.

당시 P&G의 대표였던 래플리 회장은 회사의 혁신과 성장의 수준을 끌어올리기 위해 제품이나 패키지에만 응용되던 디자인을 다른 부서에도 적용하고 싶어 했다. 이를 위해 래플리는 당시 성과가 좋으면서 디자인에도 관심이 많았던 클라우디아 코치카를 디자인 혁신전략담당 부사장으로 임명했고, 클라우디아는 오랫동안 P&G에 전략 조언을 해온 로저 마틴에 도움을 요청했다. 전략 수립과 혁신 프로세스에 디자인 씽킹design thinking을 불어넣는 프로그램의 기획팀과 우리가 제안한 통합 프레임워크는 2005년 12월, 글로벌 모발hair 관리팀을 통해 시장에서 검증받게 되었다. 이때 제안한 프로그램의 프로토타입은 수정을 거쳐 이제는 P&G의 글로벌 디자인 부서 디렉터가 된 신디 트립이 운영하고 있다. 이전보다 더욱 커진 디자인 씽킹 워크숍은 마침내 전사에 파급되어 'P&G는 세계에서 가장 혁신적인 회사 중 하나'라는 명성을 공고히 하는 데 핵심적인 역할을 했다.

우리는 P&G 프로그램을 운영하면서, 비즈니스 디자인을 본격적으로 발전시키고 확장하기 위해 로트만 디자인웍스도 계획하기 시작했다. 우리의 야망은 디자인에서 영감 받은 이 접근법을 혁신 프로젝트 전면에 걸쳐 보다 정교하게 적용할 수 있는 하나의 방법론으로 만드는 것이었고, 이를 위해 2006년 여름부터는 로트만 디자인웍스에서 프로젝트성 교육과정을 파일럿 프로그램으로 운영했다. 경영대 학생들과 온타리오 예술 디자인 학교의 디자인 학생들을 모아 현실의 문제를 해결해나가는 이 프로그램을 통해 우리 모두는 비즈니스 디자인 프레임워크와 도구뿐 아니라 그 가치를 더 깊게, 더 잘 이해할 수 있었다. 이후 MBA 프로그램에서 학점을 인정받는 비즈니스 디자인 실습 과목을 개설하면서 더욱 다양한 프로젝트에 이 방법론을 이용하고 교육 자료를 다듬던 중에 이 책에 소개된 우리의 첫 번째 현실 프로젝트인 '프린세스 마거릿병원 프로젝트'를 수행하는 기회가 주어졌고, 2007년이 되자 우리는 혁신에 대해 신선하고 실용적이면서 동시에 전략적인 접근을 하고 있다는 믿음을 갖게 되었다.

이후 5년간 우리는 사기업, 공공기관, 협회 등 여러 영역을 대상으로 교육, 연구 및 프로젝트 활동을 수행하며 점점 더 많은 학생과 임원을 만났다. 캐나다 내의 공공기관과 정부부처뿐 아니라 P&G, 네슬레Nestle, 파이저Pfizer, 메드트로닉Medtronic, 월풀Whirlpool, 프리토레이Frito Lay, SAP 등 글로벌 기업을 대상으로 하는 상업적 프로젝트를 수행했고, 최근에는 혁신적이고 미래 지향적인 싱가포르에 우리의 교육 프로그램을 전파하기도 했다. 싱가포르 정부 산하기관인 스프링SPRING과 함께 싱가포르 최초의 기술 대학인 싱가포르 폴리테크닉Singapore Polytechnic에서 임원을 대상으로 비즈니스 디자인의 지식 및 기술 교육 프로그램을 만든 것이 그 예다. 싱가포르는 국가의 혁신 어젠다에 발맞추어 디자인 씽킹을 근무 환경에 적용한다는 계획을 갖고 있었다.

이처럼 비즈니스 디자인은 다양한 조직의 여러 과제를 해결하는 과정을 통해 검증되었다. 약 7년간 다섯 기수의 비즈니스 디자인 졸업생이 배출되었고, 창업자 기반의 소규모 기업에서부터 글로벌 시장에서 활동하는 대규모 기업과 정부기관에서 온 2,000여 명의 임원들이 이 프로그램을 거쳐갔다. 우리가 겪은 이 여정에서 배운 것은 다음과 같다.

- 비즈니스 디자인은 학습 가능한 혁신의 영역으로, 이를 통해 기업은 문제를 찾고 강점을 만들어가며 팀을 움직이게 할 수 있다.
- 비즈니스 디자인은 시장에 유의미한 임팩트를 주는 데 필요한 비즈니스의 엄격함을 희생하지 않으면서 구성원의 창의적인 면을 끌어낼 수 있다.
- 비즈니스 디자인은 외부의 지원과 내부 추진력을 바탕으로 더 많은 사람들을 공통의 열망에 끌어들임으로써 더 커다란 아이디어를 더욱 빨리 만들어낼 수 있는, 전략적이고 생산적인 방법이다.
- 비즈니스 디자인을 실행하면 전통적인 상품 기획과 비즈니스 개발이 균형을 이룰 뿐 아니라 더 많은 기회와 더 나은 혁신적 전략을 추구하는 데 기여할 수 있다.

기업의 일반적인 도전 과제

다른 기업들이 어떤 문제를 비즈니스 디자인으로 해결했는지 궁금할 것이다. 아래는 프로젝트를 수행한 기업체 직원들이 로트만 디자인웍스를 찾아왔을 때 처음 꺼냈던 이야기들이다.

"다르다고 하기엔 뭔가 부족해요. 변화 속도가 너무 느리고 근본적인 변화가 없어요."

"신규 프로젝트에 상당한 시간과 돈을 쏟아붓고 있어요. 하지만 제대로 하고 있는지, 고객을 위해 정말 중요한 것에 투자하고 있는 건지를 모르겠어요."

"똑같은 문제에 몇 년째 발목이 잡혀 있어요. 진도가 나가지를 않네요. 뭔가 새로운 접근이 필요해요."

"우리 업계는 성장이 정체되어 이제는 불안정해진 상태예요. 성
장할 수 있는 길이 보이질 않아요."

"데이터에 근거해 위험을 회피하는 우리 같은 기업에서 어떻게
하면 디자인의 효과를 극대화할 수 있나요?"

"기업 내부에 실험하고 실패하고 학습하는 문화를 만들어 장려
하고 싶은데 어떻게 하면 될까요?"

"디자인 프로세스를 매번 외부에 맡길 여력이 없어요. 어떻게
하면 내부 직원들을 디자인 프로세스에 참여하게 해서 통찰을
직접 체험하게 할 수 있을까요?"

만약 위의 이야기 중 하나라도 당신의 마음을 건드린다면 통찰부
터 아이디어, 전략, 실행까지 아우르는 프레임워크와 기법을 가진 비
즈니스 디자인 접근법이 당신에게 실질적인 도움을 줄 것이다. 이 책
에는 비즈니스 디자인을 적용한 다양한 기업들의 통찰, 관찰, 질문,
피드백이 포함되어 있을 뿐 아니라, 선구적인 파트너와 학생들이 비
즈니스를 변화 및 진전시키면서 얻어낸 중요한 핵심 프레임워크와
도구가 담겨 있다. 이 책은 토론토 대학교 로트만 경영대학원의 전
략혁신 연구소인 로트만 디자인웍스가 지난 7년간 수행했던 작업을
통해 발견한 '하나의 팀이 새로운 가치를 창출할 수 있는 방법' 그리
고 '배울 수 있고 반복해서 적용할 수 있는 기법'을 제시한다.

이 책의 구성

이 책은 혁신 과제를 해결하고 돌파구가 되는 결과물을 만들어내기

22

위해 비즈니스 디자인이 어떻게 기업 내부의 통찰력과 상상력, 창의성을 최대한 이끌어낼 수 있는지 보여준다. 어쩌면 당신은 로저 마틴이 쓴 『디자인 씽킹The Design of Business: Why Design Thinking May Be the Next Competitive Advantage』을 읽고 디자인 씽킹이 기업의 혁신, 성장, 경쟁우위에 영향을 끼친다는 점을 알고 있을 수도 있는데, 만약 그렇다면 디자인 씽킹이 현실적으로 어떻게 비즈니스를 발전시키는지 궁금할 것이다. 그 질문에 대한 대답으로 이 책은 디자인 씽킹을 실질적인 디자인 작업으로 변환시켜서, 제목이 의미하듯이 '디자인은 효과가 있다design works'는 것을 보여주는 자료가 될 것이다.

이 책의 첫 번째 파트에서는 비즈니스 디자인이 무엇이고, 어떻게 이루어져야 하며, 어떤 결과를 가져오는지 등 비즈니스 디자인 전반에 대한 내용을 소개한다. 그다음엔 비즈니스 디자인을 실행해서 새로운 솔루션과 전략을 만드는 생각의 프레임워크인 3기어를 설명한다. 즉, 맨 처음에는 비즈니스 디자인의 개관으로 시작하고, 각 기어를 설명하는 세 개의 챕터가 있어 디자인 여정을 떠나기 위해 준비해야 할 것들을 알려준 뒤, 마지막으로 기업내 혁신 문화를 증진시키기 위해 비즈니스 디자인을 적용하면서 배운 점을 공유하고 전환하라는 내용으로 끝을 맺는다. 이를 조금 더 자세히 설명하면 다음과 같다.

첫 번째 파트의 챕터 대부분은 비슷한 형태를 따른다. 먼저 비즈니스 디자인이 적용된 스토리를 설명하고 개발 단계에서 중요했던 목표와 활동을 간략히 설명한 뒤, 활동에 필요한 원칙과 프레임워크와 핵심 사고를 강조한다. 모든 챕터는 두 번째 파트에서 구체적으로 설명하게 될 도구와 팁으로 끝마친다.

두 번째 파트는 비즈니스 디자인의 적용에 필요한 도구와 팁의 모음으로, 프로젝트 수행 과정에서 얻은 간단한 설명과 사례가 덧붙여

져 있다. 도구는 발견 프로세스와 개발 프로세스를 개선하고, 더욱 중요하게는 팀이 가진 고유의 창의성을 발휘할 수 있게 해준다. 물론 모든 디자인 기법이 총망라된 것은 아니지만, 여기에 나온 도구와 팁들은 우리가 실제 가르치고 사용하면서 작업에 효과가 있었던 것들임을 밝힌다.

용어

모든 영역에는 자신만의 이름을 붙이는 방법이 있고 이 이름들은 전문용어나 은어로 변하기도 한다. 이 책에는 몇몇 이유로 특별하게 선택된 용어들이 자주 등장한다. 다음에 나오는 용어들이 그것인데, 내가 이 용어들을 선택한 이유와 당신이 그것을 어떻게 받아들여주면 좋을지에 대한 설명을 간단히 덧붙인다.

- **가치**: 비즈니스 디자인에서 가장 중요한 것으로, 넓은 의미에서 봤을 때 금전적 혹은 비금전적으로 가지는 상대적인 가치, 이점, 중요성을 의미한다.
- **기업**: 가치를 만들고 싶은 공적, 사적, 비영리단체를 모두 포괄한다. 기업은 중요하거나 어렵거나 아직 시도해보지 않은 계획에 따라 프로젝트를 수행한다.
- **이해 관계자**: 소비자, 고객, 사용자, 손님 등을 포함한 최종 고객뿐 아니라 중요한 조력자와 영향을 미치는 사람 모두를 포함한다. 포괄적인 솔루션을 제안하는 경우, 많은 이해 관계자가 새로운 솔루션의 '사용자'가 된다.
- **프레임워크**: 도구나 툴과 헷갈리지 않기를 바란다. 프레임워크는

24

생각을 시작하고 불러일으키며 정리하는 역할을 한다.

- **결과**: 이 책에서는 '실적'이나 '성과'보다는 '결과'라는 말을 사용한다. 실적이나 성과는 재무적인 용어로 현실에서 그 의미를 해석하는 데 시간이 걸리지만, 결과라는 단어는 그 의미가 좀 더 손에 잡히고 금방 다가온다는 장점이 있다.

이 외의 다른 용어들은 등장할 때마다 정의될 텐데, 디자인 용어를 많이 쓸수록 당신은 기업 내의 구성원들이 새로운 방식으로 생각하고 일하며 의사소통하는 것을 보게 될 것이다.

바라건대 당신에게 이 책은 한 번 읽고 마는 책이 아니라 필요할 때마다 열어보는 참고서적이 되었으면 한다. 이 책의 진정한 가치는 이 책으로 무엇을 하는가, 이 책을 가지고 프로젝트의 결과와 과정을 어떻게 해석할 것인가에 달려 있다. 이 책을 읽고 원칙과 사례를 적용해보며 비즈니스 디자이너로서 역량을 개발해나가는 과정에서 해보길 바라는 몇 가지가 있다.

• 현재 상황을 측정하라.

가장 큰 과제가 무엇인가? 미래를 만들어나가는 데 있어 내가 얼마나 앞서 있다고 생각하는가? 혁신적인 아이디어로 성공할 확률이 얼마나 되는가? 시장에서 통할 혁신적인 아이디어를 만들어내는 데 걸림돌이 되는 것은 무엇인가? 조직, 운영, 문화 중 어떤 요소가 발전 속도를 더디게 만드는가?

- **이상적인 프로젝트를 항상 생각하라.**

해결 과제를 구체화하는 것이 좋다. 어쩌면 이루어질 수 없는 야망에 기대 있거나 어떠한 이유로든 생각해보지 못한 거대한 도전일 수 있고, 너무나 거대하고 복잡해서 지금 당장 떠오르는 방법으로는 해결하지 못하는 것이라 해도 좋다. 이러한 과제를 염두에 두고 책을 읽으면 책에 등장하는 내용을 어떻게 적용할지 적극적으로 생각하게 된다. 지금 당장 특정 도구를 사용하지는 않을지라도, 책을 읽어나가면서 당신이 가진 과제의 상황에 알맞게 무엇을 어떻게 적용할지 상상해보는 것은 비즈니스 디자인을 전체적으로 파악하는 데 도움이 될 것이다.

- **워크숍과 실험으로 워밍업을 한 뒤 돌이켜보라.**

한 가지 주제를 정해서 원하는 팀과 워크숍을 진행해보자. 기법을 실험해보는 것을 두려워하지 마라. 완전한 결과를 얻기 위해서는 책에 등장하는 비즈니스 디자인의 3기어를 모두 직접 수행해봐야 한다. 만약 한 가지 방법이 굉장히 신선한 관점을 제공해주었다면 그 방법을 현재 수행중인 실제 프로젝트에 사용해보자. 새로 발견한 기술의 가치를 당장 최대한으로 얻을 수 있는 방법이니 말이다. 비즈니스 디자인을 프로젝트에 적용할 때마다 그 경험을 돌이켜 보고 평소와 무엇이 달랐는지, 그리고 어떻게 새로운 기회를 발견하고 혁신의 능력을 배양했는지 생각해보라.

- **시간을 투자해서 과정에 집중하라.**

실제 프로젝트에서 궁극적인 효과를 달성하기 위해서는 시간과 노력을 투자하고 실행에 집중해야 한다. 비즈니스 디자인을 통해 프로젝트를 진행하면 새로운 통찰, 아이디어, 빠른 성공, 즉 퀵윈(Quick-Win, 빠르게 해결할 수 있는 문제를 즉시 개선하고 실행하는 것-옮긴이)을 거치면서 새로운 것을 계속 배우게 된다. 비즈니스 디자인은 반대쪽 끝에 "아하!" 하는 하나의 놀라운 깨달음이 결과물로 나타나는 것이 아니라 즉각적이면서도 장기적인 효과를 가진 결과물을 만들어나가는 과정이다. 매 단계를 지날 때마다 그것이 어떤 가치를 가져왔고 이제부터 무엇을 할 수 있는지 항상 생각하자.

•가르치고 전파하고 축하하라.

성공은 성공을 부른다. 비즈니스 디자인으로 새로운 세상을 만났다면 더 넓은 세상에 알려야 한다. 새로운 발견, 돌파구의 확보, 팀 역학 및 생산성 개선에 대한 증거를 체계적으로 주변에 알리고 공유하자.

비즈니스 디자인이란 발견과 학습을 통해서 우리가 일하는 방식을 변화시키는 여정이다. 당신도 이 책에 등장하는 이야기와 아이디어에서 영감을 받아 기업 내에서 당신만의 여정을 시작하길 바란다 (추가 자료는 fraserdesignworks.com에서 찾을 수 있다).

비즈니스 디자인 개관

THE PRACTICE OF BUSINESS

비즈니스 디자인 개관:
가치를 창출, 전달 및 유지한다

성공한 벤처 기업들을 살펴보면
훌륭한 비즈니스 디자인의 원칙이 분명하게 드러난다.
여기에서는 비즈니스 디자인 원칙을
현실에 성공적으로 적용한 사례를 소개한다.

1992년, 네슬레 본사가 위치한 스위스 브베Vevey의 글로벌 교육센터. 나는 커피를 마시러 나섰다가 교육센터 한 곳에 있는 에스프레소 머신을 발견했다. 캡슐을 집어 넣어 버튼을 누르는 간단한 동작만으로 맛있는 에스프레소 커피를 만들 수 있는 기계였다.

16년이 지난 2008년, 나는 파리의 엘리제 거리에 있는 거대한 네스프레소Nespresso 부티크 숍에서 16년 전 내가 원했던 것과 똑같은 커피 머신을 발견했다. 물론 이 놀라운 제품을 구매하기도 했지만, 그보다 네스프레소가 도대체 어떻게 지금과 같은 성공을 만들어낼 수 있었는지 궁금했다.

커피는 전 세계에서 가장 인기 있는 음료다. 1993년 이후 계속 늘어난 커피 소비량은 전 세계적으로 연간 40조 잔에 이른다. 카페, 프랜차이즈, 특별한 커피 경험을 제공하는 상품들이 급속도로 늘어나면서 스페셜티 커피나 집 밖에서 마시는 커피 모두 소비가 증가했다.

커피 애호가의 꿈은 집 안에 스타일리시한 에스프레소 바를 두고 완벽한 한 잔의 커피를 만드는 것이다. 전화 한 통이나 간단한 온라인 주문을 통해 회사에 직접 연락하면 원하는 커피를 곧바로 전달받을 수 있다. 야단법석도 청소도 필요 없다면 금상첨화일 것이다. 바로 이것이 네스프레소가 추구하는 브랜드 경험이다.

사실 네스프레소의 브랜드 경험은 발견의 첫 순간moment of discovery부터 시작된다. 네스프레소 부티크에 들어서면 세련된 실내 디자인에 카페인지 디자인 전시장인지 상점인지 갸웃거리게 된다. 하이테크 기술로 제작된 여러 색깔의 커피 캡슐, 반짝이는 커피 머신, 그리고 스타일리시한 액세서리를 구경하고 있다 보면 커피 관련 전문지식을 갖춘 커피 사절단coffee ambassador들이 에스프레소 바로 안내하는데, 이곳에서는 편안한 분위기에서 원하는 커피를 시음할 수도 있다. 네스프레소 시스템을 구매하는 것은 네스프레소 클럽 멤버십에 가입하여 일상에서 커피 의식을 시작하는 것이라고 볼 수 있다. 클럽 멤버들은 특별 할인, 신규 캡슐 상품, 독특한 액세서리에 관한 정보를 전화나 인터넷으로 접하고, 고객서비스 센터를 통해 환경보호를 위한 캡슐 재활용 프로그램을 알게 되면서 네스카페에 대한 좋은 이미지를 가지게 된다.

네스프레소의 비전은 이 세상에 존재한 적 없는 커피 시스템을 기반으로 전 세계 커피 애호가들에게 궁극의 커피 경험을 제공하는 것이다. 여기서 중요한 점은, 네슬레의 목표가 단순히 커피 머신과 관련된 기술의 확장이 아니라, 기술을 중심으로 한 풍부한 고객경험 창출이라는 것이다. 네슬레의 사내 개발팀은 알레시Alessi 같은 정상급 디자인 업체와 크룹스Krups 같은 최고 수준의 제조업체와 협업하여 세련되고 기술적으로도 완성도 높은 커피 머신을 만들었다.

이에 더해 정교한 판매망 관리, 적극적 고객 유치, 완벽한 고객 주문 처리 센터 운영을 통해 차별화된 브랜드를 만들어냈다. 게다가 커피 캡슐을 재활용하고 원두를 재배하는 농부를 교육시키는 등의 친환경 활동과 사회적 책임 활동이 더해지면서 차별화된 경영 전략이 더욱 특별해졌다.

2000년 이후 연간 30% 넘게 고속성장을 해온 네스프레소의 현재 매출액은 30억 달러가 넘는다. 1986년부터 지금까지 20조 개의 커피 캡슐과 1,200만 대의 커피 머신이 팔렸다. 네스프레소는 현재 50개국 이상에 진출해 있는데, 2000년에 시작된 네스프레소 부티크는 200개가 넘으며 전 세계 주요 도시에 플래그십 스토어를 운영 중이다. 또한 1,000만 명이 넘는 네스프레소 클럽 회원수는 지금도 계속 증가 중이다.

네스프레소는 시장에서 인상적인 성공을 거둔 기념비적인 기업들인 애플, 디즈니Disney, P&G, 카이저 퍼머넌트Kaiser Permanente, 나이키Nike, 이케아IKEA, 포시즌스Four Seasons, 닌텐도Nintendo, 버진Virgin 등에 비견될 수 있다. 물론 이러한 기업들은 여러 가지를 잘하지만, 그중에서도 탁월하게 뛰어난 세 가지 공통점이 있다.

- •고객의 니즈를 깊고 폭넓게 이해한다.
- •니즈를 충족하는 독특한 제품과 경험을 제공한다.
- •기업 역량을 극대화하는 독특한 활동을 전개해 경쟁사들의 모방이 불가능하게 한다.

특히 전략의 핵심에 해당하는 세 번째 요소는 지속 가능한 경쟁 우위의 주요 요소로서 성공을 지속하는 데 매우 중요하다. 가장 중요한 것은 기업 역량에 기반한 차별화된 기업 활동 시스템을 운영하여 경쟁 환경에서 성공하고 높은 투자 대비 수익을 이끌어내는 것이다. 혁신을 추구하다 보면 명확한 전략과 확실한 실행 계획을 빠뜨리는 경우가 생긴다. 신제품 개발 프로젝트나 벤처 기업들의 실패 확률이 높은 것도 이 때문이다. 혁신 컨설팅 회사 도블린Doblin에 따르면, 96%에 달하는 혁신 시도들이 투자 대비 수익목표를 달성하지 못한다. 로저 마틴이 추천사에서 언급했듯이, 단순히 창조적인 발견에만 초점을 두고 이를 어떻게 성공적인 전략으로 발전시킬지 고민하지 않는다면, 창의성은 비즈니스에 쓸모가 없다. 중요한 점은 이 요소들이 전략적으로 조화를 이루어야 한다는 사실이다. 다시 말해 효율적인 전략이란 고객을 위한 끊임없는 헌신, 가능성을 확장하는 지속적인 노력, 그리고 인내심을 갖고 목표를 향해 실험과 확장을 계속하는 시스템을 가동하는 것이다.

바로 이것이 내가 주장하는 '비즈니스 디자인의 3기어'라는 핵심 프레임워크다. 이를 통해 기업은 고객을 깊이 있게 이해하고, 혁신적인 솔루션을 만들고, 전략을 설계함으로써 시장에서의 성공 확률을 높일 수 있다.

비즈니스 디자인의 3기어three gears

3기어 프레임워크는 2005년 P&G 프로젝트에서 처음 개발된 이래, 로트만 디자인웍스에서 수행하는 모든 기업 프로젝트들에 사용되어왔다. 이 프레임워크를 거치면 고객을 더 깊게 이해하고, 고객이 가치를 느끼는 새로운 경험을 창출하며, 차별적인 경쟁우위와 명확한 실행 계획을 만들어낼 수 있다. 협업 환경에서 이 세 가지 기어를 사용하면 더 나은 결과물을 만들어낼 뿐만 아니라 조직이 변할 수도

그림 1 비즈니스 디자인의 3기어

공감을 통한
깊이 있는 이해

콘셉트의
시각화

전략적 비즈니스 디자인

있으며, P&G가 지향한 것처럼 장기적으로 혁신적인 기업 문화를 가꾸어나가는 것도 가능하다. 또한 3기어는 난이도나 크기와 상관없이 어떠한 어려움도 해결할 수 있는, 개인에게 유용한 프레임워크이기도 하다.

기어 1^one 공감과 사람에 대한 깊은 이해: 기회란 무엇인가

비즈니스 디자인은 공감을 통해 사람들에게 중요한 것이 무엇인지 제대로 이해하는 것에서 시작한다. 우리는 사람들이 완벽하게 만족하는 상태에 도달하게 하려면 무엇이 더 필요한지 찾아야 한다. 이를 위해서는 현재 상태와 완벽하게 만족된 상태 사이에서 무엇이 사람들의 생활에 더 나은 가치를 줄 수 있는지를 찾으면 되고, 이것이 곧 기회가 된다. 일반적으로 시장분석 보고서나 정량적 시장조사는 고객의 특징, 행태, 중요 가치를 측정하는 데 적절한 반면 고객과 주요 이해관계자의 내재화된 동기, 충족되지 않은 니즈를 발견하는 데는 도움이 되지 않는다. 고객을 전체적인 관점에서 이해한다는 것은 지금 당장 하나의 제품이나 서비스를 구매하는 고객을 이해하는 것에서 벗어나 하나의 개인을 더욱 완벽하게 이해하는 것, 그리고 이에 따라 새로운 가치를 찾을 수 있도록 시야를 확장하는 것을 의미한다.

고객뿐만 아니라 이해관계자들의 역할과 상호관계를 이해하는 것도 중요하다. 이해관계자들은 기업의 솔루션을 현실에 구현하는 데 큰 영향을 끼치기 때문에 성공의 중요한 요소가 된다. 이처럼 고객의 숨겨진 니즈를 찾는 노력과 함께 이해관계자를 포함해 넓은 시각에서 맥락을 이해하려는 노력이 더해진다면 모든 이해관계자들에게 의미 있고 새로운 가치 창출이 가능한 미개척 기회를 발견할 수 있다.

결국 기어 1을 통해 새로운 기회를 발견한다는 것은 정확하게 정의되지 않거나, 또는 너무 좁게 정해진 문제를 새롭게 정의하고 재구성하는 것을 뜻한다. 기어 1은 일하는 팀에게 동기를 부여하기도 한다. 로트만 디자인웍스에서의 경험에 따르면 '사람들과 깊게 연결되는 순간' 우리가 하는 일에 의미와 목적을 부여할 수 있었다.

기어 1의 결과물은 기회의 재구성이다. 이를 통해서 혁신과 가치 창출을 위한 발판을 마련해야 한다.

기어 2^{two} 콘셉트의 시각화: 혁신적인 아이디어란 무엇인가

더 나은 경험을 제공하는, 진정으로 혁신적인 아이디어를 창출해내려면 지금 속한 패러다임에서 벗어나 완전히 새로운 가능성을 찾는 노력이 필요하다. 익숙하고 쉽게 실행할 수 있는 아이디어에서 기회를 찾으려 하면 기존 방법과 조금 다르거나 약간 더 나은 방법을 반복하다 결국 손해를 볼 수도 있다. 기존에 생산하던 제품이나 서비스에만 집중하면 이상적인 고객 경험과는 거리가 생긴다. 때문에 의미 있고 새로운 가치를 창출하려면 사람 중심의 솔루션을 통해 혁신적이고 풍부한 고객 경험을 제공해야만 한다.

기어 2는 기어 1에서 공감을 통해 새롭게 정의된 니즈 중심의 혁신 가능성을 확장시켜준다. 콘셉트를 시각화함으로써 새로운 가능성에 상상력을 더하면 좀 더 포괄적이고 다양한 측면이 고려된 새로운 경험을 만들어낼 수 있다. 규모가 큰 도전적인 아이디어는 통찰력과 비전을 필요로 하며, 그와 동시에 위험할 수도 있다. 따라서 중대한 투자 결정을 내리기 전에는 디자이너들이 사용하는 기법을 활용해서, 의미 있는 가치 창출에 필요한 통찰력 및 고객들이 좋아하는 차별화된 비전을 만드는 아이디어가 무엇인지 알아보아야 한다.

기어 2의 결과물은 비전을 재정의하는 것이다. 이를 통해서 더욱 혁신적이고 인간 중심적이며, 아직 충족되지 않은 니즈를 충족할 수 있는 새로운 가능성을 찾아야 한다.

기어 3three 전략적 비즈니스 디자인: 비전을 실현하는 전략이란 무엇인가

전략적 비즈니스 디자인은 혁신 프로세스를 확장하는 데 필수적이다. 혁신적인 솔루션을 찾기 위해 사용했던 독창성과 엄격함을 계속 적용하고 기업의 노력을 집중하여, 새로운 비전을 효율적으로 활성화하고 적용할 수 있는 전략을 세워야 한다. 로트만 디자인웍스를 찾아온 상당수의 기업들은 '아이디어는 많이 가지고 있지만 정작 그것들로 무엇을 하고, 또 어떻게 연결시켜야 할지 모르겠다'는 이야기를 했다. 이것이 기어 3가 미래의 성공에 핵심인 이유다.

기어 3은 새로운 비전을 독창적인 비즈니스 전략으로 전환하는 것을 의미한다. 즉, 아이디어에 가치와 의미를 부여하기 위해 어디에 에너지를 집중하고, 필요한 역량을 어떻게 결집할지 결정하는 것이다.

아이디어는 노력과 투자를 가이드해줄 명확한 전략으로 전환되지 않으면 결코 실현될 수 없다. 승리하는 전략이란 기업 활동이 결합된 차별화된 시스템을 의미하며, 이는 경쟁우위의 원천이 된다. 전략이 정의되어야만 개발의 우선 순위가 명확해져서 비전을 실현하기 위한 핵심 업무에 집중할 수 있다.

기어 3의 결과물은 자원을 전략에 맞춰 재조정하는 것이다. 이를 통해 시장에서 가치를 남들보다 먼저, 오랫동안 창출할 수 있다.

세 개의 기어에는 각각의 의미가 있다. 하지만 다른 성공 사례에서도 언급했듯 가장 큰 효과를 얻으려면 모든 기어가 함께 작동해야 하고, 더욱 확실한 효과를 보기 위해서는 여러 분야들 간의 협력이 필수다. 이러한 효과와 가치를 창출하려면 매 프로젝트를 수행하면서 각 기어를 사용하고, 열린 마음으로 반복해서 적재적소에 프레임워크와 도구를 적용해야 한다.

지금부터는 각 기어에 대해 좀 더 깊이 있게 들어가서, 비즈니스 디자인을 수행하려면 구체적으로 어떤 활동이 수반되어야 하는지 자세히 살펴보기로 하겠다. 더불어 좋은 비즈니스 디자인을 수행하기 위한 통찰력과 영감을 불어넣어줄 몇 명의 인터뷰도 함께 읽어보자.

비즈니스 디자인: 기법과 사고

세 개의 기어를 통해 혁신의 성공 확률을 높이는 데는 다양한 디자인 기법과 디자인 사고가 필요하다. 디자이너들은 비즈니스 스쿨에서 전통적으로 가르쳐온 기법이나 기업에서 보편적으로 통용되는 성공 사례와는 상당히 다른 방식으로 교육받고 성장했다. 그렇다고 비즈니스 스쿨의 교육이 틀렸다는 말은 아니고, 다만 혁신적인 기업가들은 조금 더 직관적으로, 마치 디자이너처럼 사고한다는 뜻이다. 네스프레소나 다른 성공 사례에서 볼 수 있듯이 의외로 직관은 성공의 필수 요소에 해당한다. 핵심은 '직관적으로 생각하되, 주의를 기울이고 의도적으로 해야 한다'는 것이다.

나는 비즈니스 디자인이 대부분의 산업에서 혁신의 열쇠가 될 수 있다고 믿고 로트만 디자인웍스의 여러 프로젝트에 이를 적용하여 식료품, 서비스, 의료 장치, 지식 관리 시스템, 해양 엔지니어링, 병원 경험, 건강 관리 시스템, 장인 클러스터, 초콜릿 바, 휴대폰 등 수많은 프로젝트를 수행했다. 그 결과, 독창적이고 눈에 보이는 결과를 디자인하게끔 도와주는 '디자인 기법'들을 검증할 수 있었으며 이는 다음과 같다.

- **고객 니즈 찾기**Need Finding: 기존의 정량적 분석을 보완하여 이해관계자를 깊이 이해하게끔 도와주는 관찰, 사용자 이야기 듣기 등이 포함된 인류학적 기법
- **시각화**Visualizing: 문서나 구두로 설명하는 것이 아니라 관계, 새로운 콘셉트, 새로운 전략을 눈으로 볼 수 있게 해줌
- **반복적 프로토타이핑**Iterative prototyping: 추상적인 개념을 구체적으로 바꾸어주는 것으로, 비즈니스 모델이나 솔루션을 눈으로 볼 수 있게 거친 형태로 재현한 것. 생각, 대화, 학습, 개발의 촉매
- **시스템 매핑**System mapping: 관계를 시각화하고 사람, 솔루션, 기업 시스템을 유기적으로 연결하는 것
- **협업**Collaboration: 다양한 관점과 전문성을 결합하여 더 풍부하고 안정적이며 실현 가능한 결과물을 만들어내는 것

- **공동 창조**Co-Creation: 고객과 이해관계자들을 개발 과정에 참여시켜서 의미 있는 피드백, 앞선 솔루션, 전략 모델을 얻어내는 것
- **스토리텔링**Storytelling: 설득력 있는 스토리를 통해 아이디어의 복잡함과 풍부함을 전달하여 사람들로 하여금 비전의 가치를 느낄 수 있게 하는 것
- **실험**Experimentation: 새롭게 시도하고 불확실한 것을 테스트하여 학습을 하는 것

P&G에서 10년, 그리고 브랜드 커뮤니케이션 분야에서 15년간 여러 프로젝트를 수행하며 배운 중요한 사실은 위의 디자인 기법들이 직관적으로 사용된다는 것이다. 내 경험에 따르면, 직관적으로 일하는 사람들이 일을 더 빨리 처리하고 더 넓은 관점에서 해결하여 결국 더 나은 결과를 만들어냈다. 그러면서 비즈니스 디자인이란 디자인 기법들을 좀 더 포괄적이고, 좀 더 신중하게, 그리고 좀 더 일관적으로 조직 전체에 적용하는 것이라는 믿음을 갖게 되었다. 세 개의 기어를 통한 혁신이라는 것 역시 당면한 과제들을 수행하는 데 있어 중요하긴 하지만, 때때로 비즈니스에서는 '소프트'한 것으로 분류되곤 하는 '디자인 사고'도 중요하다.

- **공감**Empathy: 다른 사람들이 어떻게 보고 느끼는지를 앎으로써, 고객의 니즈를 충족하는 기회를 더 깊이 있게 해줌
- **개방성**Openness: 새로운 아이디어, 새로운 사람, 새롭게 일하는 방식을 수용하는 것으로 때로는 호기심, 상상력, 섣부른 판단 자제 등의 특징이 나타남
- **깨어 있음**Mindfulness: 우연한 깨달음을 극대화하고 예상하지 못했던 기회를 놓치지 않기 위해 주변의 사람, 공간, 사물들에 집

비즈니스 디자인 개괄

중하는 것

- **내적 동기**Intrinsic motivation: 순수한 관심과 놀라움, 몰입에서 출발해서 일에 대한 목적과 열정으로 전환되는 것
- **제약 조건의 수용**Embracing constraints: 이상적인 해결책과 차별화된 전략을 추구할 때 발생하는 절충이나 타협을 피하기 위해 제약 조건들을 창조의 원천으로 보는 것
- **부족함을 인정하는 용기**Courage and vulnerability: 아이디어가 옳은지에 대한 걱정 없이 우선 꺼내서 발전시켜보는 것. 발전시키는 과정에서 좋은 점을 알게 되고 더 나은 결과가 나오는 경우가 종종 있음
- **긍정과 낙관**Positivity and optimism: 현재 상황의 분석에 얽매이지 않고 희망적인 미래의 가능성을 추구하는 것
- **회복력**Resilience: 사소한 문제나 실패에 개의치 않고 창조적이고 생산적인 해결책을 찾는 것

비즈니스 디자인의 원칙은 앞서 설명한 디자인 기법과 디자인 사고를 논리적이고 균형잡힌 방식으로 통합하고 세 개의 기어를 통해 비즈니스를 운영하는 것이라고 볼 수 있다. 비즈니스 디자인을 잘 활용하려면 올바른 사고에서 출발하여 적절한 기법들을 사용해야만 한다. 디자인 기법은 생각을 최대한으로 끌어내어 직관, 상상력, 독창적인 해결책을 창조하는 사고를 활용할 수 있게 해준다. 기존에 경험하지 못했던 방식으로 생각하다 보면 새로운 가치를 창출하는 혁신적 생각이 촉발되고, 지속적으로 연습하면 감정적, 지적, 실질적으로 사고가 개선되어 시간이 지나면서 점차 직관적으로 일하게 된다.

그림 2 사고, 기법, 그리고 생각

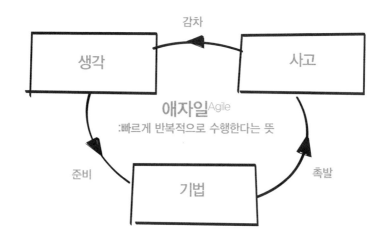

비즈니스 디자인은 혁신과 성장을 위한 전략에 어떠한 영향을 주는가?

기어 3에 해당하는 전략적 비즈니스 디자인은 비즈니스 디자인 실행 시 아이디어를 어떻게 현실화해서 경쟁적 우위를 점하는지를 결정 하는 중요한 역할을 한다. 그런 의미에서 로트만 디자인웍스는 토론 토 경영대학에서 '전략혁신 연구소'라 불린다. 이 단계에서는 글로벌 전략 컨설팅 회사인 모니터 그룹에서 디렉터로 일한 뒤 로트만 경영 대학 학장으로 재직한 로저 마틴이 제안했던 전략 프레임워크를 대 거 적용했다. 마틴에 의하면 기업의 전략이란 다음에 소개되는 다섯 가지 핵심 요소의 조합이라 할 수 있다.

- **이상과 목적**Aspirations and Goals: 목적과 측정 가능한 목표는 무 엇인가?

- **시장**Where to play: 고객 세그먼트, 지역, 유통 채널, 제품, 서비스 관점은 무엇이며, 어떠한 영역에서 비즈니스를 할 것인가?
- **승리하는 방법**How to win: 가치를 전달하기 위해 어떤 차별화된 활동을 수행하여 지속 가능한 경쟁우위를 만들 것인가?
- **역량**Capabilities: 가치 전달을 위해서는 어떤 구체적 역량이 필요한가?
- **운영 시스템**Management System: 필요한 역량을 지원하고 유지하기 위해서는 어떤 시스템이 필요한가?

비즈니스 디자인을 배우려고 로트만 디자인웍스에 찾아온 대부분의 기업은 이상과 목적을 상당히 높게 정한 상태에서 찾아온다. 이들은 고객과 조직에게 더 많은 가치를 전달하기 위해 기존 관행에서 벗어나려고 하며 조직 전체가 혁신과 성장을 지속할 수 있는 방법을 찾는다.

'기존 상품이나 서비스에 집중하는 바람에 시장을 열린 마음으로 접근하기 어렵다'는 하소연을 종종 하며, 자신들이 좁은 시야에 갇힌 상태에서 폭넓은 가능성을 고려하지 못한 채 시장을 선택하는 것은 아닌지 걱정한다. 이러한 문제를 해결하는 데 도움이 되는 것은 기어 1이다. 기어 1은 기업 외부의 고객에게 집중하게 함으로써 숨겨진 니즈를 더 깊고 넓게 이해하여 기회를 찾도록 도와준다. 또한 고객으로부터 통찰력을 얻게 해주는 경우도 있다. 예전에 P&G는 오래된 가정용 세탁세제인 '타이드'라는 제품에 기어 1을 사용해서 얻은 통찰력을 바탕으로 '타이드 드라이클리닝 프랜차이즈'를 설립, 야외 의류 관리제품으로 시장을 확장한 경험이 있다.

승리하는 방법은 간단하다. 기어 1에서 얻은 기회와 통찰력을 바탕으로 기존 상품이나 서비스를 단순하게 개선하는 수준이 아닌, 완전히 새로운 솔루션을 개발해 통합적인 경험을 제공하는 진정한 혁신을 이루면 된다. 이러한 작업에는 기어 2가 도움이 된다. 기어 2는 관행적인 업무 처리에서 벗어나 고객 경험을 더욱 통합적으로 이해하기 위해 현재 조직이 가진 역량을 넘어서는 것까지 생각해볼 수 있도록 조직을 밀어붙인다.

기어 3은 디자이너가 사용하는 시각화 기법과 프로토타이핑 기법을 바탕으로 전략을 짤 수 있게 해준다. 혁신적인 제안을 조직 전략으로 전환할 수만 있다면 경쟁우위 상태에서 장기 이익을 실현할 수 있는 확률도 높아질 것이다. 반대로 안전한 전략만 지속적으로 반복하면 시간이 지날수록 경쟁자와 비슷해진다. 궁극의 커피 경험을 전달할 수 있었던 네스프레소의 전략적 우위는 독특한 커피 시스템을 만들고 수행하는 것, 전략적 파트너들과 네트워크를 유지하는 것, 마케팅 믹스를 재정의하는 것, 그리고 지구 환경을 책임지는 플랫폼을 만드는 것 등 일련의 차별화된 활동을 조합하는 것에서 비롯되었다.

기어 3를 통해 변화를 시도하는 기업은 그 과정에서 변화에 대한 강한 저항, 성공적이지 않았던 아이디어, 깊게 자리 잡은 경영 관행들에 부딪히게 된다. 기어 3의 연장선에 있는 새로운 가치 창출 솔루션과 기업 전략은 운영 시스템의 진화, 심지어 혁명을 요구하기도 한다.

결론적으로, 비즈니스 디자인을 실행하면 시장의 기회를 재정의하고 승리하는 방법에 대한 비전과 전략을 새롭게 하여 더욱 강하게 성장할 가능성을 얻게 된다. 즉, 조직을 둘러싼 다양한 이해관계자들의 니즈를 깊이 이해하고(기어 1), 가치 창출의 가능성을 폭넓게 탐색하여(기어 2), 차별화된 전략을 통해 경쟁우위를 가질 수 있게 되는 (기어 3) 것이다.

비즈니스 디자인: 기업을 변화시키는 플랫폼

비즈니스 환경이 지속적으로 변화함에 따라 '전략이 무엇인가' 그리고 '조직문화가 얼마나 혁신적인가'가 경쟁우위의 원천이 되고 있다. 모든 기업들이 새로운 기회를 통해 지속적으로 성장할 가능성을 찾고 있는 지금, 비즈니스 디자인은 끊임없이 변하는 사회적 맥락에서 새로운 것을 받아들여서 조직이 성장할 수 있도록 응집력을 강화시켜준다. 이 책의 마지막 장에서 다시 언급하겠지만, 디자인 방법론을 적용하여 다른 방식으로 업무를 수행하는 것만으로도 즉각적인 효과를 볼 수 있다. 비즈니스 디자인은 다음과 같은 방식을 통해 기업의 가치를 창출한다.

- 기업 내에 강력한 고객 관점을 형성한다.
- 기획 단계에서 더욱 강력한 아이디어를 탐색한다.
- 조직 내부의 협업, 대화, 학습을 자극한다.
- 전략을 명확하게 함으로써 업무의 일관성과 생산성을 증가시킨다.

비즈니스 디자인이 소개하는 기법과 사고는 조직 내 모든 단위에서 유용하다. 개인들은 팀의 능력을 극대화하고, 새로운 기회를 찾아내며, 업무 수행에 자신감을 갖게 된다. 팀은 일이 매끄럽게 진행된다는 느낌을 얻는 동시에 효율적이고 빠른 방법으로 기회를 찾고 활용하게 된다. 협업부서는 효율적으로 협업하는 방법을 알게 되어 가치 창출을 위한 분명한 목표를 향해 모두가 함께 집중하게 된다. 기업 전체의 플랫폼 차원에서는 새로운 기회를 지속적으로 발굴하고, 경쟁우위의 획득 능력을 더욱 강화시켜줄 것이다. 좀 더 높은 차원

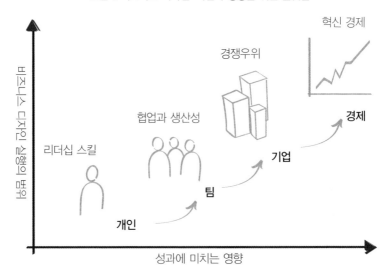

그림 3 비즈니스 디자인: 혁신과 성장을 위한 플랫폼

에서 보면 비즈니스 디자인은 경제 전반의 혁신적인 면을 강화하는 잠재력을 가지고 있다. 서문에서 말한 싱가포르의 경우가 이에 해당된다([그림 3] 참조).

비즈니스 디자인을 시작하자

세 개의 기어에 대해 상세한 내용으로 옮겨가기 전에, 다음 몇 가지를 기억해두기 바란다.

비즈니스 디자인은 세 개의 기어를 축으로 돌아가는 원칙과 실행의 조합으로, 엄격한 규칙이 있거나 순차적 프로세스를 따르는 것은 아니다. 실제로 진정한 비즈니스 디자이너란 사용자를 위해서는 변호사이며, 미래 지향적인 아이디어를 위해서는 완벽 추구자이고, 성공을 위해서는 분명한 경로를 추구하는 훈련된 전략가의 여러 모습을 갖고 있다.

동시에 비즈니스 디자인은 확장 가능한 기법들이 포함된 프레임 워크를 제공한다. 사용자는 여러 기법들을 입맛에 맞게 조합하여 혁 신과 전략에 필요한 자신만의 기법을 만들 수 있고, 이 조합을 어느 프로젝트에나 적용해볼 수 있다. 비유하자면 비즈니스 디자인은 기 계적인 프로세스를 통해 주어진 빈 상자를 채우는 것이 아니라, 신 선한 사고와 새로운 아이디어를 통해 완전히 새로운 상자를 만드는 것이라고 볼 수 있다.

궁극적으로는 비즈니스 디자인을 적용하고 강화하는 자신만의 방 법을, 그리고 조직 문화나 조직 구조에 맞는 반복 가능하고 측정 가 능한 독특한 방법을 만들어내야 한다.

비즈니스 디자인은 더 나은 결과를 위한 지속적인 연습이라고 할 수 있다. 일상적인 프로젝트에 적용하거나, 장기간의 프로젝트에 맞 추어 완결된 프로세스로 적용해볼 수도 있다. 더 많이 적용하고 연 습할수록 개인이나 조직이 직관적으로 변하며, 결국 다르게 생각하 고 함께 일하는 혁신의 문화를 가꾸게 될 것이다.

비즈니스 디자인의 기초만 며칠 동안 실행해볼 수도 있고, 본격적 인 개발 프로세스에 적용하여 몇 달 동안 실행할 수도 있으며, 중요 한 계획에 맞추어 몇 년에 걸쳐 실행해도 좋다.

이 책에 소개된 많은 철학들은 다음에 나오는 포시즌스 그룹의 설립자인 이사도어 샤프Isadore Sharp와의 인터뷰에 집약되어 있다. 호 텔을 운영할 때는 공감, 상상, 용기, 개방성, 신뢰와 같은 인간적인 면 이 중요하다는 점에서 이사도어는 나와 의견을 같이한다. 이 인터뷰 는 비즈니스 디자인의 3기어에 대한 인상적인 소개가 될 것이다.

이사도어 샤프
포시즌스 호텔&리조트 그룹 설립자

|

포시즌스에서 가장 중요한 것은 언제나, 고객입니다. 그리고 고객은 항상 변하지요. 때문에 우리는 사람들이 필요로 하거나 기대하는 것이되, 항상 그들이 기대하는 것 이상을 제공해야 합니다.

우리가 무언가를 처음 시도할 때, 경험 많은 경영자들은 우리를 보고 미쳤다고 했어요. 비용은 많이 드는 데 반해 고객들은 우리가 제공하려는 것들을 절실하게 필요로 하지 않을 거라고 했죠. 항상 반대만 하는 사람들이 주변에는 많아요. 때문에 될 것 같아 보이는 무언가를 실제로 실행하기 위해서는 상당한 용기가 필요합니다. 저는 아주 조그마한 첫 번째 호텔Motor hotel을 짓기까지 5년이 걸렸습니다. 안 될 거라고 말하는 사람들을 5년간 겪은 셈이죠. 사람들은 비웃었지만 저는 단념하지 않았어요. 어떻게 하면 성공할 지가 보였거든요. 반대하는 사람들이 실패할 이유를 수없이 제시할 때도 말이죠.

혁신을 이루기 위해서는, 찬성하는 사람이 아무도 없는 상황에서도 자기 자신을 믿어야 합니다. 매우 똑똑한 수많은 사람들과 맞서야 해요. 맞다고 생각하는 것을 하기 위해서는 용기가 필요하고, 결과에 대한 마음의 준비도 되어 있어야 합니다.

우리는 서비스에서 강점을 만들어서 남들과 다르게 포지셔닝하기로 결정했습니다. 그런데 남다른 서비스란 도대체 무엇일까요? 우리가 최고의 서비스를 제공하기 위해서는 고객에게 특별한 경험을 만들어주는 사람은 물론 세일즈맨, 도어맨, 청소부 등 고객과의 접점에 있는 수많은 사람들의 노력이 필요했어요.

우리의 서비스가 특별한 이유 중 하나는 바로 문화입니다. 하지만 문화는 억지로 키우는 것이 아니라 내부에서 자라나는 것이어야 해요. 우리의 신조인 윤리에 기반한다면 직원들이 더욱 경쟁력 있고 훌륭해질까? 이것 역시 비웃음을 샀습니다. 어떤 사람들은 어리석은 일이라며 "이곳은 철학 클래스를 듣는 곳이 아니야"라고도 말했습니다. 하지만 우리는 윤리에 기준하여 직원들을 뽑아서 교육했고(이것은 우리의 황금률입니다), 이것을 매일 반복했더니 윤리가 문화의 일부로 자리 잡았습니다. 지금은 믿음을 공유하는 3만 5,000명이 넘는 직원들이 있어요. 물론 윤리는 우리를 매일 더 낫게 만들어주고 있지요.

제 아들 그렉이 말하길 "마음은 낙하산 같아서 열려 있을 때에만 작동"한답니다. 어떤 결정을 하기 전에 열린 마음을 가지고 듣는 거죠. 자신을 드러낼 수 있는 환경을 만들어주기만 하면 사람들은 아이디어를 가지고 자기 발로 찾아옵니다. 우리는 직원들이 참여하고 소리내어 말하도록 장려합니다. 만약 당신 생각에 우리가 옳지 않은 일을 하고 있다면 크게 말하라고요. 그리고 "우리가 이걸 왜 해야 하나요?"라고 물었을 때 마땅한 대답을 찾지 못한다면 우리는 그 일을 하지 말아야 합니다.

실패할지도 모르는 아이디어라도 마음을 열고 비판하지 않으며 들어주면 함께 성장할 수 있다고 생각해요. 스스로 판단을 내릴 수 있게 장려하고 어떻게 하면 자기가 맡은 일을 더 잘할 수 있는지 생각할 기회를 제공해주면 굉장히 많은 제안을 얻을 수 있어요. 사람들을 격려하고 인정하고 믿어주면 지속적으로 일을 잘하게 됩니다. 우리 회사엔 새로운 아이디어를 가지고 있는 사람이 매우 많아요. 어디에나 있지요. 우리는 이렇게 이야기합니다. "어떤 아이디어를 실행에 옮기기 전에, 반드시 그 아이디어에 대해 애기를 나누어야 한다. 어쩌면 예전에 생각했었고, 어쩌면 폐기되었고, 어쩌면 다른 사람이 더 나은 해결책을 가지고 있을지도 모르기 때문이다." 결국 모두가 아이디어를 말할 자율권을 갖게 되지요. 회사는 이런 개방성과 투명성이 있어야 성장합니다.

사람들은 종종 제게 "어떻게 고객 만족을 위해 모든 직원들에게 완전한 자율권을 줄 수 있나요?"라고 묻습니다. 저는 직원들에게 백지 수표를 준 것이 아니에요. 저는 그들이 상식을 통해 합리적으로 대응하길 기대한 겁니다. 그러면 그들은 다시 "어떻게 그런 문제에 대해 직원들을 신뢰할 수 있나요?"라고 물어봅니다. 저는 모든 사람들이 자신의 일보다 더 많은 책임감을 가지고 있다고 생각해요. 가령 가족과 관련된 문제는 매우 중요한 결정입니다. 결정을 내릴 때 나뿐만 아니라 우리 가족을 위해 더 좋은 일이 무엇인지를 생각해야 하지요. 사람들에겐 이미 그런 능력이 있어요. 고객이 무언가 짜증이 나서 왔을 때 어떻게 대응해야 하는지 모를 리 없겠지요? 대부분의 사람들은 상식을 활용할 수 있어요. 믿어주면 더 훌륭하게 일을 처리하려 하고 실망시키지 않으려고 할 것입니다. "이 일은 당신에게 달려 있어요. 어떻게 해야 할까요?"라고 물어보면 사람들은 자연스레 해결하려고 노력합니다.

이것이 바로 당신(이 책의 저자)이 쓰려는 내용이에요. 공감에 대해서, 철학에 대해서, 선택과 경영의 좀더 부드러운 부분에 대해서. 다시 말해 사람들이 좀 더 균형잡힌 상태로 경영하는 것에 관해서 말이지요.

기어 1_ 공감과 사람에 대한 깊은 이해:
기회의 재정의

인간을 온전하게 받아들여서
비즈니스 기회를 구체적으로 파악하려면
한 발 뒤로 물러나 큰 그림을 그려야 한다.
여기서는 기회를 재정의하고 주요 관계자들을 깊이 이해하는 것이
어떻게 비즈니스 기회로 이어지는지 살펴볼 것이다.

헬스케어 회사 이야기: 마음으로 문제를 보다

도전과제

헬스케어 분야에서 선도적인 한 기업이 까다로운 문제를 들고 로트만 디자인웍스를 찾았다. 매년 약 4만 명의 캐나다인이 갑작스런 심장마비로 목숨을 잃는데, 이 회사는 잠재적 심장마비의 위험이 있는 사람들을 위한 솔루션을 가지고 있었다. 심박 모니터 장치인 이 솔루션에는 환자의 심장이 갑작스레 마비되면 심박을 다시 뛰게 하는 기능이 있었다. 물론 모든 환자들이 이 장치를 필요로 하지는 않지만, 누군가에게는 생명을 살릴 수 있는 장치였다.

이 장치를 필요로 하는 환자들이 있다면 매출도 크게 늘어날 것

이라 판단한 이 기업은, 이를 검증하기 위해 캐나다의 한 대학병원과 함께 우리를 찾아왔다. 미국과 캐나다가 급성 심장마비 문제에 어떻게 대처하고 있는지, 심장박동을 모니터하는 장치는 있는지, 전망은 어떠한지 등을 알아봐달라는 내용이었다.

초기에 우리는 이 프로젝트를 단순하게만 생각했다. 환자들에게 더욱 효과적으로 교육을 하거나, 이 장치를 이식할 수 있는 전기 생리학자(EP: Electro Physiologist, 세포와 조직의 전기적 특성을 연구하고 수술을 하는 전문의-옮긴이)를 찾는 것에 비즈니스 기회가 있다고 생각했다. 하지만 기어 1이 끝나고 나니 프로젝트 범위가 넓어지면서 기존의 의료 시스템에 도전하게 되었고, 결국 기회를 새롭게 정의하기에 이르렀다. [참고: 캐나다의 의료 시스템은 단계별 의뢰 시스템referral system으로 이루어져 있다. 아플 경우 처음에는 가정 주치의Family Doctor를 만나야 한다. 가정 주치의는 진찰 뒤 단순한 병일 경우에는 직접 약을 처방하고, 필요한 경우에는 다음 단계인 일반의General Doctor or General Practitioner를 추천한다. 추천받은 일반의는 진찰 뒤, 꼭 필요한 경우에 특정 영역을 전담하는 전문 의사(예: 심장 전문의Cardiologist)를 추천한다.-옮긴이]]

돌파구

기어 1의 첫 번째 돌파구는 심각한 문제들이 어디에 있는지 발견하는 것과 함께 비즈니스 기회의 확대를 염두에 두고 문제를 재해석하는 것이다. 환자의 여정을 폭넓게 바라봐야 환자의 동선을 보다 정확히 이해하고 환자의 심장 건강을 책임지는 전 과정에 관여하는 주요 인물들 간의 관계를 확인할 수 있다. 환자가 경험하는 전체 과정에는 병원 내부의 약국 담당자, 응급실의 사무직원, 환자를 진찰하는 일반의, 환자를 돌보는 간호사 등 다양한 이해관계자가 존재한다. 일반적으로 환자들과의 대면 시간이 가장 많은 사람들은 의국, 응급실, 클리닉, 전문 의국에 속해 있는 간호사들인데, 환자의 경험에 관해 매우 귀중한 통찰력을 갖고 있는 것은 결국 이들이다.

상황을 좀 더 폭넓게 이해하려고 노력하자 환자의 여정은 전기 생리학자가 관여하기 훨씬 전, 심지어 환자가 특정 의사를 추천받기 전부터 시작된다는 것을 알 수 있었다. 환자가 진료를 진행하면서 만나는 이해관계자들과 장소(일반 의사들의 의국, 응급실, 병원, 클리닉 등)의 이동을 시각화하고 나니 환자들이 종종 똑같은 사람이나 장소로 되돌아가거나 아예 시스템 중간에서 탈락하는 등 복잡한 문제가 드러났다. 이러한 시각화는 [그림 4]에서 나타나는 '핀볼 머신'과 유사한 형태를 보인다. 그림에서 보이는 화살표는 환자가 의료 전문가에서 다른 사람으로, 또는 특정 장소에서 다른 장소로 이동하는 것을 나타내고, 출구 표시exit는 환자가 시스템에서 이탈하는 것을 보여준다.

화살표들이 보여주듯 환자는 응급실에 도착한 뒤 곧바로 심장병 전문의에게 넘겨질 수도 있고 일반의에게 되돌아갈 수도 있는데, 이 경우 일반의는 환자를 진단하고 심장 전문의에게 추천하거나 교육하는 수준에서 진료를 마칠 수도 있다. 심장 전문의는 진단 결과에 따라 환자를 전기 생리학자에게 보낼 수도 있고 보내지 않을 수도 있다. 만약 전기 생리학자에게 갔다 하더라도 재진단을 위해 다시 일반의나 심장 전문의에게 보내는 경우도 있다. 그나마 이런 환자들은 시스템에서 이탈하지 않고 활동 중인 상황이지만, 전체 시스템을 통과하는 데 얼마의 시간이 걸리는지는 알 수가 없다. 일부 환자들은 출구 표시에 나타난 것처럼 시스템에서 이탈한다. 이들은 주로 급박하게 확인할 필요가 없거나 치명적인 상태에 놓이지 않았기 때문인데, 이러한 이탈 경험은 심리적 불안이나 치료 중단으로 이어진다. 특히 급성 심정지의 위험이 비정상적으로 높은 사람들은 심박 측정기를 얻지 못했다는 사실에 스트레스를 받는다.

우리는 추가적인 분석을 통해서, 전체 환자 중 오직 5%만 직접 전기 생리학자에게, 또 10%만 심장 전문의에게 도착하고 그중 일부가 전기 생리학자에게 추천된다는 점을 파악했다. 이는 다시 말해 심장 관련 환자의 약 90%는 시스템 내에서 일반의와 전문의 사이의 어딘가에서 이리저리 튕겨 다니고 있으며, 이들 중 상당수는 응급실에 가만히 있거나 시스템 바깥의 다른 전문가를 추천받거나 후속 조치 없이 곧바로 퇴원된다는 의미였다. 즉, 환자들은 잠재적 위험에 생명을 맡기고, 정부는 의료 시스템에 돈을 지출하며, 회사는 비즈니스 기회를 잃고 있었다. 이러한 결론을 바탕으로 우리는 보다 포괄적인 방법으로 환자의 여정과 의뢰 시스템을 검토해보는 것을 새로운 도전과제로 정했다.

그림 4 헬스케어 핀볼 머신

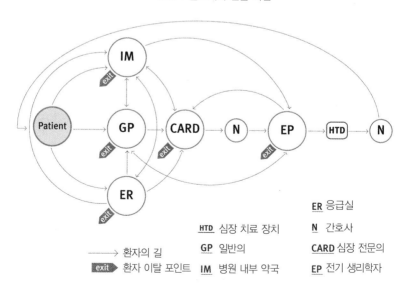

ER 응급실
HTD 심장 치료 장치   N 간호사
⟶ 환자의 길   GP 일반의   CARD 심장 전문의
exit ▶ 환자 이탈 포인트   IM 병원 내부 약국   EP 전기 생리학자

기어 1의 두 번째 돌파구는 시스템에 관여한 이해관계자들을 더욱 깊게 이해하는 데서 비롯되었다. 우리는 시스템 뒤에 숨어 있는 인간적인 요소들을 찾아냈고, 환자의 경험을 개선하는 솔루션 개발 시에 누구를 고려해야 하는지 깨달았다. 환자의 이야기를 통해서 이들은 정보의 부족 및 경험에 대한 불충분한 통제권 때문에 좌절감을 겪는다는 사실을 알게 되었고, 의료 전문가들의 이야기를 통해서는 개별 의사들이 기술적인 전문성은 갖추고 있지만 따라야 할 규칙이 저마다 다르다는 것을 알게 되었다. 전문의에게 의뢰하는 경로가 불명확했을 뿐 아니라 전문의들끼리도 진단 결과를 어떠한 방법으로 공유하고 있는지 알지 못했던 것이다. 결국 문제는 시스템이었다. 환자와 의료 전문가들 모두에게 폭넓고 지속적인 교육과 더불어 쉽게 공유할 수 있는 규칙이 필요했으며, 의뢰를 하는 기준 역시 존재해야 했다. 문제는 꽤나 복잡했지만 각 영역에서의 기회는 더욱 분명해졌다.

결과물

개별 환자에 맞는 행동 변화유도 기법, 환자관리 교육, 의뢰 시스템과 규칙 정의를 통해 어디에서 움직여야 하는지와 어떻게 승리하게 되는지가 명확해졌다. 좀 더 폭넓고 장기적인 솔루션도 존재할 수 있지만, 기어 1에서는 솔루션을 찾기 위한 새로운 프레임워크를 제안하는 데 집중하기로 했다. 예를 들어 증상과 진단 결과에 따라 경고가 뜬 환자가 신속히 시술받을 수 있도록 응급실 리셉션을 개선했는가 하면, 일반의가 좀 더 잘 알아볼 수 있도록 마케팅 캠페인을 만들기도 했다. 이러한 결과들은 조직 내부에 전적으로 공유되었다. 이 프로젝트에 관여했던 한 의사는 자신의 경험담을 사내 이벤트에서 공유했고, 회사는 환자 보호를 계속할 수 있도록 장비를 지원하기로 했다. 이 이야기는 회사의 도전을 좀 더 인간적으로 보이게 하는 데 도움이 되었다. 더불어 의료 전문가에 대한 포괄적인 교육, 환자와의 장기적인 면담, 지속적인 규칙 조정, 그리고 효과적인 의뢰 네트워크가 필요하다는 점이 점차 분명해졌다.

회사는 이해관계자들의 니즈를 새롭게 정의함으로써 기존에 생각했던 것보다 더욱 큰 사업기회에 도전해볼 수 있게 됐다. 거대한 도전을 위해 회사는 국내외의 다른 회사들에게도 도움을 청했고, 이후 환자들이 좀더 효과적으로 움직이게 함에 있어 모든 의료관계자들이 자신의 맡은 일을 할 수 있도록 구체적인 방안들이 새롭게 제시되면서 시스템 내의 여러 문제들이 해결되었다.

이 프로젝트는 정말로 중요한 문제인 환자에 집중할 수 있도록 도와주었어요. 결과적으로 우리는 조직을 재정비하고 노력을 집중해서 장기적으로 더 나은 결과를 만들었습니다.
_이 프로젝트의 팀장

이 장의 뒷부분에서 좀 더 자세히 드러나겠지만, 이 사례는 한 걸음 뒤로 물러나서 문제를 넓은 관점으로 보기 위해서는 불편한 점과 채워지지 않는 니즈를 말해주는 사람들의 이야기를 듣는 것이 중요한 일임을 일깨워준다. 또한 시스템 안에 존재하는 모든 이해관계자들의 도전을 올바르게 이해하고 각각의 개별적인 도전들을 총체적으로 해결하지 않는다면 잘못된 문제를 해결하는 데 기울이는 모든 노력이 헛수고가 된다는 점을 알려주기도 한다. 모든 이해관계자의 니즈에 기반하여 만들어진 솔루션이 아니라면 이해관계자들이 받아들이지 않을 것이고, 자연히 프로젝트의 성공에 필요한 동력을 얻지 못하기 때문이다. B2B 산업이나 헬스케어 산업처럼 수많은 이해관계자들이 성공의 핵심요소인 경우에는 이런 경우가 종종 일어난다.

'얼마나 많은 시간과 자원을 하나의 관점에서만 의미 있는 이슈에 투자하는가?' '비즈니스에서 더욱 의미 있는 진전을 이뤄낼 수 없을까?'가 궁금할 때는 뒤로 한 발짝 물러나 큰 그림을 파악하고, 전체적인 시스템을 이해하기 위해서는 사람들의 니즈에 깊이 뛰어들어 진전을 방해하는 진정한 이슈가 무엇인지 파악해야 한다.

제품과 서비스를 더 많이 판매하기 위해서는 어디에 가장 큰 기회가 있는지 포착해야 하는데, 여기에는 상당한 시간이 필요하다.

그 어떤 비즈니스에서도 가장 중요한 역할을 수행하는 것은 사람이다. 사람은 제품이나 서비스를 선택하기도 하고, 제품이나 서비스를 전달하는 과정을 만들기도 한다. 비즈니스에 있어서 가장 중요한 것이 사람이기 때문에, 다른 모든 디자인과 마찬가지로 우리가 주장하는 비즈니스 디자인 역시 사람을 중심으로 한다. 중요한 것은 최종 사용자를 포함한 주요 이해관계자들의 니즈를 충족시키는 것이다. 다른 사람의 눈을 통해 세상을 바라봄으로써 주요 이해관계자들의 개별적 도전과 그들의 관계를 더욱 깊이 이해할 수 있다. 기어 1은 넓고 다양한 인간 네트워크에서 누가 중요하고 그들에게 무엇이 중요한지 이해하는 첫 번째 스텝이며 대부분의 경우 문제를 새롭게 정의하는 결과로 나타난다.

아마도 당신은 이해관계자들의 니즈와 그들의 다이내믹한 경쟁에 대해 어느 정도 직관적으로 파악하고 있을 것이다. 이 직관은 큰 그림을 이해하는 초기 단계에 중요한 역할을 한다. 기어 1에서 수행하는 활동들은 지금 당면한 문제를 분명하게 만듦으로써 이해관계자들이 누구이며 그들의 관계는 어떠한지 보다 명확히 이해할 수 있도록 도와준다. 즉, 이해관계자들에 대한 공감의 폭을 넓힘으로써 기어

2에서 니즈를 더 잘 충족시키는 방법을 생각해낼 수 있도록 동기를 부여하는 것이다. 기어 1은 가치를 창출하는 새로운 기회를 발굴하고 문제 해결에 접근할 수 있는 놀라움과 "아하!" 하는 순간의 연속이다. 얼마나 많은 사람들이 놀라게 될지, 깊은 니즈가 표면적인 니즈와 얼마나 다른지, 그리고 이러한 활동들이 어떻게 기회를 새롭게 만들고 기어 2에서 수행할 솔루션 혁신을 위한 영감이 될 수 있는지 자세히 살펴보자.

기어 1의 목표

기어 1의 목표는 어떻게 승리하는지에 대해 두 가지 방법으로 명확하게 틀을 잡는 것이다. 하나는 기회를 맥락화하는 것, 또 다른 하나는 채워지지 않은 니즈를 명확히 하는 것이다. 기회를 맥락화하다 보면 기존의 기회가 새롭게 정의되면서 기회의 범위가 상당히 달라지는 경우가 종종 있다. 이처럼 채워지지 않은 니즈를 명확화하는 것은 혁신과 새로운 가치 창출의 발판이 된다.

　다른 장(章)과 마찬가지로 이 장에서는 먼저 책에 소개된 기법들을 중심으로 기어 1을 적용하는 데 필요한 핵심적 활동과 사고를 설명한 뒤, 이어서 기어 1을 최대한 활용하기 위한 원칙과 고려사항을 설명할 것이다. 도구와 팁들은 이 장의 가장 마지막에 소개될 것이다.

중요한 활동과 사고

기어 1의 수행에는 몇 가지 활동이 필요하다([그림 5] 참고). 처음에

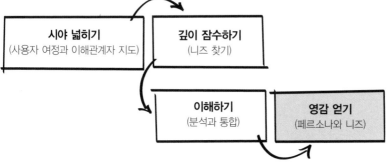

그림 5 기어 1의 활동과 결과물

해야 할 것은 사용자의 여정과 이해관계자의 지도를 그려서 '시야를 넓히는' 활동이다. 이 활동은 최종 사용자의 현재 여정에 대한 통찰력을 제공해주고 그와 관련된 모든 주요 이해관계자들과 그들의 관계를 밝혀준다. 지도가 완성되면 통찰력과 동기, 근본적 니즈를 찾는 것에 목표를 두고 니즈 찾기 활동을 통해 '깊이 잠수'할 때다. 이 과정에서 수집된 데이터의 의미를 파악하려면 엄격한 분석과 통합을 거쳐야 하는데, 이러한 '이해하기'는 결국 이들을 종합하여 페르소나와 충족되지 않은 니즈를 발견하게 해줌으로써 솔루션을 개발하고 혁신에 이르는 '영감을 얻게' 도와준다.

이 모든 활동에는 솔직하고 열려 있는 마음과 함께 호기심이 필요하다. 이러한 마음의 준비가 없다면 니즈의 발견은 상당히 제한될 것이다. 이 장의 끝에서는 사고의 중요성과 피해야 할 덫을 다시 한번 강조할 예정이다.

사람을 폭넓게 이해하는 것이 새로운 가치 창출에 중요하다는 점은 수많은 성공 사례에서 확인할 수 있다. 다음에 소개할 내용은 디자인 기법의 적용 전반에 깔려 있는 몇 가지 중요한 원칙들로, 기어 1이 얼마나 중요한 것인지 알려준다.

사람이 성공의 핵심적인 요소다

시야를 넓히고 모든 이해관계자들의 니즈 및 그들의 상호관계를 이해하는 것은 사용자, 솔루션, 비즈니스 간의 중요한 연결 관계를 형성하는 기본이다. 그리고 이 이해는 비즈니스 아이디어를 성공시키는 데 매우 중요하다. 헬스케어 회사 사례에서 나타났듯이, 누구에게 무엇이 중요하고 그것이 어떻게 더 큰 비즈니스 기회로 변환될지는 더 넓은 관점의 이해관계자 시스템에서 환자의 여정을 지도로 그릴 때에만 알 수 있다.

로트만 디자인웍스를 찾아오는 고객들을 통해, 우리는 큰 그림을 고려하는 것이 기회를 정확히 재조명하는 데 도움이 된다는 사실을 깨달았다. 가령 판매원이나 소매점의 구매를 증대시키려면 그들의 니즈가 마케팅 프로그램에 통합되어야 한다. 새로운 환자 관리 도구를 만들 때 역시 환자뿐만 아니라 의사가 일을 하는 데 이 시스템이 어떤 도움을 줄 수 있을지 고려해야 한다. 만약 그 점을 고려하지 않는다면 그 도구들은 구석에 처박힌 채 전혀 사용되지 않을 것이다. 새로운 지식관리 도구를 디자인할 때에도, 회사 내에서 도구를 사용할 직원뿐 아니라 그 도구를 실행하는 데 필요한 교육이나 보상을 담당하는 인사팀도 함께 고려해야 한다. 비전을 실제로 구현하는 데 영향을 주고받는 모든 사람들의 니즈를 이해하고 그들을 참여시킬 수 있는 경험을 디자인해야만 성공 확률이 올라갈 것이다.

이에 대한 연습을 해보자. 당신 회사의 성공에 영향을 미치는 모든 사람들을 나열하고, 그들을 하나하나 얼마나 잘 이해하고 있으며, 그들의 상호관계는 무엇이고, 그들의 니즈를 얼마나 잘 충족시켜주고 있는지 스스로 자문해보는 것이다. 단언컨대 당신은 누가 중요한지는 직관적으로 알고 있지만 그들의 근원적인 니즈가 무엇인지, 또는 개발 과정에 그들의 니즈가 얼마나 잘 반영되고 있는지에 대해서는 정확히 알지 못할 것이다.

가치란 충족되지 않은 니즈를 채울 때 창출된다

니즈 찾기는 혁신 과정에서 연료가 되는 근원이자 새로운 가치를 창출하는 촉매제다. 이 작업이 얼마나 중요한지 우리 모두는 직관적으로 알고 있지만, 기업의 운영 혹은 공급체인에 이미 있는 것들을 판매하는 데 집중하다 보면 그 중요성을 잊어버린다. 훌륭한 브랜드나 성공한 기업의 근간에는 사람의 니즈에 대한 깊은 이해가 있다. 가령 포시즌스 호텔은 고객의 니즈를 충족하기 위해 모든 단계에서 이례적이고 개인적인 고객 서비스를 제공하는 데 헌신했다. 네스프레소는 커피 애호가들의 니즈 충족을 위해 고급스럽고 값비싼 커피 경험을 제공했으며, 애플은 단순한 컴퓨터부터 일과 라이프 스타일에 이르기까지 디지털 세상에서 개성과 창의성을 드러내고자 하는 고객의 니즈를 인지하고 있다. 이 장의 마지막 부분에 실린 리처드 브랜슨Richard Branson의 인터뷰에서도 나오듯, 기업들은 뛰어드는 모든 사업 영역에서 더 좋은 경험을 제공하기 위해 치열하게 노력한다. 이케아는 가정과 일터에 필요한, 스타일리시하면서도 저렴한 가구에 대한 사람들의 DIY 니즈를 충족시켜준다. 여기 소개한 모든 회사들은 고객의 경험을 더욱 풍부하게 만들어주는 새로운 제품, 새로운 서비스, 새로운 커뮤니케이션을 통해 고객의 니즈를 만족시키는 방법을 확장시키면서 자신들의 비즈니스를 성장시켜왔다.

이때 중요한 것은 새롭고 시의적절한 통찰력을 얻기 위해 깊이 들어가보는 것이다. 시장조사 보고서를 이리저리 훑어보는 것이 아니라, 공감과 열린 마음을 갖고 직접 사람들을 만나서 관찰하고 이야기를 들어야 한다는 뜻이다. 정량적인 데이터는 숫자 파악에야 도움이 되지만 새롭게 떠오르는 기회를 발견하고 움켜쥐는 데 힘이 되는 이해관계자들의 니즈에 대한 인사이트는 주지 못한다. 이 책의 도구와 팁에서 이러한 니즈들을 발굴하고 표현할 수 있는 여러 방법들을 소개할 예정이다.

경험 기반의 스토리를 들어라

"샴푸에 관해서 무엇을 더 원하시나요?"라고 질문하는 대신 "더 예뻐 보이고 더 예쁘다고 느끼기 위해서 무엇을 하는지 얘기해주세요"라고 말해보자. 바로 이 단순한 질문을 던지는 것이 일리노이 공과대학 산업디자인 학과에서 개발한 디자인 조사방법론에 영감을 받은 우리가 P&G와의 워크숍에서 가장 처음 했던 일이다. 이 질문 덕분에 제품과 서비스, 브랜드의 기회에 관한 완전히 새로운 관점이 열렸다. 우리는 머리를 꾸미는 데 사용하는 제품과 액세서리(P&G의 임원들은 이것들에 상당한 관심을 쏟고 있었다)가 놓여 있는 미용실을 찾아가, 그곳을 찾은 고객들에게 더 아름답게 보이고 더 아름답다고 느끼기 위해 정확하게 무엇을 하는지 물어보았다. 한 여성은 일상의 스트레스와 자신에게 무관심한 남자친구 때문에 생긴 걱정으로부터 도피하기 위해 미용실을 찾는다고 했다. 물론 미용실을 떠날 때 실제로 달라 보이지는 않지만, 항상 자신을 특별하게 대해주는 미용사 덕분에 굉장히 다르게 느껴진다고 대답했다. 미용실에 가는 것은 그

녀에게 환상의 순간이며 용기와 자신감을 북돋아주는 일이다. 당신이 이런 것을 디자인한다고 상상해보라!

사람들이 당신의 제품과 서비스를 어떻게 선택하고 사용하는지 이해하는 것은 현재 제공하는 옵션을 개선하는 효과는 있지만 그저 약간 개선하는(예를 들어 기존 샴푸 라인을 확장하는) 정도에 그치는 경우가 많다. 당신이 판매하는 제품과 서비스에 대한 사람들의 경험으로까지 이해의 폭을 넓히면 기존에는 활용되지 않았던 기회를 발견함과 더불어([그림 6] 참고) 새로운 판매망 외에도 새로운 커뮤니케이션 기법, 새로운 관계 형성 프로그램 등을 만들 수 있다. 공감과 열린 마음으로 이야기를 들으면서 "더 많이 이야기해주세요" "왜 그것이 당신에게 중요한가요?"와 같은 말을 할 수 있다면, 수백 개의 질문으로 사람들을 닦달하는 것보다 더 신선한 통찰을 얻을 것이고 새로운 발견은 새로운 기회로, 더 나아가 보다 넓은 범위의 솔루션과 더 풍부한 고객 경험으로 이어질 것이다.

그림 6 활동 기반 니즈 찾기

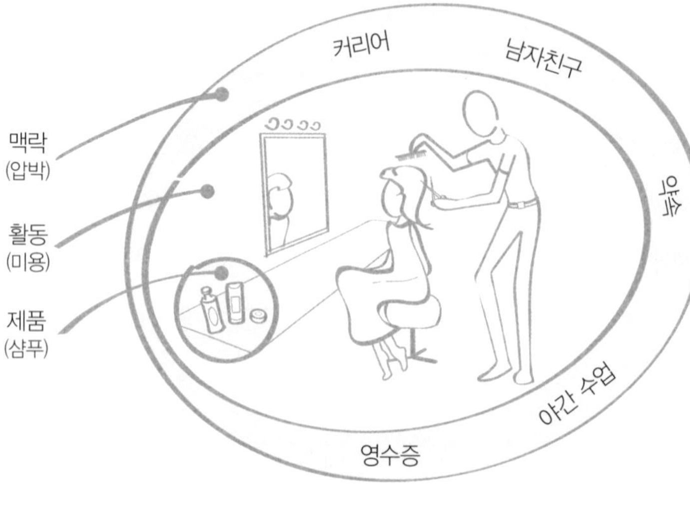

헬스케어 회사의 사례에서, 의사와 환자를 상대로 동시에 깊이 있는 인터뷰를 진행하자 새로운 통찰이 나타났다. 우리는 인터뷰 대상자들에게 심장 상황이나 기기에 관해서 물어보지 않았다. 이 질문들은 기술적으로 알고 있는 것을 반복하게 할 뿐이기 때문이었다. 대신 우리는 의사들과 함께한 시간의 대부분을 그들이 심장 환자들을 다루면서 겪었던 최고의 이야기와 최악의 이야기를 듣는 데 할애했다. 이 이야기들은 더 나은 환자 관리, 더 분명한 의뢰 네트워크, 동료와 시스템에 대한 더 강한 신뢰, 규칙에 대한 더 확실한 이해, 그리고 환자와 소통하고 도움을 주는 데 필요한 더 많은 자신감 등에 대한 니즈를 보여주었다. 과학에 뿌리를 둔 전문가들이 드러낸 이와 같은 인간적인 면은 심장 상황이나 특정 장치를 물어보았다면 나올 수 없는 것이었다.

우리는 이와 똑같이 환자들로부터 만성 심장병을 가지고 사는 것에 관한 이야기를 들었다. 환자들은 자신에게 무슨 일이 일어나는지, 그리고 무엇을 할 수 있는지 알고 싶어 했고, 복잡한 전문 용어가 아닌 단순하고 직접적인 이야기를 듣기 원했다. 그들은 이런 이야기도 했다. "모든 것이 무섭습니다. 무슨 약을 먹어야 하고, 어디로 가야 하고, 누구를 만나야 하는지 나는 몰라요. 내가 만난 모든 의사들은 새로운 검사를 원하거나 이전에 어디에서 무슨 검사를 받았는지 알고 싶어 했어요. 나는 78살인데, 내가 이 모든 것을 확인할 수는 없어요. 내 아내와 나를 안내하는 사람은 간호사기 때문에 간호사가 없다면 나는 모든 걸 잃을 겁니다." 환자들은 시스템 내에서 핀볼처럼 느껴지는 그 느낌을 좋아하지 않았다.

로트만 디자인웍스에서 이와 비슷한 경험 기반 조사를 통해 새로운 통찰을 발견한 사례는 무수히 많다. 우리는 단순히 '더 건강한 음식'(또는 음식을 더욱 건강하게 만드는 방법에 집중하는 제품)을 조사하

는 대신 사람들에게 건강을 어떻게 관리하는지 얘기해달라고 부탁
했다. 이 방법은 사람들이 일상과 건강한 삶을 어떻게 조화시키는지,
특히 어떤 부분이 힘들고 어떤 부분에서 성공을 느끼는지를 알게 해
주었다. 이러한 접근 덕분에 우리는 단순히 새로운 건강식품을 만들
어서 파는 것이 아니라 좀 더 풍부하고 통합적으로 경험할 수 있도
록 고객의 건강을 지원하는 새로운 서비스와 공간, 새로운 커뮤니케
이션 방법을 찾을 수 있었다. B2B 프린터 회사의 경우에도 영업사원
이 파악한 프린트 서비스에 대한 고객의 니즈를 찾는 데 그치지 않
고, 프린터를 제시간에 효율적으로 시장에 내놓을 수 있었던 자신만
의 이야기를 들려달라고 사원들에게 요청했다. 이러한 과정을 통해
프린터 회사는 전체 흐름에서 하나의 요소를 제공하는 단순 공급자
에 그치는 것이 아니라, 유통 관리 측면에서 더 좋은 비즈니스 파트
너가 될 수 있는 기회를 발견했다. 이처럼 열린 마음으로 경험을 탐
구한다면 아직 채워지지 않은 니즈를 찾을 뿐만 아니라 문제를 해결
하고 새로운 가치를 창출하는 기회도 발견할 수 있다.

　이야기의 힘을 간단하게 테스트하고 싶다면 추구하는 목표를 달
성하기 위해서 하는 여러 일들 중 하나를 들려달라고 요청하고 그냥
말하게 내버려둬보길 바란다. 친구에게 시도해봐도 좋다. 아마도 놀
라운 것을 배우게 될 것이다. 이 테크닉을 통해 비즈니스뿐 아니라
개인적인 관계에서도 새로운 가치를 찾았다고 우리에게 귀뜸해준 사
람들이 있으니 말이다.

SPICE 프레임워크로 사람들의 여러 모습과 이야기를 파악할 수 있다

　　　　다양한 경험에 초점을 맞추면 전체적인 생활상을 파악할 수
있고, 여러 단계에 걸쳐 니즈를 파악하면 그 전체적인 모습을 더 깊

이 이해할 수 있다. 관련성이 높고 의미 있는 솔루션을 만들려면 실용적이고 이성적인 니즈뿐 아니라 다양한 니즈를 고려해야 한다. 사람들은 다양한 형태의 니즈를 가지고 있다. 기능적인 니즈를 해결하는 것은 혁신 과정에서 작은 일부일 뿐이다

자신의 영역 내에서 제품이나 서비스를 통해 기능적 니즈에 잘 대응하는 회사는 많다. 하지만 경험을 즐겁게 만들고 기회의 범위를 확장하려면 보다 전체적인 관점에서 니즈에 접근해야 한다. [그림 7]의 'SPICE'라고 불리는 프레임워크는 로트만 디자인웍스에서 진행한 프로젝트의 인터뷰 분석 결과를 토대로 만들어졌다. 이 프레임워크를 이용하면 사람의 니즈에 보다 전체적으로 접근할 수 있기 때문에, 단순히 기능상 더 나은 제품이나 서비스를 개발하는 것이 아니라 더 넓은 영역에서 기회를 찾는 데 도움이 될 것이다.

니즈를 표현하기 위해서는 다음 요소를 고려해야 한다.

- **사회적**Social: 사람들은 다른 사람과의 관계에서 무엇을 필요로 하는가? 헬스케어 회사의 사례에 따르면, 의사는 자신이 속한

그림 7 SPICE 프레임워크

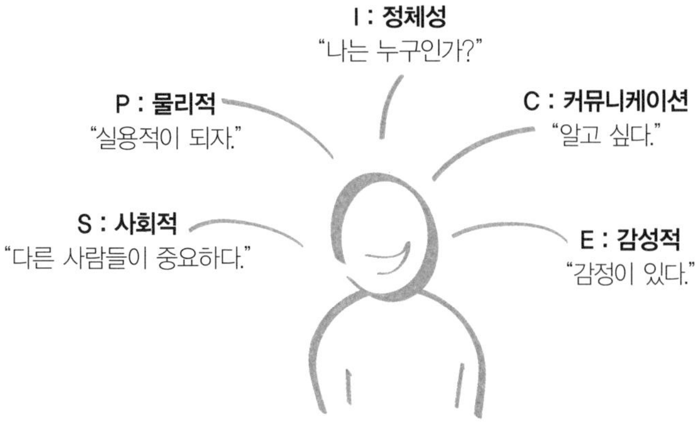

I : 정체성
"나는 누구인가?"

P : 물리적
"실용적이 되자."

C : 커뮤니케이션
"알고 싶다."

S : 사회적
"다른 사람들이 중요하다."

E : 감성적
"감정이 있다."

추천 네트워크 내에서 자신감과 신뢰를 필요로 했다. 10대 청소년들은 또래 그룹 내에서 트렌드 세터로 인정받기를, 직장인은 상사로부터 인정받기를 원한다. 이해관계자 매핑에서 알 수 있듯이 사람들은 어느 정도 모두 상호관계적이다.

- **물리적**Physical: 사람들은 물리적, 기능적 수준에서 무엇을 필요로 하는가? 헬스케어 회사의 사례에 따르면, 추천하는 의사가 환자를 보낼 때에는 실질적인 메커니즘이 필요했다. 통근자들은 출퇴근 시 합리적 비용에 편리하게 이용할 수 있는 교통 시스템을 필요로 하고, 이케아에 쇼핑하러 가는 사람들은 구매한 가구 카트를 운반하기 위한 주차 공간을 필요로 한다. 이와 같은 기능적 니즈는 찾아내기가 제일 쉽다.

- **정체성**Identity: 사람들은 자존감을 높이거나 정체성을 강화하기 위해 무엇을 필요로 하는가? 헬스케어 회사 사례의 경우 환자들은 자신의 삶이 중요한 문제로 여겨지는 것을, 의사들은 환자를 위해 최선을 다하는 전문가로 보이는 것을 원했다. 아이의 엄마는 아이를 잘 돌보는 부모로 느껴지길 원하고, 젊은 직장인들은 자신이 속한 영역에서 최고로 보이기를 원한다. 이러한 니즈도 솔루션을 디자인하는 측면에서 중요하게 다루어야 한다.

- **커뮤니케이션**Communication: 사람들은 어떤 종류의 정보를 언제 필요로 하며 어떻게 그 정보를 받고 싶어 하는가? 헬스케어 회사 사례의 경우, 환자와 의사 모두 약간의 추가 교육만으로 혜택을 받을 수 있었다. 환자는 자신에게 무슨 일이 있었고 앞으로 어떤 일이 일어날지 알게 되었고, 의사는 최신의 진단법과 치료 규칙에 대해 명확하게 정리할 수 있었다. 일반적으로 소비자들은 영양학적 요구 수준을 맞추기 위해 음식에 무엇이 들어

있는지 알기 원하고, 페덱스^{FedEx} 고객들은 자신이 보내거나 받아야 할 소포가 배송 시스템상 어디에 있는지를 알고 싶어 한다. 사람들은 자신이 원하는 방식으로 정보에 접근할 수 있기를 원한다.

- **감성적**^{Emotional}: 사람들은 심리적, 또 감성적으로 무엇을 필요로 하는가? 헬스케어 회사의 사례에서 보듯이, 환자들은 자신의 권리를 느끼고 싶어 하고 의사들은 환자 관리에 있어서 자신감을 느끼고 싶어 한다. 조달청 관리자들은 자신이 결정하는 구매에 관한 책임감을, 식당의 종업원들은 자신이 수행하는 일에 대한 만족을 느끼고 싶어 한다. 이러한 니즈는 원하는 감정을 느낄 수 있도록 경험을 디자인함으로써 얻어질 수 있다.

68페이지의 [표 1]은 헬스케어 회사 프로젝트에서 기어 1을 수행하던 중, 충족해야 할 니즈로 정의했던 몇 가지 인용구를 나열한 것이다.

고객이나 친구로부터 전해 들은 이야기들을 생각해보고, 그것들에서 어떠한 니즈를 찾아낼 수 있는지 자문해보기 바란다. 그 이야기에서 SPICE는 어디에 있는가? 중요한 이해관계자들의 니즈를 얼마나 깊이 있게 이해하고 있는가?

정량적인 트렌드 데이터는 이러한 니즈를 상황에 맞게 배치하거나 추가 기회를 알아내기 위한 축을 찾는 데 도움이 되지만, 공감 능력을 발전시키거나 경험 기반의 통찰력 있는 인사이트를 찾아내주진 못한다. 예를 들어, 비만 인구의 증가는 몇몇 국가에서 중요한 현상이지만 이것 자체로는 이 트렌드를 바꾸기 위해 무엇을 어떻게 해야 하는지 알 수 없다. 안타깝게도 인구통계학 데이터, 습관에 관한 연구로는 알 수 없다는 것이다. 이런 것보다는 체중과 체형을 유지하기

표 1 헬스케어에서의 SPICE

환자	니즈	의사
"나는 여기서 혼자가 아니야. 도움이 필요해."	사회적 Social	"나는 전체 네트워크에 있는 다른 사람들을 신뢰할 수 있는지 알아야 해."
"나는 걸어다니는 시한폭탄처럼 살고 싶지 않아."	물리적 Physical	"가장 발전된 기술이 사람들의 생활을 개선해줄 거야."
"나는 살 가치가 있어."	정체성 Identity	"나는 환자를 위해 최선을 다하고 있어."
"내게 무슨 일이 일어나는지 알고 싶어."	커뮤니케이션 Communication	"나는 최신 지식과 규칙들을 알고 있어."
"꼭 이렇게 헷갈리고 어려울 필요가 있는 건가?"	감성적 Emotional	"나는 환자를 자신 있게 관리 하고 싶어."

위해 노력하는 사람들의 이야기를 듣는 것이 니즈에 대한 깊이 있는 인사이트를 찾아내고 입체적인 그림을 그리는 데 도움이 될 것이다. 좋은 연구, 훌륭한 기회 발굴도 정성적인 니즈 찾기와 정량적인 분석의 조합에서부터 이루어진다는 점을 명심해야 한다.

핵심 고려 사항: 누가 중요한가?

초기에 이해관계자를 매핑하고 니즈 조사를 수행할 때 잊지 말아야 할 중요한 것이 있다. 개별 이해관계자들도 궁극적인 성공을 위해 어딘가에서 무언가 중요한 역할을 하고 있다는 점이 그것이다. 사용자에게만 초점을 맞춘 나머지, 핵심 아이디어를 만들고 전달하고 퍼트리는 데 영향을 주는 사람들을 무시하는 경우가 있다. 하지만 이해관계자는 일반적으로 최종 사용자, 조력자, 영향을 미치는 사람들로 이루어진 세 그룹으로 분류할 수 있다.

최종 사용자란 솔루션의 궁극적인 수혜자다

최종 사용자는 어떤 아이디어가 가치가 있는지 최종적으로 판단하는 이들로, 일반 소비자를 뜻하기도 하지만 제품이나 서비스를 구매하는 기업 고객이 될 수도 있고 건강증진을 위한 제품이나 정보 및 서비스를 이용하는 환자나 생산성 증진 프로그램을 이용하는 조직의 종업원이 될 수도 있다. 이들은 어떤 하나의 전형적인 페르소나가 아니라, 공통적이고 잠재적이며 충족되지 않는 니즈를 가진 여러 개인들의 집합인 경우가 많다.

조력자란 솔루션을 만드는 데 핵심적인 사람들이다

조력자는 최종 사용자의 의사결정 및 행동에 지대한 영향을 끼치거나 의사결정 프로세스의 수문장 역할을 한다. 환자의 경우에는 의사, 아이들의 경우에는 엄마, B2B 파트너십에서는 가치 사슬에 있는 파트너나 구매 담당자가 조력자에 해당될 수 있다. 대부분의 경우에는 최종 사용자에 대한 조력자의 인사이트뿐 아니라 조력자 본인의 니즈도 함께 이해하는 것이 필요하다. 조력자의 니즈를 이해하고 충족시킴으로써 최종 사용자를 위한 솔루션이 보다 성공하게 된 몇 가지 사례가 있다.

- **소비자**: 어떤 소비자들은 상점에서 제품을 살 때 조언에 의존한다. 판매자의 니즈를 고려해서 솔루션을 디자인한다면 그들이 소비자의 제품구매를 적극 돕도록 만들 수 있다.
- **비즈니스 고객**: 고객과의 접점이 영업사원이나 다른 비즈니스

파트너(도매업자, 제3의 파트너 등)일 수 있다. 이들이 가치 방정식을 완성하는 데 있어 제 역할을 하게 하려면 자신이 어떠한 가치를 가지는지 알게 해야 한다.

- **환자**: 만약 솔루션이 환자의 만족이나 치료 결과를 위한 것이라면, 의료업계 종사자나 간접 관계자(보험사 등)의 니즈가 고려되지 않은 상태에서는 실현되기 어렵다.

- **직원**: 솔루션이 교육과 성과급의 재검토를 필요로 한다면 종업원의 니즈와 경영진의 니즈를 맞출 수 있는 방법을 파악하고, 인사부서는 최고의 솔루션을 기업의 활동에 통합할 수 있는 방법을 생각해야 한다.

영향을 미치는 사람들이란 의사결정과 행동을 결정하는 이들이다

영향을 미치는 사람들은 솔루션을 만드는 데 직접 관여하지 않지만 그들의 의견과 지혜는 상당한 의미를 더할 수 있다. 음식 프로젝트를 수행할 당시 우리는 핵심이 무엇인지 알기 위해 요리사와 영양사들을 초대했고, 그들은 우리의 사고에 영감을 주거나 요리 쇼를 스폰서하는 등 솔루션의 일부에 직접 참여했다. 언론인 또한 중요한 영향을 미치는 사람들이다. 영감을 주거나 정보 탐색을 도와줄 수도 있는가 하면 최악의 경우엔 혹독한 비평을 할 수도 있다. 영향을 미치는 사람들은 일반적으로 당신보다 많이 알고 있다. 당신이 그리는 그림에 이들을 집어 넣을지 아닐지 신중하게 결정해야 한다.

헬스케어 회사 사례를 예로 들면 솔루션의 최종 사용자는 환자고, 조력자는 환자를 보살피는 모든 의료업계 종사자들과 환자의 가족들과 친척들이다. 조력자는 솔루션이 작동하는 데 핵심 역할을 한다. 영향을 미치는 사람들은 치료에 쓰일 기술을 인증하고 임상 규칙을 정의하는 전문가들로, 이들은 시스템을 형성하고 시스템 안에

70

서 환자의 치료를 직접 담당하거나 치료 방식을 결정한다. 결국 통합적인 솔루션을 고안하려면 최종 사용자, 조력자, 영향을 미치는 사람들 각각의 니즈를 모두 고려해야만 한다.

여러 이해관계자들은 솔루션을 만들고 전달하는 데 있어서 조금씩 다르긴 하지만 각자의 역할을 담당한다. 통합 솔루션을 개발하는 데 있어 중요한 것은 시스템에 있는 모든 사람들의 니즈를 이해하는 것이다. 기어 1을 읽는 동안, 당신은 가능성이 있는 조력자나 큰 영향을 미치는 사람들을 발견하게 될지도 모른다. 인간적 요소를 이해하기 위해서라도, 또 성공에 영향을 미치는 모든 사람들과 회사가 지속적 관계을 맺게 하기 위해서라도 당신은 계속 노력해야 한다.

> 나는 나의 지식과 에너지를 인류를 돕는 데 사용하기 위해 노력해왔다.
>
> _얼 바켄Earl Bakken
> (매드트로닉Medtronic Inc의 공동 창립자)

기어 1에 필요한 사고

헬스케어 회사는 물론 기타 사례들을 보면 다음의 사고들이 기어 1에서 중요하다는 점이 드러난다.

공감Empathy

공감은 인간적 요소를 깊이 있고 진실하게 이해할 수 있도록 도와준다. 이 단계에서 당신은 깊숙한 곳에 잠재된 니즈를 발견하기 위해 다른 사람의 눈을 통해서 바라보고 그들이 느끼는 것을 느껴야 한다. 자신만의 니즈, 의견, 관점을 잠시 미루어놓는 것이 핵심이다. FGI^{Focus Group Interview}를 진행하다 보면 일방향 유리창 너머에서 "저 여자는 자기가 무슨 얘기를 하는지 전혀 모르는군"이라는 말을 꽤 자주 듣는데, 이것은 공감이 아니다. 당신의 목표는 완전하게 다른 사람의 입장이 되어야 한다.

개방성과 유념 Openness and mindfulness

다른 사람의 행동을 관찰하고 이야기를 들을 때에는 필터를 꺼두는 것이 중요하다. 깊이 파고드는 것은 당신의 생각, 판단, 느낌을 이해하기 위해 하는 것이 아니다. 활짝 열고 걸러지지 않은 마음으로 세상을 받아들이면 더 깊고 더 의미 있는 가치를 창출할 수 있는 새로운 기회를 발견할 수 있다. 호기심과 개방성, 그리고 약간의 직관은 당신이 니즈를 찾는 과정에서 가이드가 되어줄 것이다. 다른 사람이 말하는 것을 분석하지 마라. 깊숙한 동기를 이해하기 위해 "왜 이것이 중요할까?"라고 자신에게 물어보라.

내재적 동기 Intrinsic motivation

만약 업무 수행에 목적 의식을 느낀다면, 니즈를 찾는 과정이나 문제를 해결하는 작업 자체에서 더욱 동기가 부여되어 있을 것이다. 이제는 금전적 보상이나 상을 받는 등의 외재적 동기를 잠시 밀쳐둘 때다. 지금 하려는 작업은 이전에 형성된 생각이나 찾아둔 사례를 지지하는 근거를 모으는 것이 아니다. 새로운 솔루션을 창출하는 데 영감을 줄 수 있는 새로운 통찰을 발견하라.

마지막으로, 기어 1은 팀 전원이 최종 사용자 및 관련된 모든 이들을 다 함께 깊이 이해하며 공감할 때 강력해진다. 이상적인 방법은 팀의 모든 구성원들이 제품 사용자들과 의미 있는 첫 경험을 함께 해보는 것이다. 디자인 웍스에서는 개발팀에 속한 모든 사람들이 재무 담당자, 운영 전문가, 마케팅 담당자, 세일즈맨, 외부 제품개발 전문가 등 모든 관련자와 연결될 수 있는 기회를 제공하고, 이러한 기회는 개발을 하는 데 의미를 부여해준다. 앞서 소개한 싱가포르 폴리테크닉 대학의 워크숍에서 나왔던 중요한 인용구를 반복하자면 "사람들과 더 깊고 진솔한 수준으로 연결되는 것은 우리가 하는 일에 의미와 목적을 부여해줍니다."

기어 1에서 배운 것을 명확하게 정의된 이해관계자의 니즈로 치환하면 기어 2에서 혁신을 이루는 디딤돌이 된다. 고객을 섬기고 게임의 법칙을 바꾸는 데 있어서 리처드 브랜슨보다 열정적인 사람은 없을 것이다.

다음은 명확한 비전을 가진 리처드 브랜슨과의 인터뷰에서 발췌한 내용이다. 그는 고객 중심적이고, 새로운 가능성을 받아들여 브랜드를 확장하고, 민첩함과 열정을 바탕으로 고객에게 끊임없이 즐거운 놀라움을 전달한다. 이 발췌문이 기어 2에서 새로운 가능성을 위해 제약없이 탐험하는 장을 열어줄 것이다.

INTERVIEW

리처드 브랜슨
버진 그룹 창업자, CEO

|

우리는 새로운 시장에 진입할 때 훌륭한 가치, 월등한 서비스, 신선한 접근법, 그리고 약간의 위트를 제공하면서 그 이름을 알렸습

니다. 신규 비즈니스 평가 시 제일 먼저 하는 것은 모든 비즈니스 아이디어를 우리의 '브랜드 테스트'에 제출하는 것입니다. 큰돈을 벌 수 있는 새롭고 흥미진진한 기회가 끊임없이 제시되지만, 이 테스트를 통과하지 못한 아이디어는 포기합니다. 산업을 흔들 만큼의 기회를 제공하지 않는 한 새로운 시장으로의 진입은 큰 의미가 없다고 생각합니다. 우리가 론칭한 새로운 사업은 대부분 사람들이 정말로 원하는 제품이나 서비스를 생각해내는 것에서 시작합니다. 항공사인 버진 애틀랜틱Virgin Atlantic, 헬스클럽인 버진 액티브Virgin Active, 이동사인 버진 모바일Virgin Mobile의 론칭을 돌이켜보면, 고객들이 원하는 것은 무엇이고 우리가 그것을 어떻게(약간의 위트를 더해서) 제공할 것인지에 대해 명확한 비전을 가지고 있었다고 기억합니다.

버진 애틀랜틱의 경우 우리는 여행자들이 받을 수 있는 훌륭한 서비스, 특히 탑승 메시지나 누워서 볼 수 있는 TV 화면처럼 더 많은 관심extra touch에 기반한 혁신적인 서비스를 제공했습니다. 버진 액티브의 경우에는 커다란 체육관과 수영장, 그리고 배려심 많은 스태프가 함께하는 가족적이고 친근한 헬스클럽이 되도록 집중했고, 버진 모바일의 고객들은 부담스런 계약서에 서명하지 않고도 유연하게 조정 가능한 사용 방식과 엔터테인먼트 및 음악에 직접 연결되는 서비스를 제공받았습니다.

명확한 목표와 고객에 대한 세심한 배려는 우리의 성공에 있어 중요한 요소입니다. 전체 그림에서 이익이 고려되지 않았다는 점을 알아차리셨나요? 나를 포함해 우리 팀이 이익만을 고려하는 것은 매우 드문 일입니다. "어떻게 많은 돈을 벌 수 있나요? 숫자에 익숙한 사람들을 고용하고 비즈니스 플랜을 짜야 합니다"와 같은 질문으로 투자에 접근하는 것은 의미가 없습니다. 컨설턴트들은 그 아이디어가 성공할 거라고 주장하는 반면, 회계사들은 똑같은 아이디어라 해도 성공하지 못할 것이라고 주장할 것입니다. 그 누구도 정확히 어떻게 돈을 벌 수 있는지에 대해서는 동의하지 않을 거예요.

오랫동안 지속되는 성공에 대한 비밀은 신뢰를 통해서 고객을 얻는 것입니다. 이것이 차별화와 마케팅의 한 부분이 되어야 합니다. 버진은 고객의 신뢰를 얻기 위해 개방성과 간결함에 기준을 두고 그들과 소통합니다. 모든 직원이 자랑스러워하는 회사를 만들었기 때문에, 우리 모두는 고객 서비스에 깊이 신경 쓰며 우리의 마케팅은 왜 다르고 어떻게 특별한지에 초점을 맞춥니다.

도구와 팁

공감과 인간을 이해하는 방법에는 여러 가지가 있다. 아래 등장하는 도구와 팁들은 처음 시작할 때 도움이 되거나, 혹은 이미 충분히 가지고 있는 공감 능력을 더욱 높이는 데 도움을 줄 것이다.

- 관찰Observation: 상황과 행동을 받아들이기
- 공감 훈련Empathy Exercise: 직접 경험해보기
- 이해관계자 매핑Statkeholder Mapping: 중요한 사람들을 파악하고 연결하기
- 니즈 찾기 조사Need-finding Research: 사람들이 원하는 것을 찾기 위한 방법을 설계하기
- 사용자 일기User Journals: 사용자의 여정을 이해하기
- 사진을 통해 유추하기Photo Elicitation: 말하기를 통해 충족되지 않은 니즈를 발견하기
- 듣고 녹음하기Listening and Recording: 인터뷰에서 최대한의 내용을 끌어내기
- 마인드 매핑Mind Mapping: 사람을 전체적으로 이해하기 위해 연결하기
- 동기 매핑Motivational Mapping: 깊은 의미 찾기
- 대상자 프로파일링Subject Profiing: 인터뷰 종합하기
- 발견의 교환Discovery Exchange: 직관의 연결고리와 분석의 프레임워크 만들기
- 니즈 발굴과 분석Need Mining and Analysis: 정성적 데이터를 정량적 데이터로 변환하기
- 니즈 구체화Need Articulation: 혁신의 플랫폼을 정의하기
- 페르소나Personas: 인간 원형 만들기
- 현재 여정The Current Journey: 공감 어린 이야기를 통해 기회에 상황을 입히기

기어 2_ 콘셉트의 시각화:
비전의 재점화

이 이야기는 큰 꿈을 가진 의료업계 전문가들에 관한 것이다.
이들의 희망은 이미 세계 최고 수준에 올라선 병원을
환자의 경험에 맞추어 전체적으로 새롭게 디자인하는 것이었다.
당신이 어떤 사업을 하든 "이렇게 하면 어떨까?"라고 질문하고
다른 이들과 함께 새로운 가능성을 그릴 수 있다면
당신의 비즈니스를 진전시킴은 물론
고객의 관점에서 어떻게 이길 것인지 정의할 수 있을 것이다.

프린세스 마거릿 병원 이야기:
잃어버린 시간을 찾아내다

도전과제

암과 함께 살아가는 것은 많은 사람들에게 육체 및 정신적
으로 견뎌내기 힘든 여정이다. 암 진단을 받았을 때 당신을 포함하
여 당신과 가까운 사람들은 흘러가는 순간순간이 얼마나 절실한지
느끼게 된다. 어려운 결정과 녹초가 되는 시술을 견디는 환자는 불
안감이 상승하고 자존감이 내려가는, 자신의 여정이 그저 잃어버린

시간으로 바뀌는 경험을 원하지 않는다. 그들이 원하는 것은 희망적인 치료다.

이것이 2008년 캐나다의 토론토에 위치한 프린세스 마거릿 병원 PMH, Princess Margaret Hospital이 꿈을 크게 가지고, 더 나은 치료 여정을 만들기로 결정하게 했던 영감이었다. 화학요법을 시술하는 물리적 공간을 새롭게 디자인하는 것은 환자들이 암 치료를 받는 과정에서의 경험을 개선하고 환자의 니즈를 더욱 잘 충족시킬 수 있는 중요한 기회를 제공하는 일이었다. 일반적으로 공공의료 시스템하에서는 재무적 제약 때문에 포시즌스 호텔 같은 수준의 병원을 만드는 것이 불가능하다. 하지만 이러한 제약 조건이 더 나은 의료 서비스를 제공하겠다는 비전까지 막지는 못했다.

이 도전은 크게 세 가지 방향에서 이루어졌다. 첫째, 더 나은 치료 결과를 만들어낼 수 있도록 환자의 경험을 개선하고, 둘째, 이를 위해 공공의료 기관으로서의 책임감을 가지고 효율적으로 운영하며, 셋째, 환자 간호에 도움을 줄 수 있는 광범위한 이해관계자를 참여시켜 PMH의 의의를 더욱 크게 하는 것이었다. 최종 사용자를 위해 더 나은 경험을 만들어 가치를 제공하는 동시에 재무적 책임을 지고 여러 이해관계자를 지원하는 일은 상당한 도전인 동시에 의미 있는 결과를 이루는 기둥이 된다.

돌파구

PMH의 솔루션은 의료진의 내재적 동기와 더불어 환자 간호에 대한 세계 최고 수준의 헌신을 동력으로, 환자의 경험에 대한 조직의 비전을 새롭게 하는 것이었다. 기어 1에서 소개된 헬스케어 회사와 마찬가지로 모든 것의 시작은 환자의 경험을 폭넓게 훑어보는 것이었다. 이번 사례에서는 병원 방문을 기점으로 환자의 여정을 병원 안과 병원 밖으로 확장함으로써 일상에서 환자가 가지는 니즈를 통합적으로 이해했다. 조사 결과 불안감을 줄이는 것, 권한을 늘리는 것, 그리고 전체 치료 과정에서 잃어버린 시간을 찾아내는 것 등 충족되지 않은 상태의 여러 니즈들이 발견되었다.

환자의 치료와 간호에 관한 새로운 비전을 심고 영향을 미칠 수 있는 다양한 이해관계자들이 참가하자 해결책이 생겨나기 시작했다. 종양학자뿐 아니라 약사, 간호사, 연구원, 원무직원을 포함한 20명의 PMH 의료진은 환자의 니즈를 찾고 페르소나를 만들면서 환자의 여정을 더 깊이 이해하려고 노력했고, 그룹 아이디어 세션에 참여했다. 우리는 참가자들을 여러 융합팀으로 나눈 뒤 각 팀에 각기 다른 환자 페르소나와 여정 프레임워크를 배정했고, 각 팀은 할당된 환자 페르소나의 치료 경험을 개선하기 위한 해결책을 제안했다. 참가자들은 제약 조건 없이 새로운 가능성을 상상하며 아이디어를 확장할 수 있었다. 예를 들어 우리는 병원 서비스와 다른 산업과의 유사성을 고려하여 병원 서비스를 여행, 예술, 건강 및 웰니스, 온라인 서비스 등 다른 무엇에 비유해보기를 권했다. 이를 통해서 환자가 치료 과정에 좀 더 주도적으로 관여하거나 치료 자체를 생산적으로 느끼고, 결과적으로는 잃어버린 시간을 재발견된 시간으로 전환하는 이상적인 환자 경험을 얻을 수 있기를 기대했기 때문이었다.

90분간 진행된 첫 번째 아이디어 세션에서는 호텔의 컨시어지 서비스, 카페, 비행기 일등석 수준의 좌석, 불교 사찰의 마당, 거대한 캡슐처럼 생긴 개인용 휴식 공간 등 300개가 넘는 아이디어가 쏟아져 나왔다. 대부분의 아이디어가 갈 길이 멀었지만, 참가자들은 제안된 아이디어들에 담긴 의도가 실현 가능한 것들로 발전될 수 있다는 점을 깨달았다. 일례로 어떤 팀은 환자 치료를 비행기 여행에 비유했다. 어떤 환자들은 60분보다 짧은 비행처럼 단기간의 치료를 받는 반면 다른 환자들은 4시간이 넘는 대륙횡단 여행처럼 장기간의 치료를 받는다. 여기서 영감을 얻은 이 팀은 환자들에게 일등석처럼 높이와 각도가 조절되는 편안한 의자를 제공하여 편안함을 주고, 기내 좌석에 설치된 것처럼 엔터테인먼트 시스템을 설치해서 즐거움을 제공하며, 인터넷과 컴퓨터를 활용해 일할 수 있는 시간을 주고자 했다. 여기서 더 나아가 편안한 치료 공간, 지속적으로 참여할 수 있는 여러 활동들, 그리고 여태까지 본 적은 없지만 언젠가는 만들어질 이상적인 화학요법에 사용되는 병원 의자로 구성된 환자 경험을 제안했다. 다른 팀은 웹사이트나 개인 디바이스 등 기술 중심적인 솔루션에 집중했고, 또 다른 팀은 서비스 중심의 지원 시스템에 관한 콘셉트를 제안했다.

이 시점에서 우리는 브레인스토밍에 나온 아이디어를 시각적으로 표현해달라고, 즉 종이에 글로 쓰는 대신 그림으로 그리고 콘셉트를 구체화해달라고 요청했다. 그림을 그리며 논의하자 아이디어들은 더욱 손에 잡히는 것이 되고, 토론도 더욱 심도 깊어졌으며, 결과적으로 더욱 구체적인 아이디어가 개발되었다. 브레인스토밍 세션은 새로운 치료 시설과 환자의 경험에 관한 여러 가능성을 도출해냈다. 또한 해결책들은 치료 공간에만 제한되지 않고, 집에서도 환자 중심의 서비스나 활동, 정보들에 접근 가능하도록 고려되었다.

로트만 디자인웍스는 수많은 흥미진진한 가능성들을 개략적으로 하나로 엮어서, 이상적인 환자 경험에 대한 개념적인 프로토타입을 시각적인 스토리보드 형태로 만들어 병원 직원들과 환자들에게 보여주었다. 이 스토리보드는 환자의 경험을 개선할 수 있는 이상적이면서도 실현 가능한 아이디어들을 여러 이해관계자들에게 설명할 때 유용하게 사용되었다. 병원 직원들과 환자들은 프로토타입의 장단점을 자유롭게 논의하며 개선점을 도출했다. 이들이 더욱 적극적

그림 8 시각화된 환자의 여정

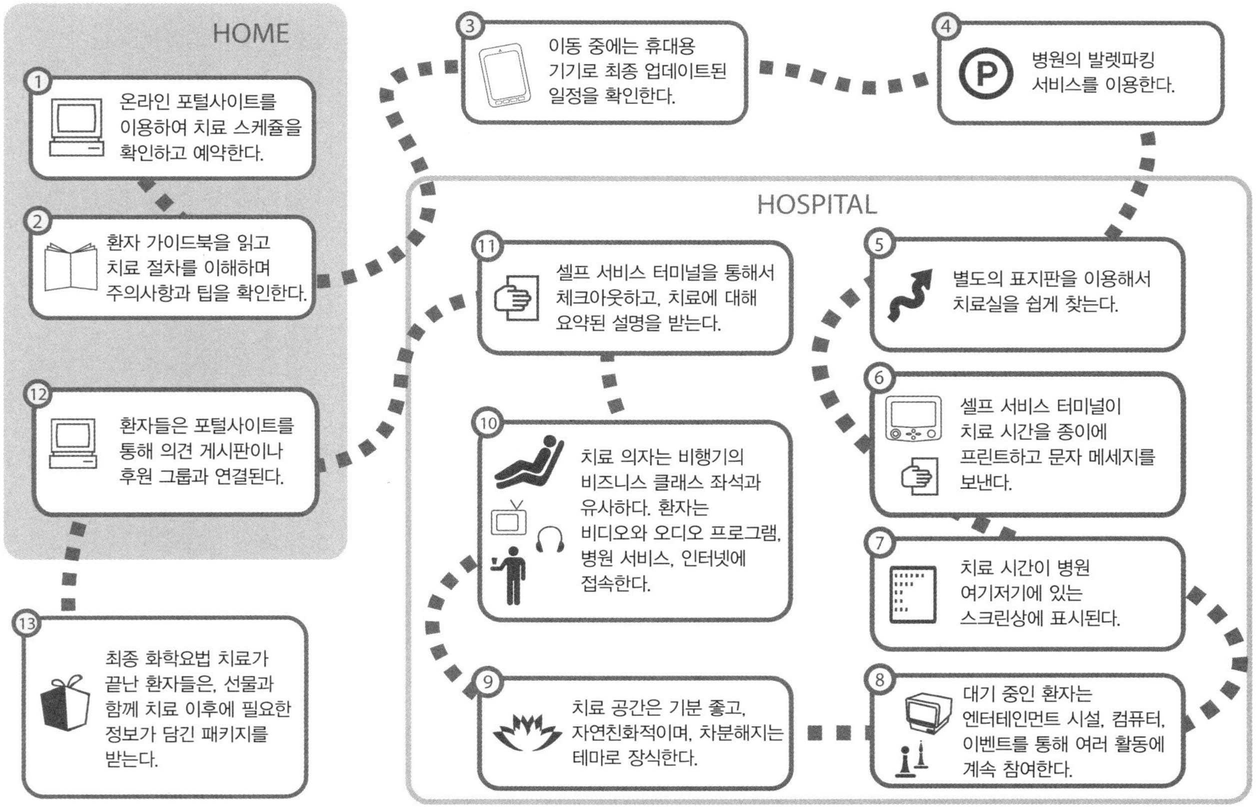

HOME

1. 온라인 포털사이트를 이용하여 치료 스케줄을 확인하고 예약한다.

2. 환자 가이드북을 읽고 치료 절차를 이해하며 주의사항과 팁을 확인한다.

12. 환자들은 포털사이트를 통해 의견 게시판이나 후원 그림과 연결된다.

13. 최종 회의에서 치료가 끝난 환자들은, 선물과 함께 치료 이후에 필요한 정보가 담긴 패키지를 받는다.

3. 이동 중에는 휴대용 기기로 최종 업데이트된 일정을 확인한다.

4. 병원의 발렛파킹 서비스를 이용한다.

HOSPITAL

11. 셀프 서비스 타미널을 통해서 체크아웃하고, 치료에 대해 요약된 설명을 받는다.

10. 치료 의자는 비행기의 비즈니스 클래스 좌석과 유사하다. 환자는 비디오와 오디오 프로그램, 병원 서비스, 인터넷에 접속한다.

9. 치료 공간은 기분 좋고, 자연친화적이며, 치분해지는 테마로 장식된다.

5. 별도의 표지판을 이용해서 치료실을 쉽게 찾는다.

6. 셀프 서비스 타미널이 치료 시간을 중이고 프린트하고 문자 메세지를 보낸다.

7. 치료 시간이 병원 여기저기에 있는 스크린상에 표시된다.

8. 대기 중인 환자는 엔터테인먼트 시설, 컴퓨터, 이벤트를 통해 여러 활동에 계속 참여한다.

쿤셉트의 시각화

으로 피드백을 주며 기여할 수 있었던 것은 환자의 경험을 완전하지는 않지만 개략적으로나마 시각화한 덕분이었다. 이렇게 병원 직원과 환자들이 제공한 적극적인 피드백 덕택에 이해관계자들은 최종 결과물이 자기 것이라는 느낌을 가질 수 있었다. 프로토타입은 이상적인 환자의 경험이 만들어질 때까지 반복적으로 다듬어졌다([그림 8] 참조).

결과물

이 사례는 개방적이고 상상력에 기반한 협업이 어떤 결과를 만들어내는지 생생하게 보여준다. 새로운 비전은 의미 없는 '변화'가 아닌, 유의미하게 공유된 '진보'를 만들어냈다. 이 작업은 수백 개의 창의적인 아이디어들을 만들어냈을 뿐 아니라, 환자의 경험을 포괄적으로 새로 만들고 중요한 이해관계자들을 참여시킴으로써 목표에 대한 전사적 몰입을 유도할 수 있었다. 경영 관점에서 본다면 환자에게 정말 중요한 것과 그렇지 않은 것을 구분해냈고, 이에 따라 자본 지출을 재조정하여 환자 간호에 대한 비전을 새롭게 정의하고 운영 효율의 우선 순위를 높일 수 있었다.

재정의된 비전은 높은 수준의 열망을 유지하고, 직원과 기증자 및 환자들에게 동기를 부여하며, 지속적인 발전에 필요한 가이드를 제시하는 등대 역할을 하게 되었다. 1단계 새로운 화학치료 센터는 이제 막 문을 열었다.

이 사례는 협업이 더 큰 아이디어를 이끌어내고, 다양한 이해관계자를 참여시키는 것이 그들에게 주인 의식과 자부심을 불어넣으며, 연계가 아이디어를 키울 수 있음을 보여준다. 또한 큰 꿈을 꾸면 더 나은 현실을 만드는 데 꼭 필요한 감각, 다시 말해 '어디에서 어떤 가치를 실제로 만들어낼 수 있는지 알아내는 감각'을 얻을 수 있다는 것도 알려준다.

이번 프로젝트를 위해 다양한 사람들이 함께 모였고, 환자의 실제 경험에 근거한 피드백을 바탕으로 더 나은 환자 경험을 위한 화학요법 공간을 새롭게 디자인했습니다. 이전에는 한 번도 같이 모여서 일한 적 없는 의사, 간호사, 연구원, 원무팀, 자원봉사자, 경영진들이 아이디어를 공유하고 손에 잡히는 무언가를 만들었습니다. 이제 우리 모두는 최종 결과물에 대한 책임감을 가지게 되었습니다.

_새라 다우니Sarah Downey
(캐나다 토론토 대학 의료 네트워크 소속 PMH 부원장)

이미 기어 1을 통해 새로운 가치를 창출하는 기회를 구조화했다면, 이제 미래를 위해 비전을 새롭게 정의하고 또 다른 가능성을 상상할 준비가 되었다고 할 수 있다. 이 시점에서는 점진적 개선이나 이미 보유하고 있는 영역의 확장에 초점을 맞출 것이 아니라, 주어진 패러다임에서 벗어나 꿈을 꾸어야 한다.

기어 2는 최종 사용자에게 더욱 기분 좋고 만족스러운 경험을 제공하는 새로운 방법과 신선한 아이디어들을 생각해내는 협업과 관련되어 있다. 가능성 여부와 상관없이 구체적이고 충족되지 않은 니즈들로부터 실마리를 찾을 수 있을 것이다. 어떻게 해야 하는지 그 방법에 대해서는 아직 고민할 필요가 없다. 모든 기업들은 현실에 맞춰서 꿈을 조정하게 되는데, 그에 대해서는 기어 3에서 다룰 것이기 때문이다.

기어 2의 목표

기어 2의 목표는 미래를 위해 비전을 재정의하는 것이다. 즉, 새롭고 유용하면서 동시에 끊김 없이 매끄럽게 통합된 최종 사용자의 경험을 통해 가치를 창출함으로써 어떻게 이길 수 있는지에 대한 가능성을 보는 것이다. 개발팀은 기어 2를 반복하면서 "이건 대단하다! 우리가 이것을 달성할 수 있다면 정말 게임을 바꿀 수 있겠다!"라는 느낌과 믿음을 가지게 된다. 기어 1에서와 마찬가지로 여기에서도 핵심 행동과 사고를 강조하고, 이어 기어 2를 달성하기 위한 몇 가지 원칙과 고려사항, 그리고 관련된 도구와 팁을 소개하고자 한다.

중요한 활동과 사고

기어 2는 대단히 협력적이고 반복적이다. 재미있을 수 있는가 하면 골치 아파질 수도 있다. 하지만 두려움과 자존심 대신 상상력과 팀워크를 먼저 고려한다면 생산적인 과정이 될 것이다. [그림 9]에서 볼 수 있듯이, 기어 1의 결과물을 혁신을 위한 플랫폼으로 삼아 관습에 얽매이지 않고 창의적인 행동을 시작해야 한다. 이 시점에서 감정을 자제하거나 자기 중심적으로 생각한다면 상상력에 기반한 통합적이고 진정한 해결책의 실현이 제한될 뿐이다. 아이디어를 더하고 콘셉트를 강화하는 과정을 거치면서 창조적인 결과물들을 끄집어낼 수 있는 지점이 바로 여기서부터다. 그다음에는 경험 디자인의 관점에서 그 결과물들을 하나로 엮고, 각 조각들이 매끄럽게 연결된 하나의 경험으로 맞춰지도록 해야 한다. 프로토타이핑을 여러 번 거치면 초기에 완벽한 하나의 아이디어를 만들어야 한다는 집착에서 벗

그림 9 기어 2의 활동과 결과

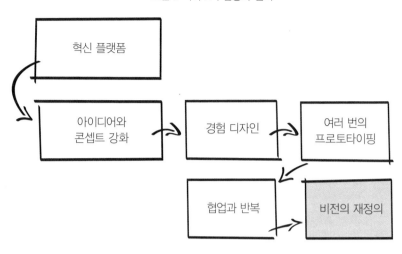

어날 수 있으며, 최종 사용자 및 관련 이해관계자들과의 협업을 통해 추가 옵션을 구상해볼 수도 있다. 이런 과정을 통해 우리는 저렴한 비용으로 여러 차례 시험해볼 수 있는 프로토타입, 피드백을 통해 사용자들에게 울림을 주는 요소, 그와 반대로 사용자를 실망시키는 요소가 무엇인지에 대한 정확한 통찰을 얻을 수 있을 것이다. 참고로 프로토타입과 피드백 모두가 가치 있으며, 궁극적인 비전을 달성하는 데 도움이 된다는 점을 미리 말해둔다.

기어 2를 최대한 활용하는 데 필요한 것은 공감, 내재적 동기, 개방성과 긍정이다. 공감은 개발 과정에서 사용자를 중심에 두도록 해주고, 내재적 동기는 개발 과정의 즐거움과 목표에 대한 감을 유지하는 원천이 되며, 개방성과 긍정은 팀에 에너지를 공급한다.

원칙과 프레임워크

이제는 당면한 현실을 확장해서 최종 고객의 궁극적인 경험에 초점을 맞춰야 하는 시점이다. 당장의 재무 상황, 오늘의 운영 상황, 그리고 현재의 경쟁 상황이 어떤지에서 한 발 물러나 생각해보길 바란다. 당신은 사고를 크게 확장해야 한다. 이전 작업 요소들 중에서 앞으로 계속 사용할 유일한 것은 열심히 모은 사용자 니즈와 페르소나뿐이다. 이제부터는 꿈을 꿔야만 한다. 이 단계에서 명심해야 하는 몇 가지 원칙을 먼저 살펴보자.

모든 것은 최종 사용자가 결정한다

기어 2의 모든 단계에서 중요한 것은 사용자 중심의 관점을 유지하는 것이다. 아이디어가 기업에 어떻게 수익을 가져다줄지 고민하는 것은 기어 3에서 충분히 다룰 것이다. PMH의 사례를 보면, 기어 2의 전 과정을 거치는 동안 개발 과정의 시작과 중심에는 항상 환자가 있었다. 당신은 가치 사슬의 일부분이라고 생각할 수도 있겠지만 궁극적인 최종 사용자는 공동의 고객이다. 비행기에 들어가는 엔진을 만든다고 가정해보자. 엔진은 비행기에 들어가고 비행기는 항공사에 팔리며 항공사는 좌석을 승객에게 판매한다. 이 체인상에 있는 사람들은 모두 중요한 관계자에 해당하지만 이들의 궁극적 목표는 최종 사용자(말하자면 승객)가 좋아할 시스템을 창출하는 것이다. 바로 이것이 모든 이해관계자의 공통된 소명이다.

"꿈은 현실에 우선한다."

_얼 바켄

86

크게 꿈꾸자!

　　지금은 제약 조건에 상관없이 큰 꿈을 꾸어야 한다. 미친 소리처럼 보이는 아이디어들도 꿈이라는 마법을 통하면 실현 가능한 해결책으로 변신한다. PMH 팀에게는 일상의 심각한 의무와 책임에서 벗어나 비록 몇 시간이지만 큰 꿈을 꿀 수 있는 시간이 주어졌다. 전혀 설득력 없어 보이는 아이디어도 무언가 내재적인 가치를 가지고 있다는 점을 기억한다면, 프로세스 초반에 꿈과 현실을 억지로 조율하기 위한 시간 낭비는 하지 않을 것이다. 애플의 스티브 잡스, 버진 그룹의 리처드 브랜슨, 포시즌스의 이사도어 샤프, 메드트로닉의 얼 바켄 같은 이상주의자들은 큰 꿈을 가지고 있었다. 조직의 어느 위치에 있든 모든 사람들은 새로운 가능성을 그릴 수 있는 능력을 가지고 있음을 기억하라.

매끄럽게 연결되는 다차원의 경험을 해결책으로 디자인하라

　　포괄적이면서 동시에 혁신적인 경험을 만들어내려면, 각각의 니즈들이 다양한 측면에서 어떻게 충족될 수 있는지 고려하는 것이 중요하다. 회사에서는 종종 조금 더 나은 제품이나 조금 더 나은 서비스를 만드는 것에 중점을 두지만 이런 방법은 그저 한 부분일 뿐이다. 그보다 중요한 것은 더 넓은 관점에서 니즈들이 어떻게 정의되고 충족될 수 있는지 고려하는 것이다. 다음 페이지에 제시되는 POEMS 프레임워크는 당신이 궁극적으로 디자인할 해결책에 들어가야 할 핵심 요소를 담고 있다.

　　이 프레임워크를 PMH 사례에 적용하면 다음과 같은 점들을 생각해볼 수 있다.

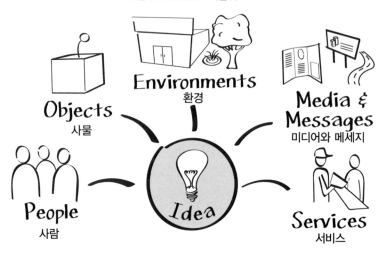

그림 10 POEMS 프레임워크

- **사람**People: 누가 최종 사용자에게 도움을 주는가? PMH 사례의 경우, 간호사는 환자를 어떻게 도울 수 있는가?
- **사물**Object: 니즈를 충족하는 제품이나 물건은 무엇인가? PMH 사례의 경우, 환자들로 붐비는 간호국에서 서성거리는 것보다 필요한 정보를 더 준비된 형태로 전달받을 수 있는 기기는 무엇인가?
- **환경**Environments: 어떠한 공간적 요소가 더 나은 경험을 제공하는가? PMH의 경우, 환자를 차분하게 만들 수 있는 요소로는 자연광 혹은 그 밖의 어떤 자연 요소들이 있는가?
- **미디어와 메세지**Media&Message: 어떤 정보가 도움을 주며 어떻게 그것을 전달할 수 있나? PMH의 경우, 일정 정보를 병원에 전화를 걸어서 대기한 후 알게 되는 것보다 집에서 온라인을 통해 아는 것이 더 낫지 않은가?
- **서비스**Service: 어떤 지원 서비스가 더 좋은 경험을 창출하는가?

PMH의 경우 무선 접속, 컴퓨터, 빈 시간을 채워줄 한 편의 영화가 환자들을 더욱 활동에 참여시키고 스스로 생산적이라고 느끼게 만드는 데 도움이 되는가?

해결책을 개발하는 단계에서는, 매끄럽게 통합된 경험을 만들기 위해서 다음의 점들을 명심할 필요가 있다.

일단 탐험하라

초기의 프로토타입에 많은 돈을 투자하지 마라. 대신 상상력을 발휘해서 주변의 일상용품을 프로토타입으로 활용하라. 이러한 상상력이 생각과 논의를 얼마나 확장시키는지 놀라게 될 것이다. 이 책의 '도구와 팁' 섹션에서는 돈을 많이 들이지 않고도 생각을 표현할 수 있는 여러 방법을 제시할 것이다. 돈이 조금뿐이라면 개발 단계 초기에 비싼 모형을 만드는 것보다 차라리 많은 아이디어를 탐색하는 데 투자하는 것이 낫다. 이에 대해서는 뒤의 5장에서 소개할 네슬레의 제과팀 사례에서 한 번 더 다루겠다.

초기에 완벽하게 하려 하지 마라

성취욕구가 높은 사람은 자신이 하는 일이 최대한 빨리 정리되기를 원한다. 하지만 초기의 완벽주의는 사고를 확장하는 데 장애물이 된다. 실수를 하고, 실수에서 배우는 것이 창의적인 프로세스다.

반복, 반복, 반복하라

문을 나서자마자 완벽한 솔루션을 찾을 수는 없다. 창조하고 배우는 과정에서 지속적으로 탐구하고, 실험하고, 재구성하고 재정의하는 단계를 거쳐야 하기 때문이다. 이 과정은 복잡할 수도 있고, 빨리 과제를 완성하고자 하는 사람들로부터 도전을 받을 수도 있다. 개발 과정을 생산적으로 유지하는 최고의 방법은 기업 내 연구소나 시장에서 탐험 프로세스 또는 최종 사용자의 피드백에 따라 해결책을 변경하는 것이다.

최종 사용자와 이해관계자들을 초기에 자주 참여시켜라

이 프로세스에는 이사회의 고루한 생각이 들어갈 여지가 없어야 한다. 디자인이란 다른 사람들을 프로세스에 참여시키고, 긍정적이지 않은 피드백까지 다 포용하는 것이다. 이렇게 함으로써 더 큰 배움과 더 강력한 아이디어를 만들어낼 수 있기 때문이다. 솔직한 피드백을 얻는 가장 좋은 방법은 사용자들에게 아이디어를 보여주는 것이다. 펜과 종이를 준비한 뒤 열정적으로 물어보라. "당신이 좋아하는 것이 무엇인지 알려주세요. 그리고 문제가 되는 모든 것도요. 그래야 제가 당신을 위해 무언가를 고칠 수 있어요." 이것이 진정한 의미의 '함께하는 창조'다. 우리는 논의를 더욱 활발하게 만들기 위해 대충 만들어진 프로토타입을 사용했는데, 그렇게 단순하게 준비한 프로토타입을 가지고 사용자들이 얼마나 대단한 상상력을 발휘하는지, 또 더 좋은 아이디어로 만들기 위해 무척이나 자발적으로 참여하는 것을 목격하며 매우 놀라곤 했다.

새로운 가능성을 시각화하고 초기 피드백을 모으는 것은 디자인 프로세스를 진행하고 생산성을 향상시키는 데 매우 중요하다. 하지만 놀랍게도 사용자들을 디자인 단계 초반에 참여시키는 것이 실무에서는 흔한 일이 아니다. 일반적으로 피드백이란 최종 수정된 제품안이나 마케팅 콘셉트안이 도출되는 단계까지 그저 모으는 대상이 될 뿐이다. 이런 접근 방식은 개발 프로세스에 진입할 때까지 큰 변화가 거의 고려되지 못할 뿐더러 피드백 요청은 형식적인 과정에 그치게 되고, 어떤 변경이든 약간의 수정에 그치는 경우가 많다. 그러나 사용자와 다른 주요 이해관계자들을 초기 피드백 단계에 참여시키면 상당한 투자나 자원 분배를 결정하기 전에 중요한 통찰 지점들을 찾을 수 있고, 초기부터 중요한 경로 수정도 가능해진다.

PMH의 사례에서, 우리는 환자에게 프로토타입을 보여주고 어떤 점이 중요하고 중요하지 않은지, 그리고 어떤 점이 더 좋아질 수 있는지에 대해 질문했다. 프로토타입을 환자들과 공유하면 콘셉트 자체에 대한 귀중한 피드백도 얻을 수 있지만, 더욱 중요한 것은 고통스러운 순간을 줄여주는 방법에 대해 더 많은 인사이트를 발견할 수 있다는 점이다. 캐나다 의료 시스템은 그 특성상 물리적 대기 시간이 긴데, 이와 맞물려 환자들은 치료에 집중하며 병과 싸우는 삶 전체가 하나의 암울한 대기 상태에 있는 듯한 느낌을 받고 있었다. 병원에서 치료받고 그 결과를 기다리는 시간들을 없앨 수는 없지만, 낭비되는 시간을 무언가 의미 있는 시간으로 전환한다면 이런 경험은 점차 개선될 것으로 생각되었다. 가령 비어 있는 벽이나 TV 화면을 응시하는 대신 환자들이 엔터테인먼트 시스템에 접근하거나 다른 업무를 볼 수 있다면 어딘가에 참여하고 있고 더 생산적이라는 느낌을 받을 수 있을 것이다. '화학요법 친구chemo buddy'라는 프로그램을 통해 다른 환자들을 돕는다면 자신의 가치를 더욱 크게 느낄 수도 있고, 화학 요법의 보완재인 가벼운 치료나 명상 같은 다른 치유 활동에도 참여할 수 있다.

우리는 환자들의 이야기와 피드백에서 얻은 영감을 그림에 집어넣으면서 의학적인 치료뿐 아니라 병원에서의 환자 경험이 지적·심리적인 면에서 공동체적인 지원으로 변환될 수 있다는 점을 깨달았다. 이러한 깨달음은 병원에 있는 동안 환자들이 더 나은 삶을 즐길 수 있도록 돕는 아이디어로 이어졌다. 제안된 아이디어들에는 사회적인 부분과 개인적인 부분을 회복할 수 있는 공간, 업무와 교육 지원, 참여 가능한 활동, 영감을 줄 수 있는 요소들, 평화롭고 자연스러운 디자인, 새로운 가구 등 여러 가지가 포함되었다.

핵심 고려 사항

기어 2의 규칙에는 많지 않지만 특별히 명심해야 할 몇 가지 사항이 있다.

모든 사람은 창조적이다

모든 사람은 해결책에 기여할 수 있는 아이디어를 가지고 있다. 팀을 이룬 개인들이 개방적이고 협력적이라면 모든 참여자들이 자신의 상상력을 극대화할 수 있다.

중요한 것은 아이디어의 양이다

더 많은 아이디어를 만들어낼수록 더 명확한 해결책을 만들 수 있다. 그러므로 창조 과정에 모든 사람들을 참여시켜야 한다. 영감을 받기 위한 중심에 항상 최종 사용자의 니즈를 두고 여러 아이디어들의 패턴을 찾아내며, 이를 통해 더욱 원대한 아이디어로 발전시켜보자.

나쁜 아이디어는 없다

나쁜 아이디어는 종종 멋진 돌파구의 촉매가 된다.

자존심은 잠시 접어두라

공동의 목적을 위해서라면 개인적 어젠다나 자존심이 끼어들 여지가 없다. 최종 성공에 가치 있는 기여를 하는 것은 자발적 행동이다.

매우 협동적인 프로세스임을 기억하자

가장 튼튼한 해결책을 얻으려면 이에 참여하는 모든 사람들이 개발 과정에서 개개인의 독특한 관점과 전문성을 발휘해야 한다. 참여자들이 틀 바깥에서 생각할 수 있도록, 창의력이 발휘될 수 있도록 독려하자.

기어 2에 필요한 사고

기어 2를 잘 활용하려면 공감과 내재적 동기, 개방성과 긍정, 그리고 용기가 있어야 한다.

공감empathy

최종 사용자의 눈으로 세상을 바라볼 수 있게 해준다. 만약 내가 그 상황이라면 어떤 것이 즐거울지 상상해보라. 공감을 하지 않으면 개발 과정에서 사용자의 니즈를 모든 것의 중심에 둘 수 없다. 또한 공감은 내재적 동기의 원천이 되고 현재 진행 중인 프로젝트에 의미를 부여함으로써 탐구에 목적 의식을 더해준다. 즉, 사람들의 충족되지 않은 니즈를 해결하는 것 자체에 더욱 흥미를 느끼게 되는 것이다.

개방성과 긍정성 openness and positivity

　　새로운 아이디어를 탐험하는 데 있어 가장 중요한 요소다. 이 두 가지는 다른 사람의 아이디어뿐 아니라 현재 사업 범위에 포함되지 않은 새로운 아이디어 모두에 대해 개방적인 태도를 취해야 함을 의미한다. 나는 "우리는 그 사업을 하지 않아요. 우리는 그 아이디어를 구현할 수 없어요"라는 말을 너무도 많이 들어왔다. 그럼에도 만약 그 아이디어가 당신의 고객 누군가에게 가치를 줄 수만 있다면 당신은 그것을 구현해내야 한다. 내가 자주 들었던 이야기에 저항하지 않는다면 거대한 아이디어는 그저 그런 조그마한 결과물로 축소되고 만다. 여기에 덧붙여 아이디어를 죽이는 몇몇 고전적인 코멘트를 소개한다.

　　"말도 안 돼요. 만약 그렇게 한다면 우린 모두 해고당할 거예요."

　　"그건 반쪽자리 아이디어예요. 제게 더 좋은 생각이 있어요."

　　"우리가 그런 걸 제안한다면 영업팀이 저희를 쏴 죽일 겁니다."

　　"우린 이미 3년 전에 그걸 시도했지만 실패했어요."

용기 courage

　　창조 프로세스의 일부다. 상상력을 표출하려면 두려움을 극복하고 대담한 아이디어를 꺼내야 한다. 개발 과정을 여러 팀에게 공개하면 끝없이 가능성을 만들어낼 수 있을 수 있고 비전, 즉 넓은 의미의 주인 의식을 공유할 수도 있다. 무엇보다 큰 장점은 모든 사람들이 미래의 성공에 자신도 일정 지분을 갖는다고 느끼기 때문에 해결책 자체를 굳이 설득시킬 필요가 없어진다는 것이다.

　　얼 바켄은 휴머니스트이자 혁신가이며, 세계 최고의 의료 기구회사인 메드트로닉의 명예회장이자 공동 창립자로서 인간의 삶을 개선하는 데 많은 가능성이 있다고 믿어온 사람이다. 어린 시절에 봤던 영화 '프랑켄슈타인Frankenstein'을 좋아했던 그는 생명 연장과 개선을 위해 전기를 사용할 수 있다고 믿었는데, 이러한 꿈을 좇아서 1949년에 차고에서 메드트로닉을 창업하고 첫 번째 웨어러블 페이스 메이커(심장 박동기)를 완성하기에 이르렀다. 그의 혁신은 메드트로닉을 넘어서서 클리블랜드에 있는 하트 브레인 인스티튜트 클리닉 Heart Brain Institute Clinic, 북하와이에 있는 종합 휴양 병원, 그리고 어린이들이 호기심과 열정을 가지고 직접 무언가를 만드는 활동을 하는 얼스 개러지Earl's Garage라는 프로그램에까지 확장되었다.

다음에 소개되는 얼 바켄과의 인터뷰를 보면 꿈, 직관, 프로토타이핑, 협업이 혁신에 있어 얼마나 중요한지를 알 수 있다. 그는 88세의 나이에도 여전히 혁신 중이며, 사회와 과학계에 끊임없이 중요한 기여를 하고 있다.

얼 바켄

메드트로닉 공동 창립자, 명예회장

|

저는 큰 꿈을 꾸는 사람입니다. 그리고 꿈 중에 많은 것들이 현실이 되었습니다. 잠을 자기 위해 침대에 누웠을 때부터 실제로 잠이 들기 전까지의 시간 동안 제 마음은 일상과 두뇌로부터 자유로와집니다. 이때에는 마치 퍼즐처럼 생각의 조각들이 맞아들어가면서 전체적인 그림이 그려지고 아이디어가 나옵니다. 낮에 여러 사람들과 각기 다른 이슈나 문제에 대해서 얘기했던 것들의 상

호 연결 관계가 '거의 잠든' 마음을 통해 새롭게 조직되는 것 같습니다.

군대에서는 '준비, 조준, 발사'를 말하지만, 저는 '준비, 발사, 조준'의 방식으로 생각하는 힘을 믿습니다. 우리는 이를 직관이라고 부릅니다. 의사결정이나 문제 해결 시에도 직관을 적극 사용하는 것입니다. 데이터를 모아서 여러 방법으로 분석하는 대신 직관적으로 내린 결정이 옳을 때가 많습니다. 처음에는 정확히 맞지 않을지도 모른다는 위험이 있지만 목표에 한 걸음씩 다가가면서 그것을 명중시키려면 어떤 부분을 조정해야 할지 알게 됩니다.

새로운 것을 시도하는 일은 매우 중요합니다. 실제로 무언가를 행하는 것은 의사결정자들에게 경험이라고 하는 궁극의 스승이 되어줍니다. 제 기억에 따르면 우리는 웨어러블 페이스 메이커의 프로토타입을 4주 만에 만들었습니다. 처음에는 사람이 사용할 것이라 생각하지 않았기 때문에 멋있게 만들지 않았습니다. 그런데 초기 협력자이자 심장 전문의였던 릴리헤이Lillehei 박사가 또 다른 아이의 생명을 잃고 싶지 않다고 하면서 한 어린이 환자에게 처음으로 사용해보았습니다. 그런데 아이에게 사용되는 제품을 보는 순간 '우리가 과연 어린아이를 위해 사용해도 괜찮을 만큼 잘 만든 걸까?' 하는 생각이 들었습니다. 당시 우리는 아이의 생명을 구하면서 소중한 것을 배웠습니다. 어린아이가 장치 설정을 마음대로 바꿀 수 없도록 손잡이를 우묵하게 만든 것입니다.

저는 지난 20년간 하와이에서 공동체의 의료 노력이 한데 모아질 수 있도록 도왔고, 사람들이 정해진 틀에서 벗어나서 생각할 수 있도록 도왔습니다. 사람들이 서로 연결되는 순간 우리 모두의 자산이 더해지고 각각의 노력은 보상받을 수 있습니다.

얼 바켄이 언급한 병원은 북하와이에 위치한 커뮤니티 기반의 병원으로, 중증환자에게 종합 서비스를 제공하는 곳이다. '통합적 의료' 철학을 기반으로 디자인된 최초의 미국 병원인 이곳은 1966년에 설립되었고, 환자 중심의 혁신적인 프로토타입을 통해 몸-마음-정신의 전반적 치유 경험을 제공하는 것을 목표로 한다. 이 병원은 약 3만 명의 환자에게 서비스를 제공하고 있고, 의료업계 환자 만족도 조사에서 1위를 차지했다. 얼 바켄은 혁신, 사업가, 리더십, 과학, 교육 분야에서 여러 상을 수상했으며 그에 대한 이야기는 그의 자서전인 『One Man's Full life』에 보다 자세히 기술되어 있다.

도구와 팁

새로운 가치를 창출하는 가능성을 탐험하고 만들고 개발해낼 수 있도록 다음과 같은 도구와 팁을 제안한다.

▫ 아이데이션Ideation : 새로운 가능성을 만들기

▫ 은유Metaphor : 유추를 통해 상상력을 자극하기

▫ 경험 매핑Experience Mapping : 새롭고 이상적인 경험을 디자인하기

▫ 반복 프로토타이핑Iterative Prototyping : 추상적인 것을 구체화하기

▫ 롤플레잉Role-playing : 간극을 줄이기 위해 경험을 연기해보기

▫ 스토리보딩Storyboarding : 핵심 프레임에 이야기를 담기

▫ 공동창조 작업Co-creation : 개발 프로세스에 다른 사람들을 끌어들이기

기어 3_ **전략적 비즈니스 디자인:**
전략의 재조정과 실행

아이디어들을 실현 가능한 전략으로 바꾸는 것은 쉽지 않다.
다음의 사례는 싱가포르의 한 팀이
자신들이 찾은 트렌드와 인사이트, 아이디어를 기어 3에 넣은 뒤
전략적 모델을 완전히 변경한 이야기다.
여기에는 시장에서 승리한 방법과
비전 공유를 위해 활동 시스템을 재정의하는 이야기가 담겨 있다.
이 스토리는 상품을 판매하는 소매점들의 연합체를 대상으로
복잡한 경영 활동을 고려해 만든 비즈니스 디자인에 대한
흥미로운 사례가 될 것이다.

싱가포르 WISH 스토리: 열정과 자부심의 전략

도전과제

과자와 빵은 싱가포르 경제에 중요한 산업 요소다. 싱가포르 제과유통협회SBCTA, Singapore Bakery and Confectionery Trade Association는 오랫동안 업계를 대변하고 내부적으로 협력하는 데 중요한 역할을 했다. 협회의 분석에 따르면 여러 자영업자들이 자신만의 기술과 솜씨로 독특한 제과를 만들어내고는 있지만, 전체 산업을 성장시킬

만한 공통된 비전을 갖고 있지는 않았다. 이 문제를 해결하기 위해 싱가포르 폴리테크닉 대학의 다학제 개발팀은 '국제적인 판매가 가능한 새로운 싱가포르 제과 제조'라는 목표하에 비즈니스 디자인 프레임워크를 이용해보기로 결정했다.

돌파구

이번 프로젝트에서는 싱가포르 제과유통협회가 어떻게 승리할지를 완전히 재조명해보기로 했다. 이를 위해서는 주목할 만한 새로운 의제를 정의하고, 독특한 전략 모델을 만들며, 궁극적인 성공을 위해 빠른 실험과 학습이 동시에 일어나도록 계획해야 했다.

대부분의 비즈니스 디자인 성공 사례처럼 이 프로젝트 역시 이해관계자와 트렌드에 대한 광범위한 조사에서 시작했고, 뒤이어 '비즈니스와 여가를 즐기기 위해 싱가포르에 들른 여행객들'이라는 특정 이해관계자에게 초점을 맞추었다. 이들은 싱가포르 문화의 독특하고 고유한 특징을 가지고 있음과 동시에 싱가포르 여행의 기억을 되살아나게 해주는, 싱가포르에 관한 무엇인가를 집으로 가져가고 싶어 했다. 개발팀은 시제품을 새로 만들고 상용화 테스트를 하는 대신, 전통을 최대한 활용하면서 동시에 아이콘이 되어버린 유명한 싱가포르 과자를 사용하기로 했다. 싱가포르에서 사랑받는 전통 과자류를 모아 'WISH'라는 이름의 선물상자에 담기로 결정한 것이다.

여행객을 위한 특별한 선물이 될 WISH는 싱가포르 어디서나 구입할 수 있게 하여 제품에 관한 경험이 끊임없이 이어질 수 있도록 만들 필요가 있었다. 나중에는 비행기나 호텔에서도 판매하고, 유동인구가 많은 쇼핑몰에서는 선물상자 자체를 원하는 대로 만들어 플래그십 스토어에서 판매할 수 있게 하고, 그럼으로써 집으로 돌아가는 여행자를 잡아 끄는 제품이 되어야 했다.

기어 3에 들어선 개발팀은 완전히 새로운 비전을 구상했지만 그것의 실현을 위해서는 협회가 기존에 가지고 있던 전략과 역할, 그리고 운영 방식을 완전히 바꿔 근본부터 재구성해야 한다는 점을 깨달았다. 그들은 먼저 협회 회원 모두가 혜택받을 수 있는 시스템으로 변경하는 데 노력을 집중하기로 했다. 비즈니스 디자인 프로세스는 어디에서 경쟁할 것인지와 어떻게 이길 것인지에 대한 생각을 근본적으로 바꾸어주었다. 특히 협회 가맹점에 대한 지원 등과 같이 협회 내부에 집중하던 전략을 외부로 향하게 했다. 즉, 싱가포르를 떠나기 전에 반드시 사 가야 하는 상징적인 기념품을 만들어 판매하는, 협회 외부에 집중하는 전략으로 변경한 것이다. 이 전략을 달성하기 위해 그들은 제품을 조달하고, 홍보 파트너를 참여시키고, 유통 채널을 확보하는 여러 활동의 조합을 정의했으며, 내부에 집중되어 있던 활동 네트워크를 싱가포르라는 국가를 홍보하는 외부적 활동으로 전환했다.

이러한 변화를 통해 협회는 하나의 소스에 기반한 단일 공급자에서 공동의 이익을 추구하는 협력 네트워크로 변모했으며, 한 제품의 생산과 내수 유통망을 넘어 국가의 상징을 만들고 고유하게 브랜드화하며 홍보하는 역할을 수행하게 됐다. 결론적으로 이 프로젝트는 싱가포르 방문객들에게 독특한 기억에 대한 욕망을 심어주는 단순한 일에서 한 발 더 나아가, 자국을 홍보하고 그 효과를 모든 협회원들이 공유할 수 있도록 협회의 활동 시스템을 완전히 새로운 모델로 변경하기에 이르렀다.

결과물

개발팀은 새로운 전략을 수행하기 위해서 여러 실험들을 수행했다. 싱가포르 제과유통협회 및 싱가포르 폴리테크닉 대학의 식품연구소와 함께 이들은 선물상자에 담을 과자에 관한 설문을 시행함과 동시에 제과식품의 유통기간에 관한 연구도 진행했다. 싱가포르에서 가장 상징적이고 인기 있는 디저트를 조합하여 소규모 마케팅 활동을 한 뒤 소비자의 피드백을 들어보는가 하면, 소비자가 직접 맛을 보고 각각에 담긴 이야기를 말하면서 자신이 원하는 제과류를 직접 선택할 수 있게 하는 파일럿 실험도 해보았다. 이 파일럿 실험은 나중에 숍인숍shop in shop 개념으로 대형 백화점에 입점하여 실제로 실행할 계획도 있었다.

> 우리는 이번 프로젝트를 통해서 똑같은 것을 다른 각도로 보았을 때 새로운 기회를 얻을 수 있다는 점을 깨달았습니다. 여러 제약 조건에 직면하고 있는 경영자들에게는 매우 어려운 일입니다. 하지만 우리는 그 제약 조건이라는 것들이 사실은 새로운 기회의 기반이 될 수 있다는 놀라운 사실을 배웠습니다.
>
> _싱가포르 제과유통협회

이 사례는 비즈니스 디자인을 통해 협업, 열정, 상상력, 확신이 제대로 작동할 수 있음을 보여준다. 전략적 관점에서 보자면, 특정 산업에 집중하고 있던 협회가 시장에서 영감을 받은 기회를 통해 공통의 목적을 새롭게 정의했다고 볼 수 있다. 이들은 네트워크의 이해관계자와 최종 소비자를 포함한 모든 사람들의 통찰력과 니즈를 이용해 새로운 꿈을 그려나갔고, 처음엔 달성하기 어려울 것 같았지만 다양한 파트너십과 여러 배송 모델을 실험하며 결국 그 꿈을 현실화시켰다. 우리가 알아두어야 하는 점은, 이들이 모든 이해관계자에게 돌파구가 되는 새로운 가치를 제공하기 위해 협회의 전략을 재설정했을 뿐 아니라 몇 번의 실험을 통해 작은 성공들도 거뒀다는 것이다.

이들은 최종 실행 전에 전략 시스템을 프로토타이핑함으로써, 목표에 적합하고 생산적인 방식으로 모든 에너지를 집중시킬 수 있었다.

많은 사람들에게 기어 3은 가장 재미있는 부분이다. 대안으로 제시하는 모델이 재무적으로 얼마나 경쟁력 있는지에 대한 엄격한 분석이 결합되어야 하긴 하지만, 기어 3은 기본적으로 기어 2만큼이나 창의력과 탐험을 필요로 한다. 비즈니스 마인드를 가지고 있는 혁신가들에게 있어 이 기어는 분명히 흥미로운 도전이다. 독특한 전략을 만들어내기 위해 기어 3에서는 협업, 시스템 매핑, 시각화, 반복적인 프로토타이핑 등 다양한 디자인 방법론을 사용해야 한다. 이렇게 하다 보면 전략을 짜는 것에서 시작하여 시스템을 작동시키고, 작은 성공을 거두면서 어떻게 승리할지를 향해 나아가며, 성장 곡선에서 시장 가치를 더하는 회사로 포지셔닝하고, 결국 경쟁우위를 강화하면서 점차 꿈에 다가가게 된다.

기어 3은 탐험에 집중할 수 있도록 도와준다. 전략을 수립하여 최종 사용자, 이해관계자, 기업 모두가 지속 가능한 가치를 만들어낼 수 있도록 도와줌으로써 전방위적인 성공이 가능하게 하는 것, 다시 말해 모든 이해관계자들이 함께 성장할 수 있도록 활동 시스템을 변경함으로써 지속 가능한 경쟁우위의 기반을 만드는 것이다. 기어 3에서는 비즈니스 모델을 작동시키는 것과 관계된 알 수 없는 변수들이 어떠한 위험 요소를 가지고 있는지 정확하게 알려줄 '금융 민감도 분석'이 꼭 필요하다. 이 분석을 통해서 위험을 최소화할 수 있도록 비즈니스 모델을 조정하고 실험을 수행해야 한다.

이 단계에서는 생산, 재무, 인사조직, 마케팅 등 각 영역별 전문가를 반드시 참여시켜야 한다. 창의적임과 동시에 유기적으로 통합된 시스템을 구축하는 데는 모든 사람들의 참여가 꼭 필요하기 때문이다.

기어 3의 목표

기어 3의 목표는 어떻게 이기는지에 관한 기업 전략을 정의하는 것으로, 구체적으로는 비전을 달성하는 동시에 지속 가능한 경쟁우위 기반을 창출할 수 있는 여러 활동으로 구성된 차별화된 시스템을 디자인하는 것이다. 이렇게 함으로써 흩어진 에너지들을 독특한 가치창조 활동으로 한데 모으고, 빠른 성공과 실험의 흐름에 들어가서 학습이 일어날 수 있도록 계획을 세워야 한다.

중요한 활동과 사고

기어 3을 위해서는 시스템적 사고와 시각화 역량을 최대한 끌어내야 하는데, 어느 시점에서는 창의성과 분석력이라는 양쪽 모두의 균형 잡힌 능력도 필요하다([그림 11] 참조). 가치 제안을 명확하게 정의

그림 11 기어 3 활동과 결과물

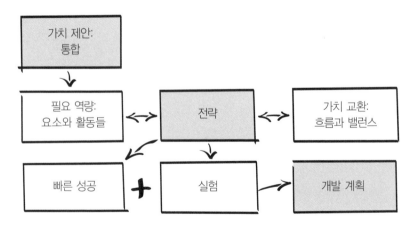

하고, 비전을 구체적인 디자인 요소들로 해체한 뒤 각 디자인 요소들의 달성에 필요한 역량을 정의하는 이 모든 활동들은 차별화된 시스템을 만들기 위한 전략으로 귀결된다. 우리가 디자인해야 하는 것은 최종 사용자에게 가치를 전달하고, 모든 이해관계자가 균형 잡힌 가치 교환을 통해 혜택받을 수 있게 하는 가장 효율적이고 경쟁력 있는 방법이다. 빠른 성공과 실험을 위해 여러 프로토타입을 만들고 결과를 분석하면서 위험을 감소시켜야 하고, 이후에는 전체 개발계획상에서 앞으로 나아갈 수 있는 명확한 로드맵을 찾아야 한다.

이 단계에서 중요한 것은 비즈니스를 하는 새로운 방법에 대한 개방적인 태도와, 수익을 정체시키고 있는 기존 방식을 버릴 수 있다는 의지를 가지는 것이다. 만약 현재 비즈니스 모델의 제약 조건을 포용할 수 있다면 그동안 당신을 피해다니기만 하던 해결책에 보다 가까이 갈 수 있다. 용기와 긍정적인 태도, 그리고 과정 중에 직면하게 될 도전을 탄력적으로 받아들일 수 있다면 기어 3의 결과는 성공적일 것이다.

우리가 이것을 '디자인' 접근법이라고 부르는 이유는 시각화, 아이디어 구성, 복수의 프로토타이핑, 시스템 매핑, 반복, 협업을 통한 창조, 스토리텔링 등 동원할 수 있는 모든 디자인 기법과 기술을 최대한 적용해서 기업의 전략을 짜기 때문이다. 따라서 기어 3은 창의적인 관점에서든 분석적인 관점에서든 모두 충분한 논리를 가지고 있다 하겠다.

기어 3은 크게 두 단계로 나뉜다. 첫째는 전략, 그리고 둘째는 실행이다.

기업 시스템을 디자인하는 것은 하나의 좋은 아이디어를 면밀하게 검토하여 빈틈없이 계획된 실행 전략으로 전환시키는 것으로서 '궁극의 창의적 행동'이다. 흔히 아이디어는 기업이 전략적으로 접근해야 하는 것들을 제대로 수행하기 어렵다는 이유로 종종 꿈에만 그치거나 실현되지 못하기도 한다. 하지만 지금이야말로 기업에 대한 가치를 정의하고, 꼭 필요한 질문에 대답을 해야 하는 시점이다. 우리는 시장에서 어떻게 이길 것이고, 어떻게 이윤을 창출하며, 그것을 어떻게 지속시킬 수 있는가? 우리의 활동 시스템을 어떻게 조정해야 경쟁자가 쉽게 따라오지 못할까? 이 단계에서 명심해야 할 여러 가지 중요한 원칙이 있다.

전략은 전략 제안에 의존한다

싱가포르 WISH의 전략 제안은 다음과 같이 정의되었다.

> 싱가포르 WISH
>
> 싱가포르에서 생산되어 신중하게 선별된 베이커리 아이템으로 독특한 선물 컬렉션을 구성하여 해외 관광객에게 싱가포르 고유의 문화적 경험과 즐거움을 제공한다.

핵심 제안은 경험을 통해 전달된다

이것이 기어 2에서 정의한 '큰 아이디어'다. 시스템을 통해서 무엇을 공급하고, 생산하며, 홍보하고, 전달할지를 결정하려면 최종 사용자의 경험을 해체해봐야 한다. 그렇게 해야만 새로운 비전을 달성하기 위해 무엇을 잘해야 할지 그리고 어떻게 해야 할지 알 수 있

106

고, 생산자나 홍보 담당자, 파트너들을 포함한 모든 잠재적 이해관계자들의 역할과 기여도를 정의할 수 있기 때문이다. WISH의 사례에서 새롭게 정의되고 이해된 것은 제품 디자인, 선별, 브랜딩, 홍보, 그리고 유통이었다.

전략이란 가치 전달에 목적을 둔 개별 활동들의 시스템이다

성공하는 기업 시스템을 디자인하려면 독특하고 설득력 있는 전략 제안을 정의하는 동시에 구체적인 디자인 요소들로 이루어진 수준 높은 경험을 끊임없이 제공해야 한다. 가치란 일련의 기업 활동 시스템을 통해 전달 및 보유, 유지되는데 이는 단순히 뭔가를 만드는 데 얼마의 비용이 들고 얼마나 벌 수 있는지를 계산하는 것, 다시 말해 엑셀 시트를 통해 나오는 것이 아니다(물론 엑셀이 필요한 시점이 있긴 하다). 이기는 전략을 디자인하기 위해서는 시간과 돈을 투자할 핵심 활동들을 선택하고 함께 엮어내는 과정이 수반되어야 한다. 기업의 전략이 경쟁력을 가지려면 경쟁자가 쉽게 모방할 수 없고 해당 기업만이 달성 가능한 독특한 요소가 시스템에 내재되어 있어야 한다. 그렇지 않다면 노력과 비용을 투자하는 것이 정당화될 수 없다. 사기업이든 공공기관이든 관계없이 이것은 지속 가능한 시스템을 디자인하는 데 있어 매우 중요한 이슈가 된다.

어떻게 이길지에 대한 전략을 구체화하는 좋은 방법으로는 활동 시스템Activity System이 있다. 다음에서는 싱가포르 WISH 모델을 어떻게 시각화했는지 설명한 뒤 다른 두 성공 기업의 활동 시스템도 살펴볼 것이다. 이 회사들은 전반적 가치 제안과 지속 가능한 경쟁 우위를 창출하는 독특한 활동 세트를 통해 전략을 보여주고 있다.

활동 시스템은 시장과 기업을 위한 가치 창출을 목적으로 서로

전략적 비즈니스 디자인

상승 작용을 하는 기업 활동의 시스템이다.

'전략의 시각화'를 의미하는 활동 시스템은 다음과 같이 구성되어
있다.

- **허브**Hubs: 독창적으로 가치를 창출하는 기업의 핵심 활동
- **추가 활동**Supporting Activities: 허브를 강화하는 특정 활동
- **연결**Linkages: 허브와 각 활동의 상호 연동과 강화를 통해 가치
  를 창출하는 노드node

싱가포르 제과유통협회는 허브라고 불리는 몇 가지 핵심 활동을
통해 독특한 방법으로 비전을 달성했다. 허브는 싱가포르를 상징하

그림 12 싱가포르 WISH 활동 시스템

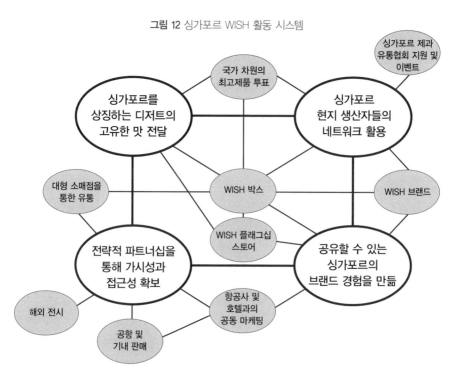

는 디저트의 고유한 맛을 전달하고, 싱가포르 현지 생산자들의 네트워크를 활용하며, 공유할 수 있는 싱가포르의 브랜드 경험을 만들고, 마지막으로 전략적 파트너십을 통해 가시성과 접근성을 확보하는 것이었다. 또한 해외에서 온 여행자들의 눈에 잘 띄고 그들에게 판매할 수 있도록 여행, 유통, 숙박업 등 전략적 파트너들을 이용했다. [그림 12]에서 중심에 위치한 허브는 핵심 활동을 설명하며, 허브들은 지원 활동을 통해 연결된다. 예를 들어, 항공사 및 호텔과의 공동 마케팅은 브랜드를 강화했을 뿐 아니라 제품의 가시성과 접근성을 향상시킬 수 있었다. 이러한 활동이 모두 더해지면 고유한 전략이 된다.

네스프레소는 전 세계 커피 애호가들에게 프리미엄 커피 경험을 통한 즐거움과 탐닉의 순간을 제공함으로써 커피업계의 판도를 바꾸어버린 또 하나의 훌륭한 사례에 해당한다. 모회사인 네슬레는 유통업체를 통해 소비자가 원하는 식품을 제조하고 판매하는 기업이다. 하지만 네스프레소는 독특하게 통합된 스타일리시한 커피 시스템을 중심으로 하는 새로운 카테고리를 창출하기로 결정했다. 이 커피 시스템은 고품질 커피를 생산하고 조달한 뒤 특별한 커피머신을 통해 '내려 받고', 특허 받은 캡슐에 담아서 제공했다. 네스프레소는 알레시Alessi처럼 수준 높은 제품디자인 회사와 크룹스Krups, 매지믹스Magimix 같은 깐깐한 제조사에게 커피머신을 아웃소싱하는 동시에, 인증받은 서비스 업자들과 광범위한 협력 체계를 구축했다. 또한 소비자들과 직접적인 브랜드 관계를 구축하기 위해 1,000만 명 이상의 네스프레소 클럽 멤버십 회원들과 직접 일대일 마케팅을 수행하고 그들의 요구에 즉각적으로 대응했다. 마지막으로 네슬레의 공유 가치와 환경 및 사회에 대한 책임을 다하기 위해 제품 공급망도 새롭게 디자인했다. 밀림협회에서 지정한 기준에 맞추어 지속 가능한

그림 13 네스프레소의 활동 시스템

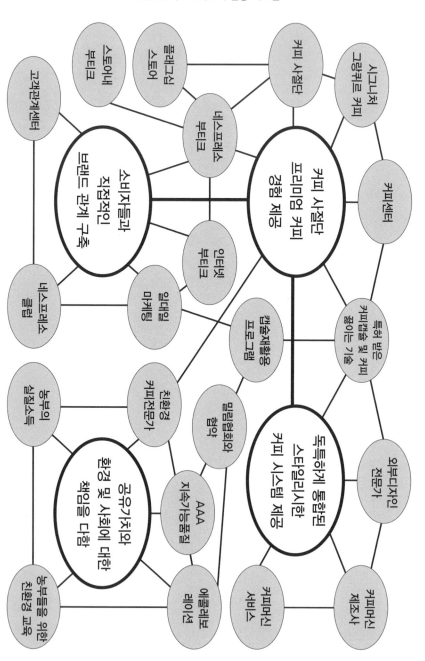

방법을 통해 커피를 조달하고, 농부들과 관계를 맺었으며, 자신들만의 독특한 에콜레보레이션Ecolaboration 협회(전 세계 커피 애호가의 미래를 위하여 파트너들과 함께 사회 문제나 환경 문제를 최소화하는 동시에 커피 농장주들의 이익을 최대화하여, 장기적으로 네스프레소의 지속 가능한 경영을 목표로 함-옮긴이)를 구성했다. 이러한 전략은 차별화되고 유기적으로 통합된 시스템에 매끄럽게 반영되어, 결과적으로 1,000만이 넘는 커피애호가들을 네스프레소로 끌어들임은 물론 10년 만에 3조 원이 넘는 수익을 창출하는 결과를 낳았다.

포시즌스도 고객에게 최고 수준의 서비스와 독특한 럭셔리 호텔 경험을 전달하고자 중요한 전략적 선택을 했다. 그 성공의 중심에는 이사도어 샤프가 앞에서 언급한 황금률, 즉 신중하게 선발하여 교육하고 주요 가치관을 준수하는 우수한 서비스 태도를 가진 직원들이 있다. 실제로 포시즌스에는 고객 서비스 부서가 따로 없다. 왜냐하면 모든 직원들이 고객이 머무르는 동안 최대한 편안하고 즐거울 수 있도록 자신들의 역할을 열정적이고 전문적으로 수행하기 때문이다. 포시즌스는 부동산을 소유하거나 자본을 관리하는 대신 중형 부동산 관리와 서비스, 호텔 관리에 초점을 둔다. 이들은 호텔 관리의 한 방법으로 일관된 글로벌 브랜딩을 고수하는데 이는 홍보물이나 호텔 위치 또는 호텔의 외관 디자인을 통해 전달되고, 최근에는 호텔을 벗어나 레지던스 영역으로 확장시켰다. 포시즌스는 이처럼 훌륭하게 조화를 이룬 일련의 선택들로 활동 시스템을 구성했고, 이를 통해 세계 최고 수준의 호텔 및 리조트 기업으로서의 명성을 유지하고 있다.

로트만 디자인웍스에서 외부 임직원들을 대상으로 활동 시스템에 관한 교육을 진행하다 보면 시스템의 힘을 깨달으면서 '아하!' 하는 순간이 찾아오기 마련이다. "중요한 것은 제품이 아니라 여러 활동으

그림 14 포시즌스의 활동 시스템

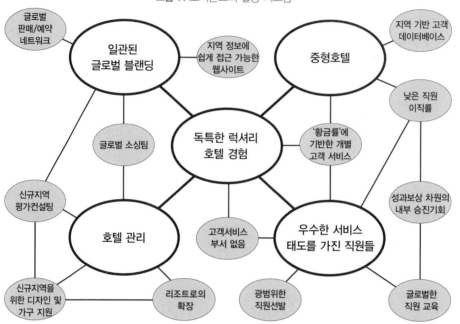

로 이루어진 시스템이었군요. 우리 시스템이 어떻게 다른지 설명할 수 있도록 노력해야겠습니다"라는 식으로 말이다. 시스템이 바로 경쟁우위다.

다음의 질문들은 로저 마틴의 전략 컨설팅에 영감을 받아서 만든 것이다. 이 질문들은 시스템의 힘을 측정할 때뿐만 아니라 지속 가능한 경쟁우위를 창출할 수 있는 시스템인지를 확인하고자 할 때 고려해야 할 체크리스트다.

- 생태계에 속한 모든 이해관계자를 위한 가치를 창출하는가?
- 단순히 더 나은 것이 아니라 시장을 뒤흔들 정도의 진정한 돌파구인가?
- 경쟁사의 시스템과 비교하여 경쟁우위를 만들어낼 수 있을 만

큼 독특한가?

- 기업의 비전과 목적에 합당하며 하나의 통합된 시스템 안에 녹아들 수 있는가?
- 재무적으로나 시장에서의 경쟁 측면에서나 지속 가능한가? 경쟁자들이 쉽게 복제할 수 없는가?

돈은 다양한 방법으로 벌고 모으고 사용할 수 있다

하나의 큰 아이디어가 재무적인 성과로 나타나기 위해서는 수익의 원천이 어디에 있는지 여러 대안을 찾아보고, 어떻게 하면 돈을 잘 벌고 모을지 결정해야 한다. 일반적으로 수익을 창출하려면 더 많은 제품과 서비스가 판매되어야 한다고 믿는다. 물론 많은 회사들이 이러한 방법으로 수익을 내지만, 사람들이 간과하는 다른 방법들도 많다. 여기서 우리는 창의성과 재무 감각을 작동시켜야 한다. 최종 사용자의 입장이 되어 그들의 경험을 전체적으로 바라보면서 어느 부분에서 돈을 벌 수 있을지 상상해보라. 제품을 팔 수도 있지만 다른 회사의 제품을 당신의 매장에서 팔 수도 있고(애플은 스피커와 컴퓨터 케이스를 판매한다), 서비스 프로그램을 팔 수도 있으며(전자제품 매장은 제조사가 기본적으로 제공하는 보증기간의 연장분을 판매한다), 스폰서십이나 광고 수익을 낼 수 있는가 하면(이벤트, 온라인) 사용자 수수료를 얻을 수도 있다(은행 자동화기기, 통신 서비스). 싱가포르 WISH의 경우, 생산자와 협회의 주된 수익 원천은 WISH 박스 판매에서 나왔다.

수익의 반대편에 존재하는 비용도 생각해봐야 한다. 규모의 효율성(대규모 생산), 해외 제품의 생산과 공급, 공급업체들과의 장기 계약 등 여러 수단을 통해서 비용을 절감할 수 있는 방법에 있어서도 창의성이 필요하다. 싱가포르 WISH의 경우엔 이미 안정화된 생산자

113

를 확보하고 기존 항공사 및 호텔과 계약을 연장함으로써 새로운 생산자나 판매 채널을 확보하는 데 들어갈 대규모 투자를 피했다.

수익을 극대화하고 비용을 최소화하면 중요한 전략적 활동에 더 많은 돈을 투자할 수 있다. 어떤 전략적 활동이 더욱 중요한지는 저마다 다르다. 제과회사인 프리토레이가 직영 매장과 유통 시스템에 투자한 것처럼 유통 채널에 투자할 수도 있고 P&G나 네스프레소처럼 브랜드 마케팅에, 혹은 포시즌스처럼 인력의 채용과 훈련 및 직원들과의 관계 유지에 투자할 수도 있다. 싱가포르 WISH의 경우, 중요한 전략은 새로운 브랜드를 만들고 홍보하는 것이었다.

모든 이해관계자가 성공해야 한다

이해관계자들의 지속적 교류를 위해서는 생태계 내의 상호 주의가 필수적이다. 최종 사용자나 기업을 대상으로 가치를 창출하는 것은 분명 중요한 일이지만 비즈니스 모델이 지속되려면 모든 이해관계자를 대상으로 하는 가치가 창출되어야 한다. 특히 이해관계자 간의 상호 교환을 디자인하면서 누가 무엇을 제공하고 그것에 대한 대가로 무엇을 얻게 되는지를 결정할 때에는 해당 교환이 균형을 이루도록 하는 것이 무척 중요하다. 금전적인 교환은 쉽게 보이지만 진실됨, 브랜드 이미지, 평판, 시장 접근성, 지식이나 전문성 등의 가치도 교환될 수 있다. 시스템이 제대로 작동하려면 측정되거나 보이지는 않지만 교환이 가능한 모든 형태의 가치를 이해하고 인정해야 하며, 그렇기 때문에 상대방의 관점에서 가치 교환을 바라보는 것이 중요하다. 이를 위해서는 공감하는 법을 훈련하고 다른 사람의 입장에서 생각하도록 노력해야 한다.

[그림 15]는 헬스케어 회사와 그 이해관계자들이 가치를 교환하는 생태계를 나타낸 그림이다. 회사 입장에서는 신규 서비스에 대한

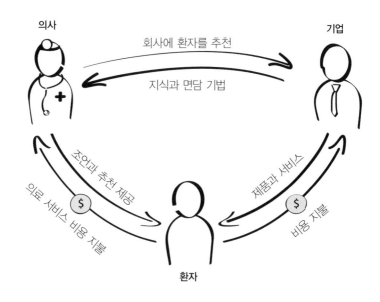

그림 15 의료 가치 교환

의사

기업

회사에 환자를 추천

지식과 면담 기법

조언과 추천 제공

제품과 서비스

의료 서비스 비용 지불

$

$

비용 지불

환자

환자 추천이 필요하고, 이를 위해서는 환자가 가장 신뢰하는 조언자, 즉 의사의 보증endorsement이 있어야 한다. 또한 의사는 충분한 지식을 갖고 효율적으로 환자를 돕기 위한 정보와 더불어 환자의 방문을 통해서 수익을 얻을 수 있는 기회를 필요로 한다. 마지막으로 환자는 의사의 조언에 대해 기꺼이 비용을 지불할 용의가 있으며, 궁극적으로는 더 건강하게 해주는 제품과 서비스가 필요하다.

이런 시나리오에서 회사는 믿을 수 있고 유용한 정보를 가진 정보의 원천으로 확실하게 포지셔닝해야 한다. 그렇지 않으면 유사한 이해관계자가 그 자리를 대체하고, 결국은 의료 시장에 접근할 수 있는 귀중한 기회를 잃어버릴 것이다.

핵심 고려 사항: 전략

이 단계는 기어 2의 콘셉트 시각화만큼이나 창의적임과 동시에 반복적이다. 창의적이면서 긍정적인 사고와 논리적이면서 분석적인 사고를 수차례 왔다갔다 해야 하고, 이를 통해 만들어낸 시스템을 성공시키려면 굉장히 사려 깊게 접근해야 한다. 이에 관해 알아둬야 할 몇 가지 사항이 있다.

여러 옵션을 만들어보라

당신의 제품이나 서비스를 전략적으로 론칭할 수 있는 다양한 방법을 만들어 테스트하라. 기업 내부에서 역량을 쌓아 신제품을 만들 수도 있지만, 외부 디자이너 및 제조사와 작업한 네스프레소처럼 기업 외부에서 전략적 파트너를 통해 아웃소싱을 할 수도 있다.

친구를 찾아라

도달하고자 하는 곳을 향해 힘겨운 길을 가는 사람이 당신 하나만은 아니다. 지속적으로 서로 도울 수 있는 파트너를 찾아라. 네스프레소는 제품 디자이너, 제조사, 그리고 서비스 네트워크와 협력했다.

장점을 극대화하라

다음 장에 소개할 '당신의 여행을 준비하라'에 나오는 것처럼, 현재의 활동 시스템을 그려보는 것을 통해 먼저 시작하고 빨리 실행하여 경쟁우위를 강화할 수 있는 시스템을 이해할 필요가 있다. 이 장의 마지막에 나오는 이사도어 샤프와의 인터뷰는 포시즌스가 어떻게 이러한 일을 했는지 보여줄 것이다.

정말 큰 비즈니스 아이디어를 위해서는 전략을 진화시켜야 한다. 결국 성공이란 기존 시스템 대비 새로운 시스템을 어떻게 잘 관리하느냐에 달려 있다. 로저 마틴에 따르면 새로운 아이디어는 기존의 비즈니스 인프라에 '잘 호환될 수 있게plug-compatible' 접목되어야 한다. 또한 추가적인 성공을 어떻게 하면 직·간접적으로 올바르게 측정하고 관리할지 곰곰이 생각해볼 필요가 있다.

확장성과 경쟁우위를 위해 노력하라

결국 최종 목적은 기업과 시장을 위해 더 많은 가치를 창출할 수 있는 방법을 만드는 것이므로, 지속 가능한 독특한 전략과 확장 가능한 시스템을 통해 가치를 확장해야만 한다.

근본적으로 보면 비즈니스 디자인은 물건이나 콘셉트를 디자인하는 것과 크게 다르지 않다. 창의적 사고, 분석적 사고, 비판적 사고, 시스템 사고, 통합적 사고 등 다양한 사고방식이 총동원되어 혁신적인 전략이 만들어져야 하고, 목적과 신념에 기반한 수많은 논리와 창조성 또한 필요하다. 더불어 장기적으로 성공하기 위해서는 고객에 대한 헌신을 기반으로 어디서 사업을 하고 어떻게 이길지를 아는 지적 능력, 그리고 끈기와 민첩함 역시 요구된다.

다음은 리처드 브랜슨과의 인터뷰다. 이를 통해 우리는 경쟁우위를 만들어내려면 강한 의지와 민첩함, 위험을 줄이는 활동과 더불어 성공에 이르는 길에 놓인 실패들을 수용하는 자세가 필요하다는 사실을 배울 수 있다.

리처드 브랜슨

1984년, 조그마한 회사에 불과했던 버진 애틀랜틱이 거대한 브리티시 에어웨이British Airway와 경쟁하기로 결정했을 때, 우리가 이길 가능성은 매우 낮았습니다. 사실 은행가들은 제 비전에 관해 냉담한 반응을 보이며 첫 번째 비행 이후 대출금을 상환받으려 했고, 심지어는 은행을 바꾸라는 압력을 가하기도 했지요. 하지만 우리는 비싸지 않고 전통적이지 않으면서도 나름 새로운 무기들을 가지고 있었습니다. 아마도 가장 효과적이었던 것은 우리의 기업 문화인 민첩함이었을 텐데, 어쩌면 이것은 회사의 규모에 기인한 것이기도 합니다.

브리티시 에어웨이는 어떠한 변화도 이끌어내기 어려운 거대하고 관료적인 의사결정 프로세스에 짓눌려 있었던 반면, 우리는 즉시 방향을 바꾸거나 원한다면 당장에라도 멈출 수 있었습니다. 고객이나 승무원이 무언가 마음에 들지 않는다고 말하면 바로 고치고 나서 또 다른 아이디어를 찾으러 나갔습니다. 결국 우리는 고작 몇 대의 비행기를 가진 소규모 회사였기에 대규모 회사가 전체 함대에 적용하기 어려운 독특하고 놀라운 고객 경험을 제공할 수 있었습니다. 예를 들어, 우리 회사의 비즈니스 클래스 승객은 집에서 공항으로 갈 때와 공항에서 목적지로 갈 때 무료 리무진 서비스를 제공받습니다. 대규모 경쟁사들이 같은 서비스를 제공했다면 우리와 경쟁하는 몇 개 노선뿐 아니라 전 세계의 모든 노선에 적용해야 하기 때문에 훨씬 비용이 많이 들 것입니다.

버진의 역사를 되돌아보면, 변화를 빨리 받아들인 덕분에 실패가 줄었다고 생각합니다. 우린 뭔가가 잘 진행되지 않고 있다는 사실을 빨리 알아채야 하고, 그에 따라 방침을 바꾸든지 아니면 그 비즈니스를 그만두어야 합니다. 저는 위험을 감수하는 것이 옳다고 믿는 편이지만, '어려운 때를 준비하는 것' 또한 필요하다는 사실도 알고 있습니다. 이는 잘못될 수 있는 모든 가능성, 모든 만약의 사태에 대한 준비가 되어 있어야 한다는 것을 의미합니다. 대부분의 기업이 그렇듯이 저희도 완전히 실패할 뻔했던 적이 여러 번 있습니다. 버진 그룹 비즈니스의 초기에 저는 거의 실패했고, 1980년대 초에도 마찬가지였습니다. 물론 보트와 열기구를 타고 세계 기록을 세우려다가 죽을 뻔한 적도 여러 번이었죠. 하지만 행운과 계획이 결합해 버진과 저는 아직 여기에 있습니다. 어쩌면 기업가에게 있어 '실패'라는 개념은 애초부터 없는지도 모르겠습니다.

원칙과 프레임워크: 실행

에너지를 한 곳에 집중하려면 전략을 결정해야 하고, 그 후에는 궁극적인 비전으로 나아가기 위해 빠른 성공과 실험을 실행해야 한다. 전략 실행계획을 세우면서 명심할 몇 가지 원칙들을 소개한다.

여러 번의 성공과 실패를 거쳐야만 큰 성공을 얻을 수 있다

그 어떤 기업도 모든 것을 한 번에 바꾸어서 성공할 수는 없다. 비즈니스에서의 성공이란 고객을 획득하거나 돈을 벌었다는 결과로 나타나지만, 예상과 다른 무언가에서 배우는 과정이 반드시 필요하다. 리처드 브랜슨이 이야기한 것처럼 '작은 성공은 축하하면서 실패로부터도 끊임없이 배워야 한다'는 사실을 받아들여야 한다.

빠른 성공은 전략을 실행시키고, 궁극적으로 가고자 하는 방향으로 움직인다

　　새로운 방향으로 가기 위해 간단하고 쉽게 테스트해볼 수 있는 아이디어가 있을 것이다. 만약 이런 아이디어들이 기업의 비전에 부합하고 고객의 숨겨진 니즈를 충족할 가능성이 있다면, 큰 일을 위한 시작의 일환으로 일부를 실행해보는 것이 좋다. 싱가포르의 WISH의 경우, 매출도 증진시키고 시장에서 학습도 하기 위해 먼저 신제품을 만들어서 새로운 브랜드로 판매해보았다. 기어 1에 등장했던 헬스케어 회사 역시 고위험 환자들을 의료 레이더에서 놓치지 않기 위해 패스트 트랙Fast-track 시스템을 확장해봤고, 포시즌스는 전략과 실행력 강화를 위해 새로운 고객서비스를 지속적으로 추가하고 있다.

　규모가 크고 미래가 불확실한 행동을 하기 전에, 실험을 통해 학습해보라. 무엇을 아는지 정의하고, 확신할 수 없는 요소에 대해 가능한 많은 정보를 확보하라. 무엇을 알고 있는지 확인해야만 다음 단계의 투자에 대해 자신감을 갖게 된다. 네스프레소는 비즈니스를 처음 시작할 때 부터 새로운 여러 아이디어를 실험했고 가장 최근에는 에콜레보레이션에 관한 실험을 하고 있다. 이처럼 실험이란 새로운 진로를 개척하는 데 꼭 필요한 지속적인 활동이다.

　여러 실험이 네스프레소의 성공에 공헌했습니다. 최초의 아이디어는 물론 우리만의 독특한 시장과 소비자를 아우르는 비즈니스 모델, 부티크, 브랜드 커뮤니케이션 전략, 트렌디하고 멋진 기계에 이르기까지 우리는 다양한 실험을 지속적으로 수행했습니다. 최근에는 캡슐 재활용부터 지속 가능한 커피 생산 등 다양한 에콜레보레이션 활동을 통해 네스프레소가 집중적으로 투자하고 있는 지속가능성에 대해 시험 중입니다. 예를 들어 2003년 매장에서부터 시작된 AAA 지속가능 품질 프로그램**은 8년이 지난 2011년부터 그 효과를 보이고 있습니다.

_기욤 르컨프Guillaume Le Cunff

네스프레소 글로벌 마케팅

실행계획을 구체화하면 실제로 어떤 것을 실행하고 테스트해야 하는지, 핵심 추진일정과 의사결정 사항은 무엇인지, 경영 및 고객 학습 측면에서의 성공 여부는 어떻게 측정해야 하는지 등 모든 것이 분명해진다. 그래야만 실행에 집중할 수 있고 세부 레벨에서의 수행도 가능해진다. 특히 동일한 디자인 프로세스를 개별 제품, 여러 서비스, 각각의 유통망, 세부 커뮤니케이션 기법에 적용해보는 작업을 반복할 필요가 있다. 프로토타입을 만들고 이해관계자를 끌어들인 뒤 무언가를 만들어서 시장으로 내보내는 과정을 반복해보자.

핵심 고려 사항: 실행

실행력이 높은 팀은 대부분 비전을 실현할 수 있는 기술과 시스템을 가지고 있다. 적합한 사람들이 적절한 타이밍에 적합한 일을 하고 있다면 아무런 문제가 발생하지 않는다. 다음은 이를 위해 필요한 몇 가지 것들이다.

■ 네스프레소가 밀립협회와 함께 시작한 프로그램으로, 커피전문가과 농부들이 함께 친환경 커피를 조달하는 프로그램이다. 세 개의 A는 각각 품질, 지속가능성, 생산성에 있어서 A를 의미하며, 공정무역 커피보다 광범위하고 장기적인 활동을 수행한다고 알려져 있다.─옮긴이

- 빠른 성공과 실험, 그리고 사람, 자금, 타이밍이 포함된 로드맵
- 팀을 이끌어갈 수 있는 잘 훈련된 프로젝트 매니저
- 프로젝트가 올바르게 진행되고 있는지 알려줄 일정표와 평가 도구
- 비즈니스 감각은 높이고 위험은 줄여주는 비즈니스 사례와 지속적인 투자

기어 3에 필요한 사고

이 장의 앞에서 밝혔듯이, 기어 3에는 상당한 수준의 창의력과 분석력이 동시에 요구된다.

개방성Openness

개방성을 가지고 다른 사람의 관점에서, 새로운 방식으로 비즈니스를 운영해야만 새로운 비전을 향해 발전적인 전략을 디자인할 수 있다. 개방성은 과거로부터 벗어나 새로운 활동, 새로운 파트너, 그리고 성공을 관리하고 측정하는 새로운 방법을 찾는 데 있어 핵심적인 역할을 한다.

제약의 감수Embracing Constraints

마지못해 해야 하는 상황을 피하기 위해서는 새로운 해결책을 찾아야 하고, 이를 위해서는 제약의 감수가 필수적이다. 제약 조건을 뛰어넘는 창의적 해결책을 찾는 것은 매우 어렵지만, 협업과 확신이 이루어진다면 현명한 방법을 찾을 수 있을 것이다.

용기 Courage

용기는 혁신의 한 부분이자 전체다. 대부분의 기업가들은 새로운 것이라면 무조건 긴장한다. 하지만 비전을 명확하게 하고, 전략을 날카롭게 다듬으며, 실행계획을 책임감 있게 수립한 뒤, 작지만 측정 가능한 행동을 통해서 혁신적인 아이디어를 향해 나아가려면 용기가 필수 요소다.

유연성과 긍정 Resiliency and optimism

유연성과 긍정은 실험 단계에서 어쩔 수 없이 나타나는 실패에 꼭 필요한 것으로, 작은 실패들을 받아들이고 비전을 향해서 계속 반복하는 '학습자의 마음'을 심어준다.

다음에 나오는 내용은 이사도어 샤프와의 인터뷰 중 어떻게 포시즌스가 오랫동안 고객 가까이 머물면서 활동 시스템을 전략적으로 진화시킬 수 있었는지, 또 고객을 만족시킬 수 있는 새로운 방법을 어떻게 찾았으며 브랜드, 서비스, 호텔 관리에서의 강점을 어떻게 극대화할 수 있었는지에 대한 부분을 발췌한 것이다.

INTERVIEW

이사도어 샤프

|

우리는 본업인 호텔 서비스 비즈니스를 다각화하기 위해 은퇴자 전용 숙박, 대형 크루즈 선박 등 여러 대안을 고려했습니다. 하지만 사람들이 가져오는 아이디어 대부분은 해당 아이디어 분야에 관한 우리만의 전문성이 없었기 때문에 적합하지 않았습니다. 제 생각에 중요한 것은 '우리가 무엇을 잘하는가'보다 '우리가 무엇을

잘 못하는가'를 인지하는 것입니다.

레지던스는 우리가 잘할 수 있는 영역이었기에 우리 비즈니스 다각화의 한 방향이 되었습니다. 레지던스는 부동산이고, 우리는 호텔을 건설하고 운영해서 경제적 가치를 만들어내는 부동산 기업이니 관련이 많았던 거죠. 포시즌스라는 강력한 브랜드 덕분에 우리는 빌려주는 형태든 소유하는 형태든 관계없이 부동산 관련 비즈니스라면 자신이 있었습니다. 사실 부동산의 다양한 용도는 우리의 비즈니스 모델을 더욱 발전시켜주었습니다.

레지던스 비즈니스가 성공하는 데는 빌딩을 멋지게 디자인해서 제시간에 건설하는 것이 중요합니다. 그러나 그보다 더욱 중요한 것은 청소, 컨시어지, 도어맨 등 부가적으로 제공되는 서비스입니다. 우리 레지던스에 거주하기로 결정한 몇 분에게 "다른 좋은 곳도 많이 있는데 왜 포시즌스 레지던스에서 지내기로 결정하셨나요?"라고 물어보니 한 분이 이렇게 대답하더군요. "집사람과 나는 이제 나이가 꽤 들었어요. 다른 곳에도 여러 채의 집을 소유하고 있지만, 시내에 올 때면 여기가 우리 집이 되면 좋겠다고 생각했죠. 이곳의 서비스는 내가 전적으로 신뢰할 수 있기 때문입니다. 무언가 필요할 경우, 전화기 버튼 한 번만 누르면 문제를 해결해줄 수 있는 사람이 문 앞으로 달려올 거라는 걸 알고 있거든요."

이런 대답은 우리가 그저 말하는 것에 그치지 않고 약속을 지키기 위해 항상 노력한다는 것을 고객이 알고 있을 때 나오는, 우리 브랜드의 명성에서 기인하는 것이라고 생각합니다. 약속을 지킨다는 부분에서 레지던스 요소가 호텔 서비스와 완벽하게 맞아떨어졌다고 볼 수 있습니다. 물론 이 모든 것은 유의미한 차이를 만들어내기 위해 노력하는 우리 직원들 덕분이고요.

도구와 팁

비즈니스 모델을 디자인하고, 위험을 측정하며, 큰 아이디어를 연속된 성공으로 이끌 수 있는 도구와 툴을 소개한다.

- 제안서Proposition: 기회를 연결하기
- 필요 역량Capability Requirements: 돌파구 찾기
- 활동 시스템Activity Systems: 성공을 위해 전략을 디자인하기
- 활동 시스템 측정Activity System Assessment: 기업의 전략을 평가하기
- 실행 계획Activation Planning: 혁신의 공급과 관리를 측정하기
- 가치 교환Value Exchange: 가치의 전달과 교환을 디자인하기
- 상호성Reciprocity: 생태계 내에서 가치 교환의 균형을 유지하기
- 재무 민감도 분석Financial Sensitivity Analysis: 불확실성과 위험을 측정하기
- 실험Experiment: 모르는 것을 테스트하기
- 빠른 성공Quick Wins: 학습 효과를 자산화하기
- 경영 시스템Management Systems: 지원 시스템을 디자인하고 중요한 것을 측정하기

탐험을 준비하라 :
기초 다지기

주변의 예비 창업자들이 비즈니스를 디자인하면서
세 개의 기어를 활용해 전략을 세우고 탐험을 준비하는 것을 봐왔다.
이런 훈련은 어디서 경쟁하고 어떻게 이길지에 대한
기초를 다지는 데 도움을 준다.
다음에 소개할 사례에서는 세 개의 기어를 활용함에 있어
적합한 사람들을 참여시키는 것이 얼마나 중요한지 볼 수 있다.

네슬레 제과 이야기: 달콤한 성공

도전과제

2008년 네슬레 제과팀은 건강에 집중하는 회사가 초콜릿을
판매한다는 사실을 어떻게 하면 조화롭게 연결할 수 있는가 하는 도
전에 마주했다. 사실 이러한 도전은 폭넓은 목표를 향해 다양한 상
품 포트폴리오를 가지고 있는 대기업에서는 흔히 있는 일이다. 하지
만 캐나다 네슬레 제과의 마케팅 부사장인 엘리자베스 프랭크Eliza-
beth Frank는 이러한 전략적 긴장 상태를 오히려 혁신의 기회로 보았
다. 이 문제를 해결하기 위해 그녀와 부서 책임자인 산드라 마르티네
즈Sandra Martinez는 마케팅, 운영, 상품 개발, 재무, 그리고 판매를 아

우르는 융합팀을 만들고 그들을 전략 기획 세션에 참여시켰다. 이틀짜리 전략 기획 세션의 핵심은 네슬레의 모든 임원진이 참여하여 비즈니스 디자인 프로세스를 경험하며, 제과 분야의 현재 전략을 점검하고 미래의 장기 전략을 새롭게 제안한 뒤 그 전략에 맞추어 팀을 재정비하고 성장을 재점화하는 것이었다.

이 세션에서는 사람들이 모이자마자 좋은 초콜릿을 먹는 것이 우리의 일상을 얼마나 행복하게 만들어주는지 공유하기 시작했다. 이와 동시에 한 발 뒤로 물러나 현재의 패러다임에 도전하려면 무엇이 필요한지도 함께 고민했다. 대화를 통해 참가자들은 하나의 공통 목표를 설정했는데 그것은 네슬레가 판매하는 다른 상품처럼 제과 제품도 '당신에게 좋은 것good for you'으로 만들자는 것이었다.

돌파구

상품 기획부터 마케팅 캠페인에 이르기까지 다양한 돌파구가 제안되었는데, 모든 제안은 새로운 비즈니스 비전에 기초했으며, 어디서 경쟁하고 어떻게 이길지를 전략적으로 재조명하는 것에 뿌리를 두고 있었다. 전략 기획 세션은 현재 상황을 올바르게 반영하도록 현 전략을 매핑하는 것에서 시작되었다. 첫 번째 돌파구는 고객을 데려와 가족들의 건강을 돌보는 것에 대한 이야기를 듣는 기어 1에서 등장했다. 네슬레팀은 고객의 이야기에 감동받았고 때로는 웃거나 눈물을 흘리기도 했다. 놀랍게도 대부분의 고객들은 초콜릿이 진심으로(!) 좋은 음식이라 믿고 있었고 덕분에 네슬레팀은 초콜릿이 일상에 행복을 주는 음식이라는 사실을 다시 한 번 인식할 수 있었다. 이후 팀은 단기적이고 부분적인 접근 방식에서 벗어나 좀 더 미래지향적인 입장을 가지고 장기적으로 더 유의미한 비즈니스를 생각했다.

127

다음 단계인 기어 2에서는 통찰과 직관, 상상력, 전문성을 총동원하여 '초콜릿이 좋다'는 영감을 전달할 수 있는 세 가지의 독특한 브랜드 경험 프로토타입을 만들었다. 뿐만 아니라, 고객으로부터 최대한 빠른 피드백을 얻기 위해 역할극도 시도했다. 하나의 예로, 어떤 팀은 자신들이 제안한 콘셉트가 십대들의 생활에 어떻게 녹아 들어가는지 현실감 있게 보여주기 위해 세 가지 다른 면을 가진 가상의 방을 세트로 꾸몄다. 첫 번째 장면을 위해 한쪽 벽에는 고등학교의 물품 보관함을 만들었고, 또 다른 벽에는 다음 장면을 위해 편의점을 만들었으며, 마지막 장면용으로 세 번째 벽에는 종이 박스로 만든 컴퓨터가 있는 아이 침실을 만들었다. 이렇게 십대의 경험을 마음속에 그릴 수 있도록 만드는 데는 총 17불밖에 들지 않았지만, 콘셉트 발표를 들은 십대들은 자신들의 경험을 재구성한 창의성과 개방성에 감탄하면서 네슬레팀의 콘셉트 개선에 필요한 소중한 피드백을 제공해주었다.

마지막으로 기어 3에서는 전략을 다시 한 번 분명히 하고, 신규 비즈니스에 필요한 비전을 실행하기 위한 5개년 계획을 디자인했다. 구체적으로 네슬레팀은 고객과 다시 연결될 수 있고 고객의 건강한 삶을 위해 더 넓고 통합적인 제안을 할 수 있도록 현재의 전략 모델을 시각화했으며, 공유된 비전을 향해 노력할 수 있게 되었다. 기획 세션을 진행하는 동안 가득했던 열정, 웃음, 창의성, 그리고 단호함이 비전을 실현하는 동력이 되었음은 물론이다.

결과물

네슬레팀은 제과 산업에서 건강의 의미를 재정의했고, 건강을 증진시킴과 동시에 책임감 있고 의미 있는 만족을 얻을 수 있는 분명하고 강력한 전략을 수립했다. 제품 계획 중 몇몇 아이디어는 완전 자연 재료로 구성되거나 다크 초콜릿처럼 건강에 도움이 되기도 했으며, 공정 무역이나 지속 가능 실천을 담아 공유 가치를 추구하기도 했다. 그 외에 건강에 대한 감성적, 사회적 인식을 강화하는 사회 활동에 대한 투자도 진행했다. 이러한 투자는 네슬레의 스마티즈 Smarties 초콜릿이 수행한, 어린이들로 하여금 사회적 문제에 관심을 갖게 만들었던 성공적 마케팅 캠페인인 '당신의 색깔을 보여주세요 Show Your Colours'로 연결되었다.

　캐나다 지사의 비전이 담긴 자료는 스위스 브베에 위치한 네슬레 본사에도 영감을 주었으며, 이후 캐나다 지사 주도로 글로벌 제과 전략이 새롭게 다듬어졌다. 정교하게 만들어진 신규 전략을 바탕으로 새로운 시각에서 비즈니스를 바라본 덕분에 캐나다 지사는 3년 연속 두자리 수의 성장을 이루었다. 첫해가 지난 뒤 캐나다 지사의 대표는 "불이 붙었어! 놀라운 결과야!" 라는 말을 하기도 했다.

> 비즈니스 디자인 접근법 덕분에 소비자 이해와 비전이 공유되었고 팀이 조기에 협력할 수 있었습니다. 이번 워크숍은 핵심적인 경영 성과를 확실하게 이끌어 냈습니다.
>
> _엘리자베스 프랭크
> 캐나다 네슬레 제과 마케팅 부사장, 2008

　이 사례는 창의성과 야망을 가지고 비즈니스를 하려는 사람들에게 적합한 팀과 적합한 디자인 도구가 얼마나 중요한지를 알려준다. 또한 강력한 팀 리더와 협조적인 최종 의사결정권자가 갖는 힘과 중요성도 함께 보여준다.

가장 먼저 기획개발 과정에 적합한 사람을 찾아야 한다. 적합한 사람이란 야망을 가지고 있고, 스스로 동기부여가 되어 있으며, 비전을 실현하기 위해 다른 사람들에게 영감을 불어넣을 수 있는 사람을 말한다. 기업을 앞으로 나아가게 하는 것은 바로 이런 사람들로 채워진 팀이다. 네슬레 제과팀의 사례처럼 팀의 리더는 강력해야 하며, 최종 의사결정권자는 협조적이어야 한다.

협업과 개방성은 비즈니스 디자인 프로세스에 있어서 결정적이다. 도구와 팁에 등장하는 여러 활동은 팀을 디자인하고 조율하는 것을 도와줄 것이다.

팀을 꾸린 다음에는 네슬레처럼 소규모의 전략 기획 워크숍을 하거나 또는 대규모 프로젝트를 실시하여 2부에 등장할 도구와 팁을 활용할 수도 있다. 중요한 것은 다양한 관점에서 기업의 현황을 파악하고 구성원들이 현재 상황을 동일하게 이해하는 것이다. 그다음엔 기회를 구조화해야 한다. 네슬레의 경우 단 3일짜리 워크숍을 통해 전략을 새롭게 구조화했다. 마지막으로 새로운 비전을 달성하기 위한 전략 단계를 통해 전략 실행 로드맵을 작성한다. 네슬레는 팀의 비전과 로드맵이 담긴 전략을 영감이 가득한 영상에 담아 글로벌 임원진에게 발표했다. [그림 16]에는 3가지 기어를 활용하여 전략을 수립하는 데 필요한 활동과 결과물이 드러나 있다. 프로젝트를 진행하는 데 필요한 더 심도 깊은 프로세스들(네슬레의 경우 워크숍 이외에 진행된 더 많은 일들)은 2부에서 구체적으로 설명하기로 한다.

그림 16 탐험을 준비하기 위한 활동과 결과물

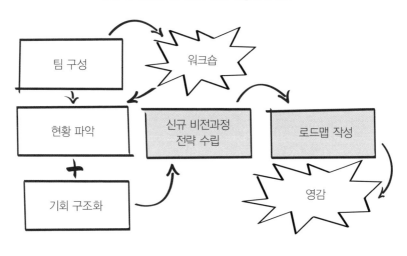

팀 꾸리기

여기서는 강력하고 생산적인 팀을 만드는 데 필요한 가이드 라인을 제공하고자 한다. 소개되는 원칙들은 대부분 상식적이지만 시간이나 자원이 제약된 현장에서는 놀랄 만큼 자주 간과된다. 중요한 사람들을 참여시키는 것은 초기에 시간이 들더라도 장기적으로 봤을 때 가장 중요한 일이다.

팀 구성원이 다양하면 프로세스도 다채로워지고, 무언가 다른 가능성과 해결책을 발견하게 될 수도 있다. 다양성이 확보되면 일이 잘 해결되거나 다르게 포지셔닝되기도 한다. 프로젝트 초기부터 융합팀을 꾸리면 더 빨리, 더 효과적인 방식으로, 더 큰 돌파구를 찾을 수 있다. 즉, 프로젝트의 시작부터 개발, 마케팅, 영업, 생산, 물류 및 유통, 재무, 인사 등 각 분야의 전문가를 참여시켜 프로젝트를 진행해야 한다는 뜻이다. 각 분야의 전문성과 통합적인 결과물에 대한 이해 없이는 진행 중에 등장하는 복잡한 문제를 빨리 해결할 수 없다.

네슬레의 경우 비즈니스에 연관된 모든 부서의 이슈가 공론화되었고, 이것이 팀의 즉각적인 지원이나 실행을 이끌어낼 수 있었던 중요한 포인트가 되었다.

> 팀에 선발된 사람들은 초기부터 프로젝트뿐 아니라 미래의 계획까지 공유했습니다. 공통의 이해를 가지고 조화를 이루며, 이후 진행에 대한 계획을 함께 나눴죠. 모인 사람들은 경쟁 환경에서 우리를 차별화하려 할 때 만나게 될 장애물을 이미 어느 정도 알고 있었습니다. 우리는 협력을 위한 안전지대를 만들었어요.
>
> _엘리자베스 프랭크

진도를 나아가게 하기 위해서는 프로젝트 관리, 개념화, 시각화, 자료 통합, 자료 분석, 커뮤니케이션 등 여러 기술을 갖춘 다양한 사람들이 참여해야 한다. 이처럼 다양한 능력을 가진 사람들로 팀을 꾸리면 해당 업무를 가장 잘 처리할 수 있는 사람을 중심으로 일이 진행된다. 물론 한 명이 전담하든 돌아가면서 맡든 언제나 한 명의 리더는 꼭 있어야 한다. 네슬레 제과의 경우에는 엘리자베스가 진두지휘했지만 재무, 물류, 생산, 영업, 마케팅 전문가와 함께 일했기 때문에 단기간에 문제를 해결할 수 있었다.

디자인 프로젝트에서는 누구도 무임 승차를 하지 않아야 한다. 모든 사람이 처음부터 끝까지 자신의 강점을 발휘하고 적극적으로 기여하며, 개인의 강점에 따른 주요 역할을 정리하고 전원이 프로세스 기간 동안 그것을 수행해야 한다. 네슬레 제과의 경우 모든 팀 구성원이 새로운 비전을 만드는 데 기여했고 비전 실천에 있어서도 중요한 역할을 수행했다. 상품 및 영양팀은 관련 전문 기술을 가지고 있었고 구매팀은 조달과 운영 노하우를, 마케팅 담당자는 브랜드 전문성을 발휘했다.

모두가 각기 중요한 역할을 수행하는 동시에 모두가 한 배에 타고 있어야 한다. 그래야만 마찰이 줄고 서로 융합하여, 효율적으로 좋은 품질의 결과물을 만들 수 있다.

그러려면 첫째, 팀 구성원들이 공통의 목표와 권한을 가지고 있어야 한다. 팀 구성원들의 열망을 한데 모으기 위해서는 프로젝트의 목표와 중요도에 대한 합의가 필수적이다.

둘째, 팀 구성원들이 가치와 헌신을 공유해야 한다. 가치와 헌신은 프로젝트 기간 동안 모두의 행동 규범이 되어준다. 프로젝트란 항상 그렇듯 종종 어려운 상황에 처하게 되는데, 그럴 때 공통의 가치와 헌신은 개방성, 존중, 협업에 기반한 팀워크로 나타나 어려움을 극복하게 해준다.

셋째, 성과 목표와 수치화도 중요하다. 프로젝트 산출물을 구체적으로 표현하고 프로젝트 진행 중 주요 단계마다 개인이나 팀에게 보고하는 것은 필수적이다.

마지막으로, 안전한 구역을 넘어 한계까지 극복할 수 있으려면, 하나된 팀이라는 생각을 가지고 팀 구성원들이 서로 지지하는 것이 필요하다. 스트레스만 쌓이고 해결하기 어려운 프로젝트는 서로 지지할 때에만 에너지 가득하고 보상도 많은 프로젝트로 변할 수 있다. 일은 서로 동지애를 가지고 할 때만 즐거워진다. 즐거움의 가치는 평가절하될 수 없고 일을 하면서 느끼는 즐거움이 가져다주는 비즈니스 효과를 무시해서는 안 된다.

프로젝트 시작부터 분명하고, 지속적이고, 투명하게 커뮤니케이션을 해야만 업무가 지속되고 안정적으로 진도가 나가며 탄력이 유지된다. 프로젝트 진행 계획이 분명해야만 현재 우리의 위치가 어디인지 파악할 수 있다. 커뮤니케이션은 시의적절하고 왜곡되지 않아야 한다. 하나된 팀은 위험 신호를 감지하고 서로를 도울 수 있으며, 만약 일이 계획대로 진행되지 않을 때라도 코스를 수정할 수 있다. 원격 혹은 구두로 정기적인 커뮤니케이션을 할 수 있는 장치를 만들어두면 팀원 모두가 일의 현재 진행 상황을 파악하는 데 도움이 된다. 많은 회사들이 자체적인 인트라넷이나 가상의 업무공간을 제공하는데, 만약 그런 것이 없다면 외부의 온라인 서비스를 통해서라도 온라인 업무공간을 제공해야 한다.

기업의 구조와 일하는 방식에 따라서 팀을 꾸릴 때 다음의 한두 가지 옵션을 고려할 수 있다. 첫째, 과거의 영광을 이어갈 수 있게 할, 두말없는 최고의 팀을 활용한다. 새롭게 가려는 길에 대한 전문성과 열정을 가지고 있는 동맹군을 모집하는 것이다. 엘리자베스는 맨 처음 네슬레 워크숍에서 최강의 비즈니스팀을 소환했다.

둘째, 자신만의 전문성이 있거나 새로운 모험에 대한 기회를 받아들일 수 있는 사람을 모집한다. 이렇게 하면 결과물이 더욱 풍요로워진다. 네슬레팀은 첫 번째 워크숍 다음에 열린 전략 기획 세션에서, 새로운 관점을 더하기 위해 요가 강사와 주방장을 초대했다. 참고로 많은 기업들은 에이전시 파트너들을 데려와 창의적인 아이디어를 더하고 개발 세션에서 나오는 새로운 계획을 즉각 실행에 옮긴다. 만약 회사 내부에 디자인 부서가 있다면 그들을 꼭 참여시키길 바란다. 분명히 의미 있는 관점을 제공할 것이다.

만약 당신이 경영진이 아니라면, 경영진 중에서 당신의 대리인 역할을 해줄 사람을 찾아두는 것이 좋다. 탐험을 믿고 지지하는 상급자는 어려울 때 공중 엄호를 해준다. 프로젝트가 가시권에 들어오고 돌파구를 찾을 때쯤 그간의 노력이 유의미한 결과물로 만들어지려면 코칭과 지원은 필수적이고, 계획이 엎어지려 하는 것도 막아줄 수 있다. 디자인웍스에서 수행한 모든 프로그램과 프로젝트에는 이 사회 차원의 지원이 있었고, 그래야만 오늘 당장의 사업에서 벗어나 새로운 생각을 할 수 있다.

또한 팀 구성원들에게 당신의 계획을 알려주는 것도 똑똑한 방법이다. 모든 참가자들이 자신의 시간과 우선순위를 확보해야 하는 상황에서는 모두로부터 허락을 받는 것이 중요하다.

현황 파악

일단 팀이 구성된 뒤 첫 번째로 해야 할 일은 기업의 현재 상황을 면밀히 조사하여 지금의 결과를 만들어낸 전략을 이해하는 것이다. 현재 시간과 자금을 투자하고 있는 활동과 역량은 무엇인가? 만약 회사가 이미 안정되었다면 기존 전략이 창출한 가치를 이해하고 경쟁력을 파악해야 한다. 이를 통해 자신감을 갖고 기존 방향을 따를지 아니면 시급하게 새로운 방향을 개척해야 할지 판단할 수 있다.

활동 시스템을 통해 기존 전략을 파악하고 시각화하려면 개방성에 기반한 협력, 객관적인 기업활동 분석, 그리고 연결고리를 만들어낼 수 있는 소질이 필요하다. 전 세계 기업들의 현황을 파악하면서 내가 느낀 것이 몇 가지 있다.

첫째, 개별 조직의 활동이 어떻게 전략으로 연결되며 어떤 면에서 차별화되는지에 관해 조직 내부의 의견이 일치하지 않는다는 사실이다. 현재 많은 기업들이 사용 중인 운영 시스템이나 자료들을 보면 '어떻게 하면 성공할 수 있을까'에 대한 생각을 할 수나 있는지 궁금하다. 종합적 전략 없이 여러 부서에서 비슷한 계획과 활동을 산발적으로 실행하면서, 새로운 관점을 제공할 기회를 잃어버리는 경우가 많다.

둘째, 현재의 활동 시스템이 생각보다 더 많은 힘과 가능성을 가지고 있다는 사실이다. 처음에는 제약 조건으로 보이던 것이 유사한 영역이나 완전히 새로운 영역으로 비즈니스를 확장하는 기반이 되는 경우가 있다. 개별적인 활동을 하나의 시스템으로 이해하는 순간, 팀원들은 단순한 제품 라인 확장이나 당장의 비즈니스를 넘어서 활동을 더욱 확장시킬 수 있다는 점을 깨닫고 놀라곤 한다. 이사도라 샤프가 두 번째 인터뷰에서 언급했다시피 포시즌스 리조트는 호텔 손님에게 서비스를 제공하는 데 있어 탁월한 성과를 이루었는데, 이러한 활동을 극대화하여 레지던스라는 새로운 비즈니스로 확장할 수 있었던 것이 그 예다.

이 작업을 수행할 때 새겨두어야 할 몇 가지 중요한 것이 있다. 먼저, 전략 계획이나 연간 보고서에 적힌 것을 단순히 되풀이하면 안 된다. 대신 전략 실행, 운영 시스템 설계 및 비즈니스 운영에 필요한 자원들이 어디에 분배되어왔는지 깊이 생각해야 한다. 그동안 만들어온 활동 시스템, 역량, 자산이 무엇인지 생각해보라. 또 그러한 시스템의 구축에 사용했던 기술을 파악하라. 그 기술들은 향후 더 극대화될 수도 있다.

다음으로 전략이 차별화되고 성공하는 데 영향을 끼친 주요 활동을 함께 엮어야 한다. 명심할 점은 모든 기능별 관점에서 의견을 취합해야 한다는 점이다. 마케터에게 성공이란 훌륭한 브랜드를 구축하는 것이며, 운영부서에게 성공이란 탁월한 운영이고, 인사담당자는 모든 것이 채용과 교육 및 보상 덕분이라고 생각하고, 연구개발부서의 사람들은 기술적 우월성과 특허 확대라고 생각할 것이다. 모든 사람들이 옳다. 어쩌면 포시즌스가 말하는 황금률처럼 더 큰 성공을 위한 완벽한 해결책이 있을지도 모른다. 그러나 개별 해결책보다 더욱 중요한 사실은 서로 다른 영역에서 성공을 위해 필요한 활동을 어떻게 연결하여, 결과적으로 가치를 생산하는 핵심 전략에 시너지를 내게끔 기여하게 만들 수 있는가다.

마지막으로 넓은 관점에서 비즈니스를 조망하는 상급 경영진의 의견을 듣고, 통합적인 관점에서 그림을 그려야 한다. 큰 그림이 있어야만 프로젝트 진행에 필요한 지지 기반이 무너지지 않기 때문이다.

기회 구조화-브리프

여러 인사이트와 정보를 모았다면 개발을 위한 플랫폼에 맞도록 이를 통합하고 변환해야 한다. 이제는 주어진 자료를 분석하고, 연결하고, 꿈을 구체화한 뒤 프로젝트 브리프(요약 보고서)를 통해 설득력 있게 기회를 구조화할 차례다. 이 활동을 통해 꿈을 실현할 수 있는 디자인 프로세스를 시각화해야 한다. 렌즈를 열고 넓은 관점에서 세상을 바라볼 시간인 셈이다.

오래전 페르시아의 예언가인 조로아스터는 "인생에는 기회와 확신과 선택이 있다"고 했다. 이 변치 않는 명언은 오늘날의 우리에게도 들어맞는다. 여기에 맞춰 비즈니스 디자인을 해석해보면 '떠오르는 트렌드와 경쟁이라는 기회를 발견하고, 현재 역량이나 상황이라는 확신을 탐지하며, 새로운 미래를 여는 신규 전략이라는 선택을 디자인하는 것'이다. 우리가 할 수 있는 최고의 베팅은 위의 세 가지를 잘 조합하여 성장을 위한 가치 있고 새로운 경로를 그릴 수 있는 현명한 게임 플랜을 세우는 것이다. 게임을 잘 풀어나갈 수 있는 핵심 포인트를 잘 찾아낼수록 성공 확률은 더욱 높아질 것이다.

새로운 영토를 개척할 때도 기억해둬야 할 몇 가지가 있다. 먼저,

현재 상황 너머를 생각해야 한다. 어느 비즈니스에 속해 있건 상황은 천천히든 급격히든 변한다고 가정하는 게 낫다. 그런 의미에서 지금은 기회주의적 사업가의 시대이므로, 비록 스타트업이 아니더라도 창업자 입장에서 생각해보는 것이 도움이 된다.

미래에 다가올 기회에 대해 더 일찍 생각할수록 더욱 잘 준비할 수 있다. 미래에도 성공하려면 지금 주변을 둘러싸고 있는 것이 무엇인지 촉각을 세우고 있어야 한다. 새롭게 떠오르는 트렌드 혹은 세상 어디에서나 마주칠 수 있는 경쟁자일 수도 있고, 우리 회사가 가진 약점일 수도 있다. 약점이란 어쩌면 단순히 자원의 부족 때문에 미뤄진 특정 아이디어나 계획일 수 있고, 현재의 어젠다에는 없을 수도 있다. 사실 약점이라는 녀석은 방에는 있지만 아직 마주한 적이 없는 코끼리와 같아서 당장의 전략에는 들어맞지 않거나 또는 마주하기에 너무 두려울 수도 있다.

회사가 오래도록 자리를 잡기 위해서는 장기 트렌드와 시장 예측을 고려해서 최소 5년 이상의 미래를 생각하는 것이 중요하다. 당장의 현금 흐름에만 초점을 맞추고 있다면 정작 경쟁이 필요한 미래에는 아무런 준비가 안 되어 있을 것이다. 현재와 미래 사이에서 균형을 잡는 것은 매우 어렵지만 회사가 자리를 잡아야 한다면 반드시 필요한 일이다. 지금의 발판이 미래의 근거지가 된다. 점차 알아가겠지만, 앞으로의 더 큰 성공에 발판이 되는 단기간의 작은 승리는 언제나 존재한다. 현재의 도전을 간과해버리면 나중의 경쟁이 더욱 힘들어진다는 점을 잊지 말아야 한다.

미래의 경쟁을 준비할 때 중요한 점은 혼자 탐험을 떠나는 것이 아니라는 사실이다. 당신에게는 돌파구로 보이는 것이 다른 누군가의 개발팀에서는 이미 발견한 것일 수도 있다. 미래에 어디에서 비즈니스를 할지 파악하고 나면 그 분야를 보고 있는 사람들이 많다는 점을 발견하게 될 것이다. 중요한 것은 당신이 맞서야 할 상대가 누구인지 아는 것, 그리고 누가 중요한 파트너가 될지를 결정하는 것이다.

팀의 노력이 조직으로부터 충분히 지원받으려면 기업의 상위 비전이나 어젠다를 충분히 인식하고 존중하는 편이 현명하다. 미래 프로젝트에 대한 최고위층의 지원을 받아야만 중복 투자나 쓸데없는 갈등을 피할 수 있고 기업이 수행하는 다른 활동들에도 녹아들어갈 수 있기 때문이다.

기업의 미래 관심사나 이득을 강조하면 지원을 받는 것이 쉬워진다. 기회를 분석할 때는 해결해야 하는 문제를 정량적으로 보고하고 예상되는 이득의 가능성을 최대한으로 끌어올려야 한다. 또한 기회를 구조화할 때는 기업의 긴장 요소를 찾아보고 이를 예상해야 한다. 모든 새로운 모험이란 갈등을 찾아내고 해결하는 것임을 명심하자. 가령 유통 관계를 새롭게 구축하고 신규 유통망을 열 때는 개발 과정에서 발생할 수 있는 긴장감을 해결할 수 있는 제대로 된 사람들을 불러와야 하고, 만약 현재의 비즈니스 라인과 어느 정도 경쟁이 발생할 수 있는 새로운 사업 기회를 발견했다면 기존의 사업과 새로운 사업이 통합될 수 있는 가능성도 열어두어야 한다.

로드맵 작성

시야를 확장해서 가치 창출에 필요한 미래의 세상을 보았다면, 다음 발걸음을 위한 계획을 만들어보자. 여기서의 계획이란 야망을 좇기 위해서 만들어진, 명확하게 글로 나타나고 시각적으로 표현된 프로세스를 말한다.

프로세스 설계와 관리는 비즈니스 디자인의 핵심으로, 이에 필요한 기법들은 완벽하게 다루어져야 할 뿐 아니라 팀의 헌신도 필요로 한다. 여기서는 전체 개발 과정과 프로젝트 관리에서 알아두어야 할 몇 가지를 강조하고자 한다.

첫째, 모든 프로젝트에는 맞춤형 접근이 필요하다. 넓은 시야를 가지고 단계별로 활동을 배치하는 것도 중요하지만 각 단계별 활동에 필요한 세부적인 이슈들, 즉 누가, 언제, 무엇을 할지도 정해져야 한다.

둘째, 계획은 진화한다. 새로운 정보가 들어오면 변경되어야 한다. 상위 계획은 변하지 않지만 하위는 가장 최근의 발견과 발전에 맞추어 업데이트하도록 하자.

셋째, 팀이 계획을 온전하게 받아들여야 한다. 팀의 모든 구성원들은 프로세스와 각자의 할 일에 헌신하고 각 단계별로 생겨나는 결과를 개방적으로 받아들여야 한다.

마지막으로, 확실하게 정의된 로드맵이 있어야 개발 노력이 물거품으로 돌아가지 않음을 기억하자. 아무리 프로젝트가 복잡하고 결과물이 불확실하더라도 프로세스는 여러 사람들을 하나로 뭉쳐 건설적인 결과물로 이끌 수 있어야 하고, 그래야만 모든 사람들이 믿음을 가지고 목표를 달성할 수 있다.

언제나 세 가지 기어에 초점을 맞추고 개발을 위해 당신이 지금까지 설계한 프로세스를 신뢰하자. 물론 초기에는 개발 프로세스가 어디로 향할지 정확히 알 수 없겠지만, 끈기 있게 붙잡고 늘어지면 결과물이 나왔을 때 충분한 즐거움을 맛볼 수 있을 것이다.

엘리자베스 프랭크와의 다음 인터뷰는 프로젝트의 기초를 닦고 야심찬 미래를 만드는 데 있어 협력이 얼마나 중요한지 알려준다.

엘리자베스 프랭크

캐나다 네슬레 제과 마케팅 부사장

|

"우리 회사의 현재 전략은 뭐지? 우리 회사는 얼마나 시장에서 잘 경쟁하고 있을까?" 등의 현황 분석은 정말 중요합니다. 그런데 저는 워크숍에 참여한 사람들이 이 질문에 대해 서로 완전히 다른 생각을 갖고 있다는 점을 어렴풋이 깨달았습니다. 그걸 꺼내서 이야기하기 전에는 무엇도 할 수 없었고 심지어 어떤 문제를 해결해야 할지도 몰랐지요. 하지만 협력을 이끌어내려면 안전 지대를 만들어야 했습니다. 그러고 나니 조금씩 자기 목소리를 내기 시작하더군요.

누구도 낙오되지 않고 모두가 끊임없이 참여하며 서로 항상 격려해주면 생산성 높은 팀이 만들어집니다. 이런 팀에 속하는 것이 얼마나 중요한지는 말로 설명할 수 없습니다. 융합팀을 꾸리고 문화를 공유하고 소속감을 만들어내면 일이 끝날 때까지도 팀 구성원들의 헌신이 유지되는 것을 볼 수 있습니다.

디자인 프로세스는 새로운 상품을 기획하거나 조직문화를 바꾸는데도 유용하지만, 진정한 리더를 만들어내기도 합니다. 디자인 프로세스의 부수적인 효과라기보다는 협력에 기반한 워크숍 접근법의 진정한 효과라고 봐야겠죠. 기존의 관리자 마인드로는 기업의 미래에 필요한 강력한 리더를 만들어낼 수 없거든요.

도구와 팁

다음 사항들은 기반을 갖추는 데 도움이 될 만한 것들이다

□ 팀 꾸리기Establishing the Team: 적합한 사람들을 참여시키기

□ 팀 빌딩 훈련Team-building Exercise: 일을 시작하는 즐거운 방법

□ 역량 지도 작성Competency Mapping: 사람; 역할, 열정을 찾아내기

□ 촉진Facilitation: 팀의 역량을 최대한 끌어내기

□ 팀 헌장Team Charters: 역할과 품행에 관한 비전을 공유하기

□ 활동 시스템–현황Activity Systems-Current State: 현재 전략을 시각화하기

□ 활동 시스템–경쟁사Activity Systems-Competitors: 경쟁사의 전략을 시각화하기

□ STEEP 분석STEEP Analysis: 미래의 기회를 예측하기

□ 사업자 파악Landscape of Players: 미래의 친구와 적을 발견하기

□ 이해하기와 종합하기Sense Making and Synthesis: 트렌드와 이슈, 회사를 연결하기

□ 프로젝트 브리프Project Brief: 야망의 뼈대를 세우기

□ 프로젝트 계획서Project Plan: 개발 과정을 시각화하기

전환하라:
기업에 비즈니스 디자인 적용하기

P&G의 디자인 혁신 전략 담당 부사장으로 임명된
클라우디아 코치카의 첫 번째 임무는
전 세계에서 가장 분석적인 조직을
디자인 마인드를 갖춘 조직으로 변환하는 것이었다.
다음 이야기는 P&G가 혁신을 가속화하겠다는 목표를 가지고
어떻게 디자인 사고를 이용하여
일하는 방식을 변화시켰는지에 대한 것이다.

P&G: 글로벌 전환 사례

혁신을 향한 P&G의 여정은 2001년 당시 대표였던 A.G. 래플리[A.G. Lafley] 때부터 시작되었다. 래플리 회장은 기술 혁신을 넘어 고객 경험의 개선이 있어야 하고, 이를 위해서는 비즈니스 디자인이 필요하다고 생각했다. 초기에 사내에서는 비즈니스 디자인이라는 것이 반짝하고 지나가는 유행이거나 디자이너들만 관련된 것으로 여겨졌다. 하지만 클라우디아에 따르면 디자인 접근법이 조직의 전 구성원이 참여하는 효과적인 업무 방법이라는 것을 깨닫고 나서는 부정적으로 얘기하는 사람들이 줄어들었다고 한다.

클라우디아는 P&G가 비즈니스 디자인으로부터 네 가지를 배웠다고 했다. 첫째는 다르게 질문하는 것의 중요성이다. 대부분의 사업 부서는 디자인 세션에 오직 한 가지 질문과 그에 대한 아이디어만을 가지고 왔다가, 이내 자신들이 잘못된 질문을 던지고 있음을 깨달았다.

둘째, 문제를 해결하기 위해서는 다학제적 접근을 한 자리에서 동시에 적용해야 한다는 것이다. 덕분에 자신만의 영역에서 전통적으로 일하던 방식에서 벗어났다.

셋째, 엄격한 정량적 접근보다는 소비자를 깊이 이해하고, 제품보다 행동에 초점을 맞춘 리서치가 가치 있다는 점을 알게 되었다.

넷째, 프로토타입이 단순히 제품 생산팀에게 보여주고 "여기 있으니 이런 걸 만들어줘"라고 할 때 사용하는 것이 아님을 깨달았다. 프로토타입은 반드시 시장에 출시될 제품일 필요가 없었고 최종 소비자와의 더 나은 대화를 위한 도구로 기능했다.

무엇보다 중요한 점은 비즈니스 디자인이 강력한 전략적 도구임을 발견했다는 점이다. 클라우디아는 "비즈니스 디자인은 고객이 무엇을 필요로 하고 무엇을 찾는지에 대한 새로운 인사이트는 물론, 지금까지와는 다른 방식으로 세상을 보게 도와주기 때문에 어디에서 경쟁하고 어떻게 이기는지에 대한 전략까지 제공해준다"고 말한다.

글로벌 디자인 부서의 디자인 씽킹 담당 이사인 신디 트리페Cindy Trippe에 따르면, P&G는 이제까지 약 300명에 달하는 디자인 씽킹 조력자를 길러냈고, 이들은 다양한 산업군에 걸쳐 일상에서 찾지 못한 기회를 발견하는 역할을 하고 있다고 한다. 신디는 현재 디자인 씽킹 역량을 전 세계에 있는 모든 사업 부서에 전수하는 핵심 역할을 담당한다.

디자인은 이제 P&G의 DNA다.

_클라우디아 코치카

(P&G 디자인 혁신 전략 부사장, 2001-2008)

P&G라는 거대 사례를 통해, 비즈니스 디자인이 팀의 재능을 효과적이고 생산적으로 엮어서 어디에서 경쟁하고 어떻게 이길지에 대한 새로운 기회 요소를 찾는 데 효과적이라는 점을 알게 됐다. 우리도 P&G처럼 하나의 문제를 해결하거나 한 가지 업무에서 창의력을 극대화하는 도구로 비즈니스 디자인을 시도해볼 수 있다. P&G에서처럼 효력이 있다면 비즈니스 디자인을 기업 전체의 혁신 플랫폼으로, 그리고 경쟁우위를 위한 핵심 역량으로 활용할 수 있을 것이다. 하지만 "비즈니스 디자인을 당신의 핵심 역량으로 삼고 싶다면, 지금 당신이 무엇에 뛰어들고자 하는지 명확히 알아야 합니다. 이는 거대한 보상이 따르는 일이지만 동시에 매우 어려운 일이기도 하지요"라는 클라우디아의 말도 기억하자.

기업은 마법 지팡이의 끝에서 저절로 진화하고 변화하는 것이 아니다. 변화를 위해서는 기업이 보유하고자 하는 역량 및 문화에 대한 장기적 시각이 필요하다. 이 과정에는 리더십, 몰입, 용기, 확신과 함께 사려 깊고 실행 가능한 계획이 수반되어야 한다. 작은 경험을 통해 디자인 접근법의 장점을 발견하여 전사적으로 추구하고자 한다면, 이때 도움이 될 몇 가지를 소개하고자 한다. 여기서 소개하는 것들은 디자인 기법을 전사적으로 적용했던 다른 기업의 사례에서 얻은 교훈들이다. 비즈니스 디자인을 조직에 정착시켜 성과를 내려면 무엇을 해야 하는지에 대해 모든 기업에 적용되는 정해진 법칙은 없으니 다른 회사의 경험을 벤치마킹하여 나에게 맞는 방법을 찾도록 하자.

[표 2]에 나오는 것처럼 비즈니스 디자인 기법은 시장의 가치뿐 아니라 조직 내부의 가치도 증대시킬 수 있다. 예를 들어, 반복적 프로토타이핑은 더 많은 돌파구 아이디어를 생산하여 고객 가치를 만드는 동시에 개발 과정에서 대화를 증진하고 진행 속도를 높이며 비용을 절감할 수도 있다. 또 협업 생산을 이용하면 고객이 원하는 해결책을 만들 뿐 아니라 문제를 더 빨리, 더 값싸게 해결할 수 있다.

표 2 시장과 기업에 대한 가치

디자인 기법	시장에 대한 가치	기업에 대한 가치
니즈 찾기	고객의 니즈를 해결하는 기회를 발견한다.	고객 중심주의가 강해진다.
협업	튼튼한 해결책을 만든다.	초기에 고객과 합을 맞추어 시장 성공 가능성을 높인다.
시각화와 스토리텔링	깊고 완벽한 고객 경험을 만든다.	효과적인 커뮤니케이션을 수행한다.
반복 프로토타이핑	고객 가치를 전달하기 위해 많은 돌파구 아이디어와 강한 전략을 고려한다.	초기 해결책과 전략 개발 단계에서 대화를 증진하고, 진행 속도를 높이며, 비용을 절감한다.
협업 생산	고객이 원하는 해결책을 만든다.	문제를 빨리, 저렴한 비용으로 해결한다.
경험과 시스템 지도 제작	새로운 해결책을 통합적이고 물 흐르듯이 전달한다.	전략 활동 모델에서 시너지와 효율성을 극대화한다.

비즈니스 디자인을 조직에 적용하는 것은 비즈니스 디자인 과정 자체와 매우 유사하다. 일하는 방식에 대한 장기적인 비전을 정의하고, 실험과 빠른 성공 사례를 적용한 뒤, 조직에 적합한 통합 전략을 세우는 것이기 때문이다. 비즈니스 디자인은 생각하고 일하는 데 새로운 방식을 주입함으로써 시장 변화에 민감하고 고객에게 제공하

는 가치를 지속적으로 진화시키며 팀에 협업 마인드와 대응성을 더해준다. 또한 협업을 통해 성과를 끌어올릴 수 있는 동력으로 작동함으로써 일상적인 업무에서도 혁신적으로 사고하고 민첩하게 대응하도록 훈련시킨다. 프리토레이의 경험디자인 분야 리더인 토머스 고슬린Thomas Gosline은 자사의 융합 디자인팀의 성과를 극대화하기 위해 여러 분야의 파트너들에게 비즈니스 디자인을 전파하고 교육시키는 역할을 해왔다. 그는 많은 기업들이 세 개의 기어 프로그램을 활용한 비즈니스 디자인을 조직 전반에 활용하여 직원들의 영감을 불러일으키길 바란다며 다음과 같이 말했다.

> 우리는 기존의 핵심 사업 영역에서 크게 성공했습니다. 하지만 혁신 영역에서도 동일한 수준의 큰 성공을 만들어내야 했습니다. 숨어 있는 이슈를 분석하는 과정에서 우리는 고객의 바람을 단순히 극대화하는 것에서 벗어나 좀 더 전체적인 시각에서 혁신에 접근했고 결국 제안 전반을 새롭게 정의하는 기회를 찾았습니다. 로트만의 비즈니스 디자인 접근 방식은 고객의 요구에 대한 대응, 비즈니스 시스템의 실현 가능성, 그리고 가치 사슬의 생존 가능성 등 우리가 찾고 있는 모든 요소를 갖추고 있습니다. 아직은 초기 단계지만, 비즈니스 디자인 기법을 사용하면 우리의 혁신 파이프라인 형태가 크게 달라질 것이 분명합니다.
>
> _토머스 고슬린
> (2011년 헤더 프레이저와의 대담 중)

싱가포르의 첫 기술 전문 교육기관인 싱가포르 폴리테크닉의 탄항청Tan Hang Cheong 총장은 비즈니스 디자인이 대규모 기관에서도 가치가 있다고 믿었다. 그래서 학생수가 1만 5,000명이나 되는 학교를 바꾸기 위해 교수진들을 비즈니스 디자인 교육에 등록시켰다. 탄항 청은 최근 싱가포르에서 열린 한 세션에서 "비즈니스 디자인은 변화의 언어"라고 말했다. 비즈니스 디자인은 새로운 것을 만들어내고 새로운 방식으로 운영되는 새로운 언어다. 이런 생각을 하는 것은 그만이 아니다. 빠르게 성장하는 수많은 싱가포르 회사들이 비즈니스 디자인을 받아들이려 하고 있고, 그에 따라 디자인 웍스 싱가포르가 설립되기에 이르렀다.

이 장에서는 비즈니스 디자인이 하나의 프로젝트를 넘어 조직에서 지속적인 문화로 작동하기까지 일어났던 일들, 즉 다른 조직과 일하면서 얻게 된 교훈을 전달하려고 한다. 다음은 이 장에 포함될 주된 내용들이다.

- **성공을 위한 조언**: 기업이 디자인 마인드를 가지기 위한 여정에서 명심할 원칙
- **영감을 불러일으키는 혁신**: 질문, 언어, 관행, 그리고 공간
- **기업 플랫폼으로서 비즈니스 디자인**: 기업 전반에서 디자인 역량과 책임을 끌어내는 여러 방법들
- **디자인의 전파**: 다른 사람에게 영감을 주고 지식과 기술을 조직 전체에 퍼뜨리는 방법들
- **성과와 변화를 측정하는 방법**: 기존의 인력 시스템, 운영 시스템, 업계 관행과 조화시키려 할 때 고려해야 할 점과 자신만의 계기판을 디자인하는 방법

비즈니스 디자인을 조직 전체에 포괄적으로 적용할 때 지켜야 할 10 가지 팁을 소개한다.

- **오랫동안 수행하라.** 비즈니스 디자인은 한 번 맞고 끝내는 주사 나 일시적으로 운영하는 이벤트가 아니다. 그보다는 생각하는 방식, 일하는 방식, 의사소통하는 방식이 시간이 흐름에 따라 DNA처럼 일부가 되어야 한다.
- **조직의 큰 전략 안에 녹여라.** 비즈니스 디자인은 기술적인 해결 책이 아니다. 조직 전략의 일부로 설정하여 최고 경영자부터 사 원에 이르기까지 전사적인 문화로 만들어야 진정한 효과를 볼 수 있다.
- **여러 부서의 노력을 정렬Align하라.** 비즈니스 디자인을 단일 기능 이나 부서에 제한하지 말고 최대한 포괄적으로 적용하라. 비즈 니스 디자인이 혁신 플랫폼으로서 효과를 보이려면 모든 참여 자가 전체 과정에서 각자의 역할이 무엇인지, 그것이 각자의 영 역에서 행하는 일상 업무와 어떤 관련이 있는지 알아야 한다.
- **투자할 준비를 하라.** 만약 비즈니스 디자인을 제대로 적용해서 수익을 증대하고 싶다면 시간과 자금을 투자해야 한다. 세일즈 미팅에 정기적으로 100만 달러씩 투자하는 상황이라면 전사 역 량을 끌어올리는 데 비슷한 액수의 투자를 하는 것 역시 충분 히 납득할 만할 것이다.
- **지금 일하는 방식에 비즈니스 디자인을 통합하라.** 앞서 소개한 것처럼 비즈니스 디자인이란 무엇을 무너뜨리는 대체재가 아니 라 무언가를 강화하기 위한 보완재다. 그러므로 현재 프로세스

에 추가로 하나를 더하지 말고 성과를 강화하기 위한 도구로서 기존의 일하는 방식에 통합되어야 한다.

- **비즈니스 디자인으로 일하는 방식을 내재화하라.** 처음에는 막힐 때마다 계속할 수 있도록 도와주는 전문가가 필요하지만 궁극적으로는 어려움을 돌파하는 기술을 내재화해야 한다. 비즈니스 디자인의 가치를 기업 전체에 적용하려면 이러한 기술을 자체적으로 개발하고 발전시키는 것이 필요하다.

- **성공적으로 변하려면 리더십이 필요하다.** 최상의 결과는 직원들의 존중을 받음과 동시에 권한도 있는 리더가 비전과 용기를 가지고 변화를 이끌 때에만 나타난다. P&G의 래플리 회장이 클라우디아 코치카를 비즈니스 디자인의 책임자로 임명했을 때를 생각해보라.

- **규정에 얽매이지 말라.** 비즈니스 디자인은 엄격한 프로세스를 만들거나 새로운 규칙을 정하는 것이 아니다. 그보다는 기업 문화를 변화시켜 더 깊이 있게 고객의 가치를 찾고 더 철저히 원칙을 따르는 기업 문화로 바꾸는 것이 중요하다. 규모가 큰 프로젝트든 일상의 사소한 문제를 해결하든 사람들이 탐구하고, 만들며, 실험하고, 배울 수 있는 문화가 만들어져야 한다.

- **충분히 지원하고 충분히 보상하라.** 비즈니스 디자인을 기업의 플랫폼으로 적용하면 인사 정책이 변하고 기업 문화가 달라진다. 실험과 학습이 장려되고 협력에 더 많은 보상이 주어지는 방향으로 직원 평가와 보상 방식에 전반적인 수정이 필요하다.

- **지금 당장 시작하라.** 비즈니스 디자인은 효과적으로 문제를 해결할 수 있는 도구로 시작하여 전략 기획의 툴로 진화해나가면서 결국 문화의 일부가 된다. 파일럿 그룹을 대상으로 영감을 주는 작은 세션을 시도하라. 작게 시작하고 더 크게 발전시켜라.

영감을 불러일으키는 혁신

비즈니스 디자인의 목표는 신중한 방식을 통해 혁신 수준을 한 단계 향상시키는 동시에 성공 확률을 높이는 것이다. 또한 내재된 창의성과 능력을 불러일으켜 기업 내부에 산재한 과제를 해결하는 도전 정신을 고취시킨다. 이러한 혁신의 정신은 많은 성공하는 기업들의 문화를 이루는 핵심 요소에 해당한다.

리처드 브랜슨

성공적인 비즈니스란 단순히 판매하는 제품이나 서비스 또는 공급 체인이 아니라 공통의 목적과 비전을 가지고 연결된 사람들의 그룹입니다. 우리는 경쟁사와 동일한 비행기를 운항하고 우리의 운동장은 경쟁사의 운동장과 다를 것이 없습니다. 과연 무엇이 우리를 경쟁사와 구분하게 할까요? 바로 우리 직원들입니다. 최고 수준으로 디자인된 비즈니스 전략이라도 열정적인 직원을 통해 수행되지 않으면 아무런 결과도 만들지 못합니다. 이 점은 특히 일이 아주 약간 잘못되었을 때 더욱 분명하게 나타납니다. 팀 구성원들이 서로 친하고 적극적인 경우엔 예상되는 재앙을 비껴갈 수 있고 약점이 오히려 강점으로 바뀌기도 합니다.

우리 버진 가족들은 비즈니스에서 재미를 찾으려 노력하는 점을 스스로 자랑스러워 합니다. 즉, 우리는 직원과 고객들 모두에게 진심 어린 관심과 애정을 전하기 위해 최선을 다하고 있습니다. 저 스스로도 처음부터 이런 노력을 많이 했습니다. 너무 심각하게 생각하지 않는다는 것을 보여주기 위해서 저 자신이 직접 이상한 옷차림으로 나타나거나 다른 방식으로 사람의 이목을 끌었지요. 물론 늘 잘되진 않았고, 제 접근 방식이 모든 비즈니스에 맞는 것도 아닐 것입니다. 하지만 하나의 현상을 다양한 관점에서 바라볼 수 있도록 허용하고 경영진이 냉혈한으로 보이지 않게 하는 것은 직원을 같은 편으로 만드는 데 분명 도움이 됩니다. 직원들로 하여금 따뜻함을 유지하면서 개인 고객의 니즈에 관심을 두게 하려면, 그들 스스로 하는 일을 즐기고 회사를 자랑스럽게 느끼게끔 해야 합니다. 이런 마음은 오래 지속되는 성공에 필수적이며 경쟁사와 비교했을 때 확실히 차별화된 서비스를 구현하는 데 꼭 필요합니다.

비즈니스 디자인의 사고와 기법이 기업에 광범위하게 적용되려면 프로그램에 대해 상당한 수준의 몰입 및 전략과제에 대한 큰 그림도 필요하지만 일상 업무에서도 디자인 주도의 혁신에 대한 영감 및 열정에 불이 붙어야 한다. 일상 업무에서는 질문, 언어, 공간, 행동의 형태로 이것들이 종종 나타난다. 다음에 소개할 내용은 예산을 낭비하지 않으면서 사람들에게 에너지를 불어넣고 디자인 중심의 혁신 문화를 만드는 데 성과를 거두었던 몇 가지 아이디어들이다.

새로운 질문으로 시작하자

의사결정자가 질문을 새롭게 던지면 조직 전체에 동기가 부여되고 직원들의 행동도 변할 수 있다. 하지만 프로젝트가 성공할지 증명하라고 요구하는 순간, 새로운 아이디어는 갈 곳을 잃고 죽어버린다. 대신 아래와 같은 새로운 질문으로 시작하라.

**"이 아이디어는 그동안 채워지지 않았던 어떤 니즈를 충족시키나
요?"**

거시적인 시각에서 어떤 니즈를 어떻게 충족시키는지 알아내는
것은 기회를 구조화하는 좋은 출발점이다. 사실 이 질문에 대한
대답은 기어 1이 쥐고 있다. 만약 타깃 사용자를 대상으로 하는
기회를 발견했다면, 다른 사람들도 반대하지 않을 것이다.

**"돌파구를 만들어내는 큰 아이디어는 무엇인가요? 사용자 경험에
관한 비밀은 무엇인가요?"**

이 질문에 대답하려면 아이디어가 단순히 하나의 제품이나 서비
스가 아니라 실제 사용자의 경험에 여러 방면에서 어떤 영향을
주는지를 명확히 설명할 수 있어야 한다. 독특하고 강한 비전을
가지고 기업 전략과 일치하는 방향으로 장기적 관점의 '미래 이야
기'를 꺼내면 상사들의 믿음을 얻고 프로젝트에 대한 지원을 얻게
되는 경우가 많다. 네슬레 제과의 사례가 여기에 해당한다. 유능
한 결정권자들은 큰 아이디어의 장점을 파악하는 직관이 있음을
명심하자.

"이 아이디어를 만드는 데 누가 참여했나요?"

이 질문을 하면 융합팀의 협업에 도움이 될 수 있고, 개발 프로세
스가 얼마나 포괄적인지 알 수 있으며, 현재 아이디어와 미래 가
능성이 얼마나 연동되는지 알 수 있다.

"이 결과에 이르기까지 다른 어떤 아이디어를 생각해보았나요?"

더 크고 강력한 해결책을 만드는 데는 여러 번의 프로토타이핑이
필수적이다. 여러 아이디어를 고려하고 실험한 뒤 나온 하나의 결
론에 도달한 팀은 단 하나의 아이디어를 가지고 시장에 어떻게든
맞춰보려고 노력하는 팀에 비해 더 우수할 수밖에 없다.

"고객으로부터 무엇을 배웠고 고객은 이 아이디어를 어떻게 생각하나요?"

프로세스를 함께 만들어나가면 언제나 의미 있는 인사이트를 얻는다. 좋든 나쁘든 고객의 피드백은 매우 중요하다. 무엇이 반향을 일으켰고, 무엇이 놀라게 했고, 무엇이 폭탄처럼 터졌는지 들어야 한다. 팀이 최대한 고객과 가까이 있어야만 진정으로 고객을 위한 것을 만들 수 있다.

"이 아이디어를 통해 우리가 어떻게 지속 가능한 경쟁우위를 만들어낼 수 있을까요?"

진정한 돌파구는 일반적이지 않고 아무도 모르는 곳에 있다. 이 질문에 대한 대답은 어디서 싸우고 어떻게 이길지에 대한 기업의 본질적 전략과 맞닿아 있다.

"어떤 이유로 이 아이디어를 확신하나요?"

세상에 없던 아이디어를 증명할 수 있는 방법은 존재하지 않는다. 대신 팀 구성원들이 세 개의 기어를 수행하는 과정에서 어려운 시간을 극복하려면, 해당 아이디어가 검증할 만한 가치가 있다는 강력한 믿음이 필요하다. 포시즌스의 이사도어 샤프는 "옳은 일을 하기 위해서는 용기가 필요하다"고 했다.

"확신하지 못하는 부분은 무엇인가요? 앞으로 진행하면서 무엇을 배우고 싶은가요?"

모든 질문에 대한 답을 알아야 할 필요도 없고 100% 완벽하지 않아도 좋다. 새로운 영역에 도달하는 순간 답을 알게 되는 경우가 많으니 말이다. 하지만 무엇을 알고 무엇을 모르는지를 구분하면서 무언가를 배우려는 자세는 필요하다. 배우는 자세로 아이디어를 내고 실험을 반복해야만 목표를 추진하는 과정에서 발전할 수 있다. 여러 비즈니스 모델을 실험하기 위해서도 누가 얼마나 지불할지, 어떤 비즈니스 모델이 적합한지를 검증하는 학습 자세가 필요하다.

"내가 무엇을 도와주면 될까요?"

이 질문은 상당히 중요하다. 안타깝게도 많은 직원들은 아이디어를 만들어내는 데 있어 상사가 장애물일 뿐이라고 생각한다. 하지만 진정 위대한 리더는 직원들이 강력한 비전을 추구할 수 있도록 지혜와 가이드를 제공하며 스스로 실험하고 배울 수 있는 공간을 만들어준다.

"지금까지의 발견과 개발을 통해 우리가 일하는 것과 연관된 어떤 교훈을 얻었나요?"

비즈니스 디자인을 적용하는 팀은 지금 하고 있는 일의 우선 순위를 조정하는 과정에서도 당장에라도 비즈니스를 개선할 수 있는 인사이트를 얻게 된다. 가령 판촉이나 신상품 론칭과 관련된 활동을 완전히 없애거나 더 많이 수행해야 한다는 것 등이 그 예다. 비즈니스 디자인은 항상 무언가를 가르쳐줄 수 있다는 점을 기억하자.

"지금까지 배운 것을 근거로, 우리가 무엇을 그만두어야 할까요?"

비즈니스 디자인의 장점 중 하나는 고객에게 정말로 중요한 것이 뭔지 찾다 보면 그들에게 그다지 중요하지 않은 것은 무엇인지에 대한 분명한 그림을 얻을 수 있다는 것이다. 결국 가치를 창출하지 않거나 불필요한 운영비를 발생시키는 중요성 낮은 프로젝트, 또는 다른 사람이 추가되어야만 제대로 돌아가는 프로젝트를 찾아서 우선순위를 조정할 수 있다. 비즈니스 디자인은 더 많은 돈을 벌어들일 수 있을 뿐 아니라 더 많은 돈을 아끼게도 해주는 방법임을 기억하자.

디자인 언어를 사용하자

비즈니스 의사결정 과정이나 일상에서 사용하는 언어를 보면 우리가 얼마나 디자인을 중심에 두고 있는지 알 수 있다. '니즈' '경험' '프로토타입'을 이야기한다면 디자인 문화를 만들어가고 있는 중이라는 증거다.

협업을 만들어낼 수 있는 물리적 공간을 만들자

비즈니스 디자인이 실제로 돌아가려면 맨 처음 해야 할 일은 협업 속에서 혁신이 생겨날 수 있도록 모두의 눈에 띄고 모두가 접근할 수 있는 공간을 만드는 것이다. 모든 사무실을 새로 만들라는 것이 아니라 사무실의 칸막이를 벗어나 협업을 하기에 좋은 장소로 옮기라는 의미다. 팀이 좀 더 창의적이고 생산적으로 함께 일할 수 있도록 미팅룸 하나 정도를 새로 정리하고 꾸미는 것에서 시작해도 좋다. 화이트 보드와 함께 일하기 편한 테이블, 커다란 종이와 포스트잇, 프로토타이핑을 할 수 있는 약간의 도구가 갖추어진다면 더욱 좋다.

최종적으로는 더 많은 공간을 창의적 협업이 가능한 곳으로 바꾸어서 분석과 관리에만 집중된 칸막이 사무실에서 벗어나는 것이 필요하다. 만약 이런 과정을 모두 거쳤다면 기업 내의 모든 공간에 디자인 중심주의가 퍼지고 있을 것이다. 싱가포르 폴리테크닉의 경우에는 '영감을 주는 복도'를 포함한 몇몇 혁신 공간을 새로 만들기도 했다.

관행을 수정하자

비즈니스 디자인을 통해 협업을 증진하고 사업을 진전시키는 데 있어 몇 가지 쉬운 방법이 있다. 다음은 다른 회사에서 성공한 몇 가지 방법이다.

• 핵심 이해관계자들과 얼굴을 맞대고 이야기를 들어라.

트렌드와 기회를 찾는 데 시장조사가 핵심적인 역할을 하는 것은 맞지만, 사람들과 시간을 보내면서 이야기를 들어야만 상대를 넓게 이해할 수 있고 그들이 원하는 것에 대한 인사이트를 얻을 수 있다. 이런 방법은 고객에게도 중요하지만, 생태계를 구성하는 핵심 이해관계자들을 이해하고자 할 때 역시 중요하다.

• 가끔 하는 공식적인 미팅보다는 최종 집중 검토가 낫다.

최종 집중 검토Charrette란 문제를 단기간에 해결하기 위해 건축이나 디자인에서 종종 사용하는 세션이다. 이 세션에는 필요한 사람만 불러서 재빨리 어젠다를 설정한 다음, 문제를 나누고 해결책을 위한 브레인스토밍을 하며 한두 개의 프로토타입을 만들어본다. 다시 말해 중요한 것은 지난 회의에서 무얼 말했는지 검토하는 것이 아니라 지난 회의 이후에 무엇을 했는지 공유하고, 다음 회의 전까지 무엇을 할지 이야기해서 지금 당장 문제를 해결하는 것이다. 물론 심각한 회의는 필요하지만, 필요한 사람만 모이면 일을 더 빨리, 더 효율적으로 끝낼 수 있다는 장점이 있다.

• 초기 프로토타입에는 돈을 쓰지 마라.

돈을 더 많이 쓴다고 좋은 아이디어가 나오는 것은 아니다. 아이디어를 전달하는 데는 완성도 낮은 목업(mock-up, 프로토타입의 다른 말)이 오히려 더 효과적이다. 제품, 패키지, 매장 시나리오를 목업으로 만들어 공유하면 추가 비용 없이 많은 의견과 추천을 받을 수 있다. 디자인웍스가 수행하는 워크숍에서는 초기 프로토타입 비용을 20불로 제한한다. 소비자들과 함께 돈을 아끼며 프로토타입을 만들면 개발 단계에 더 깊이 참여하고 더 많은 아이디어를 제안한다는 장점도 있다.

• 여러 대안을 고려하라.

하나의 대안에 집중하기 전에 다른 대안을 항상 고려해야 한다. 로트만 디자인웍스에서는 하나의 문제를 해결하는 세 개의 대안을 만든 다음 열린 마음으로 그 대안들을 비교 및 대조한 후 가장 좋은 것을 최종 해결책으로 만들려고 노력한다. 최종 해결책은 처음 떠올렸던 세 가지 중 하나가 아니라 그중 한두 개가 결합되어 만들어진 경우가 종종 있었다.

• 더 많이 시각화하라.

빠른 의사소통을 위한 유일한 방법은 시각화다. 다이어그램을 그리거나, 부속품들이 서로 연결된 시스템을 지도로 표시하거나, 시간에 따른 경험을 그림으로 나타내볼 수 있다. 이렇게 문제점과 해결책을 시각화해야만 명확하게 의사소통할 수 있고 협업에 집중할 수 있다.

• 부서 간 협업을 증진하라.

대기업은 인력과 자원이 많기 때문에 혁신적인 아이디어를 현실화시킬 수 있다. 하지만 아이러니하게도 꿈과 현실 사이에 존재하는 보이지 않는 벽처럼 대기업 조직 그 자체가 혁신의 가장 큰 걸림돌이 되는 경우도 많다. 큰 아이디어를 현실화할 때에는 다양한 부서에서 자원을 끌어오고 장점을 극대화해야 하는데 누가 계획을 '소유'하고 있는지, 어떻게 현재 조직 구조에서 풀어낼 수 있는지 불확실한 경우가 적지 않다. 이러한 문제는 프로젝트 초기부터 인식하고 있어야 하고 통합된 아이디어가 나오면 함께 풀어가야한다. 큰 아이디어는 새로운 조직과 새로운 활동 흐름을 필요로하며 새롭게 정의된 역할과 보상을 요구한다는 점을 잊지 말자.

부서 간 협업을 통해 혁신이 가능하도록 조직 구조를 개선하는 것도 검토해야 하지만, 현재의 조직 구조 내에서 비즈니스 디자인이 어떻게 접목되어 효과를 낼 수 있는지도 생각해봐야 한다. 아쉽게도 기업 내에 비즈니스 디자인 역량을 쌓는 유일무이한 방법은 존재하지 않는다. 그보다는 비즈니스를 강화할 수 있는 하나의 대안으로 소개하면서 자연스럽게 스며들게 하는 것을 추천한다.

비즈니스 디자인을 조직 내에 확장하기 위해 시도해볼 수 있는 좋은 방법 중 하나는 간단한 디자인 프로세스를 현재의 비즈니스에 적용해보는 것이다. 먼저 프로젝트 이해관계자를 지도에 그리고, 현재 일하는 방식과 시스템을 파악한 뒤 개별 이해관계자들의 니즈를 파악하는 것부터 시작해보자. 결국 해야 할 일은 다른 프로젝트와 마찬가지로 프로젝트 지도를 그리는 것이다. 해야 할 모든 일을 전방위적으로 파악하는 것도 좋지만 처음부터 업무량에 압도될 필요는 없다. 대신 지도화된 기업 프로젝트를 하나의 도구로 보고 확장을 위해서는 무엇이 필요한지, 또 확장 과정에서 시간, 돈, 자원과 관련해 어떤 장애물이 발생할 것이고 어떠한 의사결정이 필요할지 예측해야 한다.

비즈니스 디자인 프로세스는 파일럿팀으로 시작하는 것을 추천한다. 로트만 디자인웍스와 함께 프로젝트를 수행한 대부분의 기업이 파일럿팀으로 시작했다. 이 프로세스는 협업을 통해 새로운 방식으로 일을 추진하기 좋아하는, 즉 디자인 모델을 받아들일 준비가 된 사람들을 찾아서 팀을 꾸리는 것부터 시작한다. 만약 해결책을 모르거나 알아낸 해결책에 집중할 시간이 부족했던 프로젝트가 있다면 거기서부터 시작하는 것도 좋다. 내 경험에 따르면 이미 성공의 파도에 몸을 실은 사람들은 새로운 방식에 대한 관심이 적은 반면, 오히려 상황이 어려워서 더 이상 잃을 것이 없는 사람들은 온몸으로 기회를 받아들이고 새로운 방식으로 문제를 해결하는 경우가 많았다. 한 가지 사례연구를 바탕으로 접근법을 조금씩 수정하고 여러 프로젝트로 확장해보면서 조직에 가장 적합한 방식을 알아내야 한다. 최종적으로 해야 할 일은 개별 프로젝트를 통해 배운 점을 조직 내에 확장시키는 것이다. "이것은 어떤 니즈를 만족시키나요?" "그 경험을 프로토타이핑해야 할까요?" 와 같은 질문이 들린다면 바로 그런 때가 된 것이다.

또 하나 필요한 일은 디자인 전문성을 어디에서 확보할지 결정하는 것이다. 이미 조직 내부에 디자인을 이해한 사람이 있을 수도 있고, 디자인 프로세스를 이끌어갈 외부인을 고용할 수도 있다. 디자인 전략회사의 전문가를 파견 형태로 채용하거나, 비즈니스 디자인 업무를 담당하는 사람에게 지식과 기술을 전파할 훈련 전문가 또는 교육자를 외부에서 초빙하는 방식으로 말이다. P&G나 프리토레이는 두 가지 방법을 모두 동원했다. 충분한 지식과 효과적인 기술을 가진 전문가가 어디에 있는지 파악하는 것은 매우 중요하다. 만약 디자인 전문가로 구성된 팀이 조직의 중앙이나 핵심 부서에 있다면, 그 사람에게는 하나의 프로젝트를 완수하게 하는 것보다 기업 전체에 디자인을 교육하고 알리는 일을 맡기는 것이 좀 더 효과적이다. 조직 전체의 학습과 개선 면에서 보면 디자인팀이 둘 중 하나의 일에만 집중하는 것보다 프로젝트와 교육으로 이루어진 두 가지 임무를 함께 수행하는 것이 이상적이다.

이런 과정이 어느 정도 진행되고 나면, 이제 당신은 디자인 전략에 맞도록 조직 구조를 개편하고 싶을 것이다. 각 기업은 디자인을 적용하기 위해 조금씩 다르게 조직을 구성한다. 어떤 기업은 컨설턴트나 조력자 역할을 하는 디자이너들로 구성된 디자인 그룹을 중앙에 배치한 뒤, 요청에 따라 기획과 개발 과정에서 팀을 도와준다. 또 어떤 기업은 디자인 리더들을 핵심 사업부에 배치하거나, 어떤 경우에는 디자인 언어나 방식이 조직에 완전히 흡수된 덕분에 실무팀이 자연스럽게 디자인 원칙과 방식을 차용하여 디자인이 비즈니스의 DNA가 되기도 한다. 자문단을 따로 구성해서 외부 조언자로부터 전문성을 수혈받으면서 임무를 수행하는 것도 고려해볼 만하다([그림 17] 참조).

비즈니스 디자인이 동력을 잃고 고아가 되거나 현재의 비즈니스 운영과 충돌하지 않으려면 사업이 더 좋아지는 방향으로 디자인 핵심 기법을 접목하고 통합하는 것이 중요하다. 특히 조직 내 인사조직 부서가 비즈니스 디자인의 효과를 받아들여야 한다. 기업과 프로젝트 논의를 하다 보면 "우리 회사는 다른 부서와 협업하거나 새로운 것을 시도하거나, 기존 비즈니스 프레임을 벗어나는 것을 장려하는

그림 17 디자인 전문성 원천과 구조

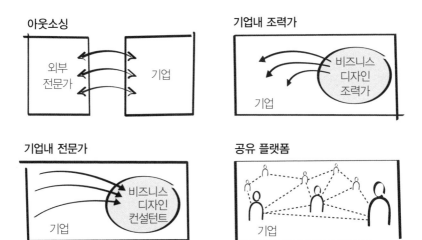

분위기가 아닙니다" 라는 이야기를 종종 듣는다. 이런 이야기는 오히려 비즈니스 디자인이 꼭 필요하다는 목소리로 들린다. 비즈니스 디자인 기법이 전략 기획이나 혁신 계획과 통합되어 과외 활동이 아닌 핵심 프로세스가 되어야만 기업은 변할 수 있다.

디자인의 전파

비즈니스 디자인을 기업 내에 빠르게 전달하려면 교육과 훈련이 필수다. 이를 통해 비즈니스 디자인의 효과를 다른 사람에게 보여주고 프로젝트 수행에 필요한 지식과 기술을 조직 내에 퍼뜨려야 한다. 비즈니스 디자인을 조직 내에 효과적으로 전파하는 몇 가지 방법을 소개한다.

- **영감**: 디자인 영역에서 유명한 연사의 강연, 간단한 프레임워크나 기법을 배울 수 있는 워크숍, 새로운 생각에 자연스럽게 노출될 수 있는 다양한 학회나 모임들이 많다.
- **폭 넓은 기반의 학습 프로그램**: 비즈니스 디자인 교육 프로그램에서 모든 참석 인원들이 동일한 것을 공유하려면 실무 책임자뿐 아니라 지위에 상관없이 최대한 많은 의사결정자가 참여할 필요가 있다. 경험에 따르면, 야망이 있는 사람들은 이론에 시간 쓰는 것을 별로 좋아하지 않는다. 훈련할 때는 실제 비즈니스에 닥친 도전 과제를 활용하라. 비즈니스 디자인이 단기간에 사람들의 관점과 최종 결과물을 바꿀 수 있음을 효과적으로 보여줄 것이다.
- **상주 전문가**: 만약 조직 내에 다른 사람들을 가르칠 사람이 충

분하지 않다면, 비즈니스 디자인을 다른 사람들에게 가르칠 수 있는 조력가를 만들기 위한 훈련 프로그램을 고려해보자. 내부 강사나 트레이너를 발굴하고 훈련하기 위해 집중 훈련 과정이나 자격증 취득 과정을 이용하는 것도 좋다.

얼마나 자주 그리고 얼마나 폭넓게 이러한 프로그램을 운영할 수 있을지는 '얼마나 자연스럽게 현재의 교육 훈련 프로그램에 접목시킬 것인가'에 달려 있다. 중요한 점은 교육과 훈련이 유의미한 기간 동안 지속적으로 운영되어야 기업 문화가 혁신에 걸맞는 방향으로 변한다는 것이다.

성과와 변화를 측정하는 방법

분석을 중요시하는 회사가 가진 공통의 질문은 "제대로 효과를 내고 있는지 우리가 어떻게 알 수 있는가?"다. 어떤 사람들은 비즈니스 디자인 활동이 당연하고 그럴 듯하다고 느끼지만 다른 사람들은 그 성과와 영향력에 대한 구체적이고 측정 가능한 증거를 필요로 한다. 측정할 수 있는 이상적인 기준을 세우기 위한 방법으로 [그림 18]처럼 '기업 대시보드'를 만드는 것을 추천한다. 다음은 기업 대시보드를 만들 때 고려할 사항이다.

- **성과**: 사업 성과가 여기에 표시된다. 모든 것은 궁극적으로 시장에서 측정되는 사업 성과로 귀결되므로 고객 충성도, 고객 만족, 추천, 판매량을 그 예로 생각해볼 수 있다. 사업에 중요하다면 어떠한 성과 지표라도 대시보드에 포함될 수 있다.

163

그림 18 기업 대시보드

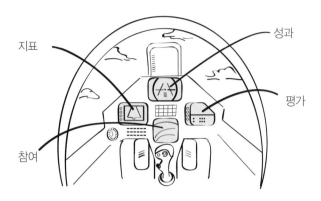

- **평가(360도 다면 평가)**: 한 개인이 자신의 임무를 얼마나 잘 수행했는지 개인 차원의 성과를 표시한다. 비즈니스 디자인은 상당 부분이 팀 생산성이나 팀 효율성에 관한 것이므로 팀 내에서의 개인 기여도와 리더십에 대한 피드백을 취합하는 것이 좋다. 피드백은 개인의 학습과 발전을 위해서도 필수적이다.
- **지표**: 조직의 사고방식과 일하는 방법이 표시된다. 비즈니스 디자인을 수행하는 데 무엇이 장애물이고 얼마나 진척되었는지를 모니터링하는 다양한 방법이 될 수도 있고 혁신을 구성하는 개인 지표가 될 수도 있다. 혁신을 간과하거나 무시하지 않게 하려면 측정 가능한 지표를 새롭게 정의하는 것도 좋다.
- **참여(업무 만족도)**: 참여는 생산성의 핵심이다. 미래에 대한 비전과 고객을 향한 진심에서 비롯된 목적 의식은 일하려는 동기를 만들고, 팀을 하나로 엮고 개인이 목소리를 낼 수 있는 협업이 이루어지면 창의력이 자연스럽게 스며들어 팀이 에너지를 얻게 된다. 결국 프로젝트가 성공하고 성과가 공유되면 업무 만족도가 올라간다. 이 모든 가능성들이 비즈니스 디자인 훈련에 내재

되어 있다.

모든 기업은 비즈니스 디자인 여정을 자신만의 방식으로 디자인한다. 이 장에서 언급된 다른 기업의 경험으로부터 당신에게 도움이 되는 아이디어들을 얻을 수 있기를 바란다. 도입부에서 언급했듯이, 비즈니스 디자인을 융합하여 혁신 문화를 만드는 것은 일하는 방식에서 시작하여 궁극적으로는 시장에서 경쟁하는 방법을 바꾸는 커다란 여정이다. 큰 성공은 때때로 개방성, 강한 리더십, 자그마한 시도에서 시작된다. 큰 여정을 시작하는 데는 한 사람, 한 팀, 하나의 혁신이면 충분하다. 모쪼록 여정을 즐기고, 큰 성공을 거두기를 바란다.

다음은 클라우디아 코치카가 비즈니스 디자인을 조직에 적용하여 파워를 극대화하고 싶어 하는 비즈니스 리더들에게 전하는 세 가지 조언이다.

클라우디아 코치카의 세 가지 조언

첫째, 원하는 것이 무엇인지 파악하기 바랍니다. 사람들은 자기가 뭔가를 원한다고 말하지만, 실제로 그것이 조직의 모든 분야와 관련된 커다란 변화를 필요로 한다는 것을 깨닫자마자 확신을 잃어버리곤 했습니다. 그러므로 첫 번째 해야 할 일은 당신이 하려고 하는 일이 무엇인지 정확히 아는 것입니다.

둘째, 말하지 말고 보여주기 바랍니다. 무언가를 팔거나 설명하기 위해 많은 시간을 소비하지 마십시오. 약간의 파일럿을 운영하고, 곧바로 시작하고 진행하세요. 이것이 로저 마틴과 내가 워크숍과 교육을 디자인하고 시작한 방식입니다. 장황한 파워포인트 발표는 없었습니다. 바로 시작하고, 뛰어들고, 경험하는 것이었기 때문에 처음에는 모든 사람들이 당황했습니다. 하지만 나중엔 이런 소감을 들었죠. "제가 지금까지 받았던 교육 중에 최고였어요. 사실 교육을 받으면서도 교육이라고 느껴지지 않았는데, 어느새 제가 평소에 가장 고민했던 문제를 해결하고 있더군요. 정말 신기했어요." 비즈니스 디자인은 가상의 문제가 아니라 실제 문제를 고민하는 완벽한 훈련 모델입니다. 문제를 풀기 위해서 모든 사람들이 참여했고, 대부분은 자신이 무엇을 배우고 있는지 분명하게 설명하기 어려워했지만 결과는 놀라웠습니다. 저 역시 말로 표현할 수 없을 만큼 좋은 점이 많다고 느낍니다. 경험해보면 변합니다. 그리고 경험해본 사람들은 모두 똑같이 생각합니다.

셋째, 주변에 도움을 요청하기 바랍니다. 저는 항상 사람들에게 모든 것을 혼자 스스로 하려 하지 말라고 말합니다. 어떻게 하는지 잘 모르기도 하고 굳이 모든 것을 알아야 할 필요도 없습니다. 무엇인가 일어날 수 있도록 서로 도와주기만 하면 됩니다. 저는 토론토 대학 로트만 경영대를 포함한 많은 사람들로부터 도움을 받았습니다. P&G 경영진과 직원들에게 우리가 디자인을 통해 무엇을 했는지를 가르쳐야 하는 순간이 왔을 때, 저는 제가 가르칠 줄 모른다는 점을 깨달았습니다. P&G의 그 누구도 교육자가 아닙니다. 그럴 때는 어떻게 가르쳐야 하는지를 아는 교육기관 전문가에게 도움을 받으면 됩니다.

책을 뒤집어 보세요!
Part I: 비즈니스 디자인을
만나실 수 있습니다.

책을 뒤집어 보세요!
Part II: 비즈니스 디자인을 위한
도구와 팁을 만나실 수 있습니다.

비즈니스 디자인을 실행하기 위한 도구와 팁

PART. II

도구와 팁

2부에서는 비즈니스 디자인 실행에 필요한 구체적인 가이드를 제공한다. 기업에서 대형 프로젝트를 수행하기 위해 사용하는 도구와 팁을 설명하고, 각각의 것들이 얼마나 유용한지 보여주는 사례를 추가로 소개할 예정이다. 참고로 도구란 방법론을 현실에 적용하는 직접적인 가이드이며, 팁은 디자인 여행을 떠나는 데 필요한 준비물과 활동이라고 보면 된다. 이 장에서 소개하는 도구와 팁은 비즈니스 디자인의 세 가지 기어를 이용해 프로젝트를 수행할 수 있는 여러 방법 중 일부에 지나지 않는다. 앞서 설명한 것처럼 비즈니스 디자인이란 딱딱한 공식이 아니다. 그러므로 프로젝트를 수행하면서 여러 도구를 원하는 만큼 자유롭게 꺼내서 사용해도 좋고 새로운 도구를 스스로 만들어 사용하는 것도 좋다.

이렇게 만들어진 모든 것은 당신만의 유일한 '도구 세트'가 될 수 있다. 모든 프로젝트는 크기, 범위, 지원 현황 등이 다르기 때문에 상황에 맞는 도구와 프로세스를 따라야 한다.

175페이지의 [그림 19]는 비즈니스 디자인의 각 단계에 알맞은 도구와 팁을 시각화한 것인데, 특히 각 활동이 어떤 결과물을 낳고 이것이 다음 단계에 어떻게 필요한지를 설명했다.

도구와 팁은 활동과 결과물로 구분할 수 있는데 편의를 위해 활동은 숫자로, 결과물은 알파벳으로 나누었다.

유의 사항 : 당신이 프로세스를 소유하는 것이지 프로세스가 당신을 소유하는 것이 아니다. 영감을 불러일으키는 결과를 얻겠다는 원칙만 따른다면 도구는 얼마든지 변경하거나 수정해도 좋다.

서론

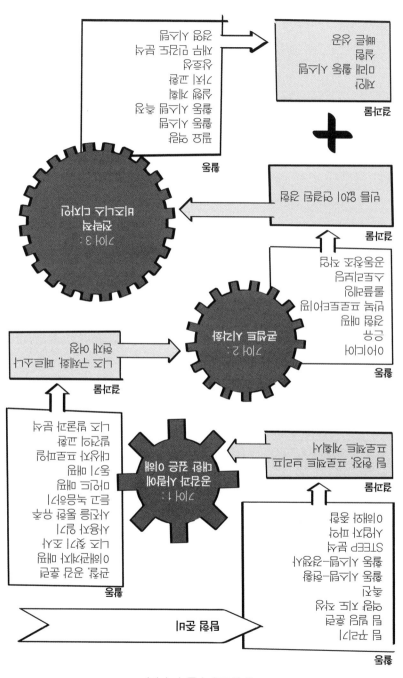

그림 19 근거의 통합 시각화

0 ——————

탐험 준비

근거 마련하기

1. 팀 꾸리기:
적합한 사람들을 참여시키기

왜 하는가?

융합팀을 만드는 이유는 여정에 필요한 전문성, 관점, 관리 기술의 다양성을 확보하기 위해서다. 비즈니스 디자인으로 문제를 해결하려면 먼저 생산적 협업이 가능한 초석을 다져야 한다. 팀을 잘 꾸려야만 프로젝트 초기에 다양성과 연속성이 보장되고 프로젝트 진행 중에 동력을 얻을 수 있다. 팀 구성을 위해서는 다음 질문들에 대답해야 한다. "온전한 해결책을 만들어서 실행하려면 어떤 전문성과 관리 기술이 필요한가? 누가 해결책을 만들고 전달할 수 있는가? 그 외에 누가 또 우리에게 영감을 주거나 도움을 줄 수 있는가?"

어떻게 하는가?

1. 도전 과제는 무엇이고 현재 비즈니스와 어떻게 연관되는지를 써본다

도전 과제는 목표 추구에 있어 필요한 사람이 누구인지 판단하는 데 도움을 준다. 물론 브리프(뒤에 나오는 프로젝트 브리프 참조)를 작성하면서 기회는 더욱 분명하게 정의되지만, 간단하게 작성해보면 프로젝트에 누구를 참여시켜야 하는지 알 수 있다.

2. 핵심 팀을 정의한다

핵심 융합팀을 먼저 정의하라. 여기에는 프로젝트에 관심이 있음과 동시에 상당한 시간을 투자할 수 있는 구성원들이 필수다. 서로의 약점을 보완할 수 있고 차후에 개발팀의 일부로 기여할 수 있는 기술을 보유한 인물들이라면 더욱 좋다.

3. 추가 전문가를 모집한다

프로젝트에 가치를 더할 전문가를 내부 또는 외부 네트워크에서 찾아보라. 신선하고 가치 있는 관점을 더해줄 전문가가 필요하다. 어떤 전문가는 해결책을 만드는 것에, 어떤 전문가는 기술, 마케팅, 연구, 판매, 유통, 재무 등 비즈니스 시스템을 구성하는 것에 도움이 된다. 실현 가능한 결과물을 만드는 데 있어 핵심 역할을 하는 디자인 에이전시나 전략적 파트너들도 찾아야 한다.

4. 임원이 포함된 지원 가능한 자문 그룹을 구성한다

프로젝트가 전략적 중요성을 가지려면 누구의 지혜와 지원이 필요한지 고려하라. 자문 그룹은 노력을 어느 방향으로 집중해야 할지 알려준다. 자문 그룹의 지원이 없다면 디자인 프로젝트가 기업 내의 다른 과제보다 유리한 위치를 점하기가 어렵다.

5. 팀 구성원의 필요조건을 정하고 측정한다

누가 팀의 핵심 멤버로서 전력을 다해 헌신하는지, 누가 필요한 때에 전문성과 영감을 제공하는지, 누가 정기적으로 자문 역할을 하는지 알아야 한다.

6. 팀 구조와 역할을 정의한다

서로 다른 역할을 하는 사람들이 프로젝트의 전체 프로세스와 시간에 어떻게 서로 관련되는지 알아야 한다.

사례

우리가 수행했던 식품 프로젝트의 경우엔 생산, 재무, 마케팅, 상품 개발, 영업, 시장조사 분야의 대표자로 핵심팀을 먼저 구성했다. 모두가 동일한 시간을 투자하지는 않았지만 중요 개발 세션에는 전원이 참여했다. 사업부 리더와 CEO는 자문단으로 활동하면서 정기적으로 의사결정을 확인하고 지원했으며 영양사, 요리사, 동기부여 전문가, 푸드 칼럼니스트, 요가, 명상 트레이너들도 참여해서 영감을 북돋아주었다. 프로젝트 리더와 조력자가 지정되어 있기는 했지만 모든 참여자들은 가치 있는 혁신에 필요한 독자적인 전문성을 가지고 있었고, 해결책을 만들어내기 위해 분명하게 정의된 역할과 책임을 공유하고 있었다. 모든 구성원들은 처음부터 프로젝트의 목표를 확실히 이해했고 한 팀으로 다 함께 기여하고 실행함으로써 동력을 만들어냈다.

2. 팀 빌딩 훈련:
일을 시작하는 즐거운 방법

왜 하는가?

디자인 원칙을 강화하고 서로를 편하게 알아가야만 두려움을 극복하고 협업을 가속화할 수 있다. 다음은 로트만 디자인웍스에서 사용했던 세 가지 방법이다.

- **개인용품으로 이야기 나누기:** 무엇이 그 사람을 자극하는지 알 수 있다.
- **마시멜로 연습:** 프로토타이핑과 협업을 연습할 수 있다.
- **모자에 걱정 넣기:** 근심과 걱정을 파악할 수 있다.

어떻게 하는가?

1. 개인용품으로 이야기 나누기

개인적으로 가장 아끼는 물건이 무엇이고 그것을 중요하게 생각하는 이유에 대해 이야기를 나누는 간단한 활동이다. 이를 통해 사람들이 무엇에 동기를 부여하는지 이해할 수 있다.

모든 사람들에게 의미 있는 물건을 하나씩 가져오라고 요청한 뒤, 왜 가져왔고 어떻게 중요한지에 대한 이야기를 나눈다.

사례

프로젝트의 맨 처음 세션에서, 한 디자이너가 장남감 자동차를 가져왔다. 그는 자신이 장난감을 모으기 시작한 사연을 설명하면서 다른 사람들의 호기심을 자극하는 물건이 무엇인지에도 관심을 갖게 되었다는 이야기를 들려주었다. 이후 우리는 어떤 프로젝트를 수행하더라도 새로운 시각과 상상력이 필요한 부분에 이르면 항상 그에게 의지했다.

2. 마시멜로 연습

프로토타이핑을 훈련하기 위한 이 방법은 상호 작용을 잘 일으킬 뿐 아니라 매우 재미있기도 하다. 참여자들은 짧고 간단한 경험이지만 협업과 생산성을 증대시키는 중요한 교훈을 얻게 된다.

대여섯 명이 한 팀이 되도록 인원들을 나눈다. 만약 여러 팀으로 사람을 나누기 어렵다면 서로 경쟁하는 두 팀으로 나누는 것도 좋다. 핵심은 모든 사람들이 이 도전에 전적으로 참여하는 것이다. 각 팀에게 아래의 준비물을 준다.

- 스파게티면(부러질 수 있는) 20가닥
- 테이프 1m
- 끈 1m
- 마시멜로(손상되지 않은) 1개

각 팀에게 동시에 20분의 시간을 준 뒤 어떤 팀이 주어진 재료들로 가장 높이 서 있는 구조물을 만들 수 있는지 보라. 마시멜로는 구조물의 맨 상단에 있어야 한다. 도전을 마친 이후에는 다음을 검토해보자.

- 무엇이 어려웠나?
- 어떤 점이 잘 진행되었나?
- 프로세스는 무엇이었나?
- 성과를 개선하려면 무엇이 필요한가?
- 무엇이 장애물이었나?

더 많은 상세 정보와 예시는 Marshmallowchallenge.com을 참고하기 바란다.

3. 모자에 걱정 넣기

프로젝트를 시작할 때 팀 동료들이 가지고 있을 근심과 걱정을 이해하는 방법이다.

모든 사람은 각각 종이 한 장에 다음의 문장을 완성한다. " 이 프로젝트에서 내가 가장 걱정하는 것은 _____이다." 가능한 한 구체적이고 정직하게 답하지만 누가 썼는지 쉽게 파악할 수 없어야 하므로 이름은 적지 않는다. 종이는 모자(가방이나 그릇도 좋다)에 담은 뒤 섞는다.

한 명씩 돌아가며 모자에서 종이를 뽑은 뒤, 종이에 써 있는 걱정을 큰 소리로 읽고 자신의 언어를 사용하여 추가 설명한다(만약 본인이 쓴 것을 골랐다면 다시 뽑는다). 걱정에 관해서는 누구도 코멘트를 하지 않고 그냥 듣기만 한 뒤 다음 사람으로 넘어간다.

다른 사람의 걱정을 오해하거나 비하하지 않도록 걱정에 대한 개인적인 의견은 내지 말아야 한다. 모든 걱정을 읽고 난 뒤, 무엇이 공통의 걱정이며 어떻게 하면 팀이 연합하여 그것을 관리할 수 있을지 논의한다. 연습을 마친 후 다음을 검토해보자.

- 무엇이 공통의 걱정인가?
- 여기서 얻은 인사이트를 통해 어떻게 우리의 계획을 발전시킬 수 있을까?

사례

예전 프로젝트에서 어떤 팀은 현재 기업 운영 시스템과의 갈등이나 지원 부족 때문에 자기 팀의 노력이 실제로는 실행되지 않을 것이라는 공통의 걱정이 있었다. 이들의 공통 걱정은 프로젝트를 지원하는 임원의 역할을 강조했고, 또한 이 팀이 기어 3에 헌신하면서 액션 플랜을 명확하게 하는 결과로 이어졌다.

3. 역량 지도 작성:
사람, 역할, 열정을 찾아내기

왜 하는가?

기술, 능력, 역할을 다양하게 확보해야 한다. 협업을 통해 각 개인이 프로젝트에 어떻게 기여하고 자신의 역할에 얼마나 열정적으로 임하는지 알 수 있는 방법이다. 역량 지도는 신중하게 인재 시스템을 만드는 방법으로, 각 개인들에게 다음 질문을 하는 것이 핵심이다. 당신은 어떠한 능력으로 기여할 것인가? 당신은 어떤 지식, 전문성, 관점을 가져올 것인가? 당신의 역할은 무엇인가? 프로젝트에 대한 당신 개인의 관심과 열정은 무엇인가?

어떻게 하는가?

1. 능력과 관심을 기술한다

각 팀원들에게 전문 분야(예: 제조), 핵심 기술(예: 연구와 분서), 개인적 관심과 열정(예: 강력한 현지 커뮤니티 만들기)에 대해 각각 세 가지를 쓰라고 요청한다. 한 장의 포스트잇에 대답을 하나씩만

그림 20 팀 지도 작성: 사람, 역할, 열정

적은 뒤 이름이나 이니셜을 쓴다([그림 22] 참조).

2. 구분하고 연결한다

세 가지 대답을 구분하면서 포스트잇을 벽에 모은 뒤 연결되거나 겹치는 부분을 찾는다.

3. 강점과 약점을 파악한다

구분 영역을 고려하여 전문 분야와 핵심 기술이 많이 겹치는 강점 분야를 파악하고, 그와 대비하여 모자라는 약점 분야를 이해한다.

4. 팀을 조정한다

만약 팀 내에 약점 분야가 존재한다면 그 분야의 기술이 해당 프로젝트에 반드시 필요한지 확인하고 그 기술을 가진 사람을 프로젝트에 참여시켜서 약점을 해결한다. 개인의 관심과 인사이트가 프로젝트에 어떻게 도움이 될 수 있는지도 함께 논의한다.

커다란 화이트보드나 큰 빈 종이, 포스트잇, 마커를 준비해두면 유용하다. 사람들의 관심사항이나 강점을 벽에 붙일 때는 좀 더 상세하게 이야기할 수 있도록 충분한 시간을 주는 것이 좋다. 이렇게 하면 각 개인의 역량과 관심 분야를 더욱 깊이 있게 이해할 수 있는 맥락이 형성된다.

사례

병원 프로젝트를 수행했을 때, 역량 지도 작성을 통해 개인의 열정은 물론 다양한 기술과 경험까지 한데 모을 수 있었다. 비즈니스 전문가뿐 아니라 건축 노하우, 건강 과학, 정보기술을 포함한 다양한 분야의 전문가들이 참여했고 모두가 프로젝트에서 중요한 사람들이었다. 특히 공학 관점의 전문가는 프로젝트에 필수적인데도 우리가 미처 확보하지 못했다는 점도 깨달았다. 결국 소프트웨어 엔지니어를 공개 모집했고, 병원 내의 많은 사람들이 자원하여 프로젝트에 필요한 인사이트를 제공했다.

4. 촉진 :
팀 역량을 최대한 끌어내기

왜 하는가?

팀 구성원 모두의 노력을 극대화하고 팀이 하나의 결과물에 집중할 수 있도록 조력자를 지정해야 한다. 사람들이 쓰는 시간과 자원을 극대화하려면 효과적인 촉진이 반드시 필요하다. 모든 회의는 어떤 의미에서는 촉진이 필요한 워크숍 또는 최종 집중 검토다. 훌륭한 촉진 기술만 있다면 모두가 팀이 원하는 방향에 집중할 수 있고 모든 회의가 생산적으로 이루어질 수 있다.

효과적 촉진에 필요한 기술

- 팀 내에 신뢰와 협력적인 관계를 만든다.
- 팀의 목표를 분명히 하고 팀 내 역할을 분담한다.
- 팀 내 모든 구성원들이 참여하도록 만든다.
- 의사결정을 내릴 수 있다는 이유만으로 자신의 아이디어를 강요하지 않는다.

188

- 생산적이고 효과적인 의사소통을 촉진한다.
- 팀을 옳은 방향으로 인도한다.
- 생산적이고 협력적인 환경을 만든다.
- 선택을 해야 하는 순간에 팀으로서 효과적인 의사결정을 내리 도록 도와준다.

위에 나열된 기술을 익히고 팀에 적용하면, 촉진과 시각 기반 훈련에 특화된 조직을 만드는 일도 가능하다.

어떻게 하는가?

1. 촉진 기술을 점검한다

먼저 팀 구성원의 모든 기술을 모두 검토한 뒤 팀원들이 각 기술들에 얼마나 익숙한지 확인하여 그룹 촉진의 준비 수준을 판단한다. 또한 촉진과 관련하여 개인적으로 어느 정도의 관심과 능력이 있고 얼마나 많은 자원을 투입할 수 있는지에 대해 정직하고 편안하게 이야기를 나눈다. 촉진이 중요한 것은 분명하지만 모든 사람이 편하게 느낄 수는 없다. 촉진자의 첫 임무는 효과를 극대화할 수 있도록 팀을 돕는 것이다.

2. 프로젝트를 시작할 때 두세 명의 초기 촉진자를 선정한다

프로젝트 초기에 촉진 활동을 하고자 하고 할 수 있는 능력을 가진 후보자들에게 역할을 맡기는 것을 추천한다. 프로젝트가 진행되면 새로운 촉진자 역할에 여러 사람을 돌아가면서 지정해도 좋다.

3. 건설적인 상호 피드백을 만든다

촉진 효과를 얻는 데는 원칙과 기술도 필요하지만 쌍방향 의사소통이 핵심 요소다. 팀의 능력치를 최대로 끌어내려면 팀 구성원들이 촉진자에게 시의적절한 피드백을 주어야만 하고, 동시에 융합팀이 건설적이고 유익한 결과물을 만들어내면 촉진자도 팀 구성원들에게 대한 피드백을 주어야만 한다.

5. 활동 시스템-현황:
현재 전략을 시각화하기

하나의 활동 시스템으로 현재 기업의 전략을 분명하게 이해하고 그 연계성
및 의미를 파악해야 한다. 활동 시스템 모델링이란 상호 연결된 활동을
조합하여 기존 전략을 이해하고 새로운 전략을 만드는 독특한 방법
으로, 시스템적 사고와 시각화를 요구한다. 프로젝트 진행 초기에 이
활동을 수행하면 기어 3에 필요한 현재 상황에 관한 그림을 갖게 될
뿐 아니라 새롭게 구상하는 비전이나 전략이 현재 상황과 들어맞는
지의 여부도 알아볼 수 있다. 이 활동을 통해 '가치를 만들어내는 현
재의 기업 전략은 무엇인가?' '현재의 경쟁우위는 얼마나 강력한가?'
'우리가 다른 기업과 달리 독특하게 극대화시킬 수 있는 것은 무엇
인가?'라는 질문의 해답을 찾을 수 있다.

어떻게 하는가?

현황에 관한 활동 시스템을 그리려면 일이 돌아가는 방식을 이해하

는 기업 내부의 사람에게 접근해야 한다. 기업 외부에 있으면서 공식적 접근이 가능한 자료만을 활용하여 활동 시스템을 그리려 한다면 뒤에서 제시할 '경쟁자 기반의 활동 시스템' 작성법을 따르는 것이 낫다. 현재의 전략을 명확하게 이해하기 위해 현황에 관한 활동 시스템을 그리는 순서는 다음과 같다.

팀으로 일하기 전 :

1. 인풋을 수집한다

시장가치를 발굴하여 경쟁우위를 갖는 데 있어서 우리 기업이 잘하는 것은 무엇인지 팀 구성원들이 작성한다. 기업 내부의 모든 사업과 기능 부서를 최대한 고려하여 시장가치를 만들어내는 여러 활동을 생각해내는 것이 중요하다.

- 사업의 전체적인 목표와 비전이 무엇인가? 가치 제안은 무엇인가?(예: 물 흐르듯 연동되는 디지털 엔터테인먼트 시스템 구성)
- 기업이 가치를 만들어내기 위해 시간과 돈을 끊임없이 투자하는 핵심 활동은 무엇인가?(예: 일대일 고객관계 형성, 비용 절감)
- 이러한 주제를 현실화하기 위해 행하는 실제 활동은 무엇인가? (예: 강력한 고객 데이터베이스 만들기, 중간판매자와 장기적 관계 형성하기)

2. 인풋을 통합하여 뽑아낸다

인풋을 수집하다 보면 수십 개에서 수백 개의 인풋이 나타나는데, 이들을 모아 6~10개의 활동 테마로 구분한다. 허브로 변환될 가능성이 높은 활동 테마는 실제 수행하는 활동으로 이름을 정한다(예: '강한 브랜드 만들기'). 인풋을 통합할 때에는 열 개 미만의 활동 테마 리스트와 길게 적힐 구체적 활동 리스트라는 서로 다른 두 개의 리스트를 따로 준비하는 것이 좋다.

3. 토론과 투표를 통해 허브로 삼을 핵심 활동 테마를 결정한다

활동 테마를 허브로 결정하는 토론을 할 때는 다음의 두 가지 질문에 대한 대답을 생각해보자.

- 가치 창출 또는 가치 제안 및 목표 달성에 있어 얼마나 핵심적인가?
- 우리가 얼마나 잘 수행하고 있으며, 또 우리의 활동을 얼마나 넓게 확장시키는가?

특정 활동 테마에 대한 열정을 가진 사람이 있다면 허브로서의 가능성을 발표하는 것도 좋다. 이때는 핵심 활동 테마를 찾아내는 것이 중요하며, 언제든 되돌아가서 무엇이든 바꿀 수 있음을 명심하자.

허브로서의 가능성을 가진 활동 테마들에 관해 충분히 토론하라. 그리고 투표를 하기 전에 아래 질문들을 생각해보자.

- 가치를 만들어내는 데 꼭 필요한 것인가?
- 전방위적으로 그리고 일관되게 시간과 돈을 투자할 수 있는가?
- 다른 기업의 시스템 대비 차별적 우위를 만들어낼 가능성이 있는가?

투표할 준비가 되었다면 모든 팀 구성원들에게 다섯 개의 빨간 포스트잇을 준다. 그런 다음 평가 기준을 곰곰히 생각해보고 각 허브에 하나의 포스트잇을 붙이도록 한다. 표를 가장 많이 받은 너댓 개의 허브를 찾아내고, 합의되지 않는 이슈나 불만에 관해서는 충분히 토론을 한다.

4. 지원 활동을 통해 선택된 허브를 강화한다

각 허브에 관해서 '허브에 꼭 필요한 활동이 무엇인가?' '테마에 맞추어 모으고 이름을 붙일 수 있는 활동인가?' 등의 사항들을 질문한다.

5. 활동 시스템을 시각화하고 평가한다.

너댓 개의 허브를 큰 포스트잇이나 종이에 쓴 다음 넓은 보드 상단에 놓는다. 팀원들과 함께 각 허브들이 어떻게 연결되는지 토의하면서 관계를 나타내는 선을 긋고, 허브 주변에 활동들을 늘어놓은 다음 시스템 내에서 그것들이 갖는 관계를 표시한다.

각각의 참석자들은 새로 만든 모형이 경쟁사의 시스템에 비해 얼마나 독특하고 경쟁력이 있는지 10점 척도(1=매우 똑같음, 10=완전히 다름)로 표시한 뒤 자신의 의견을 공개하지 않고 조력자에게 건네준다. 합산하고 평균 낸 최종 점수를 공개한 뒤, 자신의 점수와 비교하면서 토의한다.

DESIGN WORKS : **PART II**

팁

인사이트가 필요하다면 전략 계획서나 운영 계획서, 연간 리포트 등 사업에 관한 정보가 들어 있는 다른 자료를 함께 참고하는 것이 좋다.

그림 21 전략을 시각화하는 프로세스

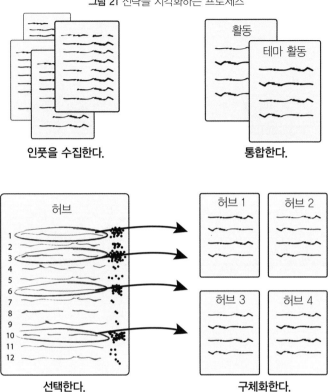

인풋을 수집한다.　　　　　　　　　통합한다.

선택한다.　　　　　　　　　　　구체화한다.

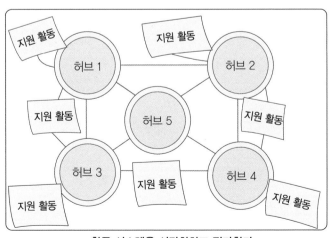

활동 시스템을 시각화하고 평가한다.

195

프로토타이핑이 꼭 필요하다. 로트만 디자인웍스에서는 종이 접시와 포스트잇을 사용하여 초반부터 시스템을 프로토타이핑한다. 인풋을 모으고 정리하면서 시스템 내에서 연관성을 찾는 작업은 매우 반복적인 일이라 처음에는 너무 단순하거나 엉망으로 보일지도 모르지만 괜찮다. 중요한 것은 핵심 인풋을 정리하고 연관을 만드는 일이기 때문이다.

핵심에 집중해야 한다. 처음에 생각했던 인풋은 상당 부분 떨어져 나갈 것이고 허브도 제한된 개수만 남을 것이다. 회사는 열 개의 허브를 가질 수 없고 또 그 모두를 잘할 수도 없다.

연결이 핵심이다. 하나의 허브가 다른 허브와 어떻게 연결되는지 이해해야 하고, 하나의 활동이 여러 개의 허브를 강화시켜줄 수 있음을 알아야 한다. 그것이 시너지다.

자사의 경쟁력을 평가할 때는 다른 회사의 경쟁력을 먼저 평가해보는 것이 도움이 된다(뒤에 나오는 '활동 시스템-경쟁사'를 참고하라).

스토리 형식을 사용하면 활동 시스템을 통해 얻은 전략이 어떻게 작동하는지 이해하는 데 도움이 된다. 사업의 근간이 되는 활동 시스템으로는 아래와 같은 것들이 있는데, 이것들을 한 페이지로 기술해보면 어떻게 가치를 만들어내는지 이해할 수 있다.

- **가치 제안:** 우리 기업이 시장에 독특하게 제공하는 것은 무엇인가?
- **허브:** 우리 사업의 전략을 정의할 수 있는 핵심적인 사업 동력은 무엇인가?
- **활동:** 허브를 강화하는 분명하고 명확한 활동은 무엇인가?
- **관계:** 허브와 활동이 어떻게 연결되어 있으며 서로를 어떻게 강화시키는가?

이러한 방식이 어렵다면 바로 뒤에서 이야기할 '경쟁자를 위한 활동 시스템'에서 사용하는 좀 더 체계적인 대체 기법을 활용할 수도 있다. 사람들이 자신들의 허브와 활동 리스트를 개별적으로 만들어온 뒤 그것을 포스트잇에 옮겨 적고 분류한 다음 테마와 지원 활동을 찾는 것이다. 이와 같은 대체 기법은 인풋을 모으고 정리하는 데 더 많은 준비가 필요하지만, 좀 더 철저하고 포괄적이며 정리된 결론이 도출된다는 장점이 있다.

6. 활동 시스템-경쟁사:
경쟁 전략을 시각화하기

왜 하는가?

경쟁사가 자사와 다른 어떤 방법으로 가치를 창출하는지 이해해야 한다. 이 방법은 타사를 집중적으로 탐구하는 좋은 방법으로, '가치를 창출하는 기업의 전략은 무엇인가?' '여타 회사나 자사와 비교해서 경쟁사 시스템은 어떤 점이 독특하게 다른가?' '경쟁사의 현재 경쟁우위는 얼마나 강한가?' 등과 같은 질문으로 시작하는 것이 좋다.

어떻게 하는가?

기업 내부 정보에 접근할 수 없는 경우, 활동 시스템이 어떻게 구성되는지를 그려보는 방법은 다음과 같다.

1. 경쟁사의 활동 시스템을 만들기 전에 우선 인풋을 수집한다

비전, 전략, 재무 현황이 담긴 정기 연례 보고서나 회사가 제공하는 서비스에 관한 내용을 담은 웹사이트 등 경쟁사와 관련된 정보를 가능한 한 많이 수집한다. 경쟁사의 제품이나 서비스를 경험하고 고객 입장에서 체험해보는 것도 매우 유용하다. 아래 세 가지 정보는 빠뜨리지 말자.

- **무엇을 제공하나?**: 공식 웹사이트에서 시작하자.
- **어디에 투자하는가?**: 연례 보고서에서 시작하자.
- **고객 경험은 어떠한가?**: 제품이나 서비스를 구매하거나 매장을 방문하는 등 직접 경험하는 것부터 시작하자.

정보를 모았다면 다음 단계를 통해 인풋을 취합하고 연결하여 활동 시스템을 만들어보자.

2. 수집한 정보를 늘어놓는다

수집한 정보를 팀원들과 공유한다. 모든 인풋을 포스트잇에 하나씩 쓴 다음 각각의 의미에 대해 토의한다.

3. 패턴을 찾고 구분한다

허브를 찾아내기 위해 관련성 높은 인풋을 서로 연결한다. 특히 가치를 창출하는 데 있어 어느 정도의 의미를 가지는지가 중요하다.

4. 기술하고, 위치를 정하고 허브를 연결한다

3~5개 정도의 큰 그룹이 생기면 하나씩을 허브로 보고 명칭을 정하되, 앞서도 말했듯이 '원가 절감'처럼 회사에서 실제로 수행하는 업무로 정하라. 이렇게 하면 허브들이 서로 어떻게 연결되어 있는지 서서히 이해하게 된다. 허브들의 연결 관계를 정확하게 파악

하려면 상호 연관된 허브가 어떻게 독특한 가치를 창출하는지 계속 확인해야 한다.

5. 활동 시스템을 만든다

허브를 중심으로 지원 활동을 배치하고, 허브들과 모든 활동들 간의 연결고리를 정의하라. 가령 판매자와의 장기 계약 관계는 원가 절감을 위한 하나의 구체적인 활동이 될 수 있다. 중요한 것은 '각 활동이 어떻게 허브를 강화시키는가'라는 질문을 통해 연결 관계를 파악하는 일이다. 각 활동들이 많이 연결될수록 시스템은 더욱 강해진다. 활동 시스템의 최종 버전은 조직의 전략이 허브와 지원 활동으로 표현된 한 페이지의 시각화된 자료다.

6. 독창성과 경쟁력을 논의한다

모든 팀원들은 경쟁사의 전략을 다른 회사 전략과 비교, 독창성과 경쟁력에 대해 10점 척도(1=매우 똑같음, 10=완전히 다름)로 평가하여 독립적으로 점수를 매긴 뒤 조력자에게 전달한다. 수집된 점수의 범위와 평균에 기반하여 직관적으로 평가하고 서로 이야기를 나눈다.

그림 22 경쟁사의 전략을 시각화하는 프로세스

수집한 정보를 늘어놓는다.

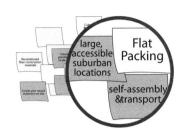

패턴을 찾고 구분한다.

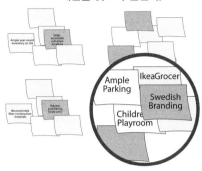

허브를 기술하고 연결 관계를 설정한다.

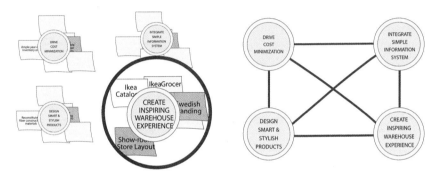

허브를 중심으로 활동의 위치를 정하고 연결하고 시각화한다.

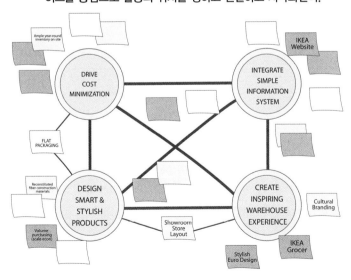

7. STEEP 분석:
미래의 기회를 예측하기

왜 하는가?

프로젝트에 영향을 미칠 수 있는 관련 트렌드를 발견하고 정의해야 한다. STEEP 분석이란 사회Society, 기술Technology, 경제Economy, 환경Environment, 정치Politics에 대한 전반적인 트렌드를 파악하는 것으로, 이 분석의 목적은 프로젝트가 해결하려는 문제의 맥락을 이해하여 트렌드에 맞는 기회를 잡으려는 것이다. 결국 프로젝트 개발이나 결과물에 가장 크게 영향을 미칠 만한 3~5개의 트렌드를 정의하는 것이 이 단계의 구체적인 목표다.

어떻게 하는가?

1. 조사망을 넓게 던져본다

사회, 기술, 경제, 환경, 정치 등 각 영역에서 프로젝트 주제와 관련된 트렌드를 기사나 책, 블로그, 관찰을 통해 수집한다. 정성 데이터와 통계 데이터를 모두 수집하고 출처와 참고를 명확하게 표시한다.

- **사회:** 프로젝트와 연관성 높은 사회, 인구통계, 라이프스타일 트렌드는 무엇인가?
- **기술:** 어떤 기술 트렌드가 프로젝트의 미래 시나리오에 영향을 미칠 수 있는가?
- **경제:** 현 경제 분위기에 영향을 줄 떠오르는 이슈, 파워, 산업은 무엇인가?
- **환경:** 어떤 환경 이슈나 개발 요인이 프로젝트에 영향을 미칠 수있나?
- **정치:** 어떠한 정치적 이슈나 규제 요인이 차이를 만들어내는가?

2. 트렌드를 분석한다

각 트렌드가 일어날 확률과 각 트렌드가 프로젝트에 미치는 영향력을 두 개의 축으로 하는 2×2매트릭스를 프레임워크로 만든다. 한 축에는 '발생 가능성이 없음-높음'을, 다른 축에는 '영향력 낮음-높음'을 쓴 뒤 각 트렌드를 프레임워크에 표시한다.

3. 트렌드를 선택한다

분석 결과 및 직관을 동원하여 프로젝트 결과물에 영향을 미칠 가능성이 높은 트렌드 3~5개를 최종 선택한다. 주목해야 하는 트렌드는 일어날 가능성이 높으면서 프로젝트에 미치는 영향력이 클, 프레임워크의 우측 상단에 위치한 트렌드다.

팁

새로운 맥락에서 인사이트를 얻기 위해서는 비전문 분야에서도 무언가를 배우면서 세상에 대한 시각을 넓혀야 한다.

신문, 잡지, 논문, 인터넷, 책, 정부발행 보고서, 조사 전문회사의 발행물 등 여러 자료를 총동원해야 한다. 물론 SNS에서 발견한 의견도 활용할 수 있지만 신뢰성 있는 정보를 우선시하는 것이 좋다.

참고로, 트렌드 파악의 목적은 단순히 미래를 예측하는 것이 아니라 프로젝트의 미래를 대비한 계획을 세우는 것임을 기억하라.

사례

[그림 23]은 건강한 식습관에 관한 프로젝트에서 사용했던 STEEP 분석의 예시로, 비만과 당뇨병의 증가, 식품과 식품 레이블에 대한 정부 규제, 유기농 식품과 자연주의 식품에 대한 소비자의 관심 증가, 이미 조리된 음식에 대한 소비 증가 등 여러 방면에서의 시장 기회를 보여준다.

그림 23 STEEP 분석

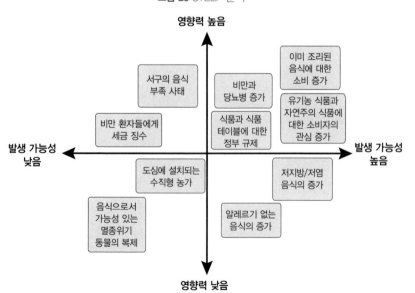

8. 사업자 파악:
미래의 친구와 적을 발견하기

왜 하는가?

시장에서 사업을 영위하고 있는 다른 경쟁자들을 파악해야 한다. 이 작업을 통해 우리에게 위협이 되는 사업자는 누구인지, 또는 전략적 파트너십을 통해 우리 회사에 도움이 될 수 있는 사업자는 누구인지 알 수 있다.

어떻게 하는가?

1. 넓은 관점에서 최대한 많은 사업자를 확인한다

먼저 사업 영역을 최대한 넓은 범위에서 정의한다. 직접 경쟁하고 있는 영역(예: 건강 식품)뿐 아니라 관련 유사 영역(예: 체중 관리 서비스, 건강 보조 식품, 식품 관련 서비스 등 건강과 관련된 모든 사업)도 함께 포함한다. 이 단계에서는 고려할 사업자가 너무 많다는 느낌이 들어도 좋다. 선택한 영역 안에 존재하는 기업과 단체를 최대한 많이 조사한다.

2. 우선순위를 정한다

긴 사업자 리스트를 작성했다면 중요한 움직임을 보일 수 있는 순으로 우선순위를 정하자. 여기에는 직간접적으로 경쟁자 또는 동맹자가 될 사업자가 포함된다.

3. 찾아낸 결과를 구분한다

각 사업자가 제공하는 것이 무엇인지에 따라 구분한다. 예를 들어 건강한 식습관과 관련해서는 식품 제조사, 서비스 업체, 광고 회사, 기타로 구분할 수 있고, 상업 부문, 공공 부문, 그리고 비영리 부문으로 나눌 수도 있다.

4. 정리하고 분석한다

구분된 각 영역 내에서 사업자들의 활동과 재무성과, 전반적 트렌드를 정리한다. 이를 통해 각 영역에서 일어나고 있는 일에 대한 자신만의 견해를 갖게 된다. 이 정보를 활용하면 참여할 산업의 트렌드를 더 잘 이해하게 되고, 기어 3의 상황이라면 해결책을 제공하는 데 도움을 줄 수 있는 협력사를 찾을 수 있다.

팁

목표 영역의 사업자를 찾을 때 STEEP 분석을 사용할 수 있다. 이제는 수많은 기업들이 제품이나 서비스, 유통이나 정보통신 등 여러 산업의 경계를 넘나들고 있으니 여러 업계의 사업자를 가능한 한 많이 고려하자.

[그림 24]는 '건강한 라이프스타일' 비즈니스와 관련된 여러 산업의 다양한 사업자를 나열한 것이다. 기업의 전략에 따라 이들 중 일부는 해결책을 제공해주는 잠재적인 협력사가 될 수 있다.

그림 24 사업자 요약

식품 제조사	사람/서비스
네슬레 크래프트 펩시 캠벨수프 델몬트 제너럴 밀즈	음식 전문가 (영양사) 건강 코치 헬스 클럽 체중 관리 서비스 (예: Weight Watchers)
기타 제품 제공사	**미디어와 정보**
식료품 가게(예: Whole Foods) 라이프스타일 제조사 (예: Nike, Lululemon) 건강 보조식품(예: GNC, Armway) 제약회사(예: Pfizer) 소매점(예: 약국)	온라인 서비스(예: Diet.com) 헬스 단체(예: Mayo Clinic) 출판물(예: Prevention) 비영리 단체(예: 심장 관리 협회)

9. 이해하기와 종합하기:
트렌드와 이슈, 회사를 연결하기

왜 하는가?

디자인 프로젝트 여정에 영향을 미치는 다양한 요인과 힘의 교차 지점을 파악해야 한다. 이 단계는 프로젝트 브리프를 만들기 위한 준비 단계로, 현재까지 수행한 모든 조사 결과를 토대로 흥미로운 결론을 이끌어내고, 보유한 역량과 트렌드와 경쟁 구도 속에서 이해관계자들을 연결할 수 있는 '정확한 지점'을 찾아낸다. 로트만 디자인웍스에서는 이 작업을 '혼란을 지도화'하는 작업이라고 부른다. 처음에는 수많은 고려 요소들이 얽혀 있어서 혼란스럽겠지만, 여기에서 얻은 통찰을 한 장으로 지도화하면 기회를 더 명확하게 발견할 수 있다.

어떻게 하는가?

1. 요인과 힘과 사업자를 모두 찾아낸다

활동 시스템 모델, STEEP 분석, 이해관계자 지도(기어 1의 도구)를 통해 비즈니스 역량, 미래 트렌드, 유의미한 이해관계자를 정의한다. 전체 그림을 이해할 수 있도록 지금까지 찾아내고 알아낸 모든 발견을 벽의 한 면에 모은다.

2. 관계를 정의한다

요인, 힘, 이해관계자들이 어떻게 상호 간에 영향을 주고받는지 분석한다. 지도 위에 각각을 그리고 서로를 연결하여 서로의 영향을 시각화한다.

3. 기회를 정의한다

지도의 교차점은 프로젝트 브리프에 필요한 핵심 기회에 해당한다. 또한 서로 다른 힘들의 긴장 관계는 혁신을 위한 기회가 되기도 한다. 가령 비만이 증가하는 트렌드와 건강 식품에 대한 접근이 늘어나는 트렌드를 동시에 파악했다면 서로의 긴장 관계를 해소하는 것이 곧 기회에 해당할 것이다.

팁

인풋을 모으고 지도에 표시한 뒤 개인이 아닌 팀으로서 인사이트를 모으면, 과제와 관련된 중요 이슈와 역학 관계를 좀 더 분명히 이해할 수 있다.

이 단계에서는 생각이 중요하다. 직관과 논리적 사고를 함께 사용해야만 의미 있는 기회를 찾을 수 있다.

많은 데이터와 인사이트를 한눈에 파악하는 데는 커다란 벽면이 도움이 된다. 이 과정은 반복적인 지도화 프로세스이므로 포스트잇과 화이트보드가 있으면 편리하다.

[그림 25]는 고령자의 복지 증진을 위한 프로젝트 브리프의 준비에 활용되는 세 가지 인풋, 즉 고령자를 돌보는 데 필요한 이해관계자 지도, 프로젝트의 의미를 확인시켜주는 트렌드를 찾아낸 STEEP 분석, 기업의 핵심적인 활동 시스템을 보여준다. 참고로 규모가 큰 프로젝트에서는 더 많은 인풋을 고려할 수도 있다.

그림 25 이해하기와 종합하기

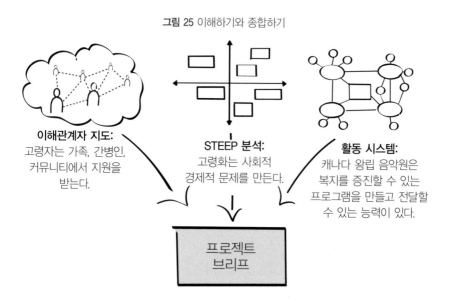

이해관계자 지도:
고령자는 가족, 간병인, 커뮤니티에서 지원을 받는다.

STEEP 분석:
고령화는 사회적 경제적 문제를 만든다.

활동 시스템:
캐나다 왕립 음악원은 복지를 증진할 수 있는 프로그램을 만들고 전달할 수 있는 능력이 있다.

프로젝트 브리프

DESIGN WORKS : **PART II**

A. 팀 헌장:
역할과 품행에 관한 비전을 공유하기

왜 하는가?

팀이 공유하는 비전과 행동 규정을 기술해야 한다. 이는 디자인 여정을 떠나는 동안 기준이 될 가장 기본적인 사항들이기 때문에 프로젝트를 시작하기 전에 팀 헌장을 만들어두는 것이 좋다.

어떻게 하는가?

중요한 가치나 피하고 싶은 것들을 프로젝트 초기에 공유하는 것이 좋다. 아래 제목에 따라서 팀 헌장을 작성한다.

- 프로젝트 목표
- 팀의 가치
- 역할과 책임
- 회의와 커뮤니케이션 전략
- 팀 규칙과 행동 규정

개인 역할을 정의할 때에는 역량 지도에서 작성된 결과물을 참조한다. 특히 피하고 싶은 것을 찾기 위해서는 솔직하고 진지한 이야기를 나누어야 한다. 하지만 지나치게 진지해지지 않으려면 약간의 유머도 필요하다. 어떤 팀은 '회의 자리에는 냄새 나는 음식을 가져오지 않기'라는 규칙이 있었다. 이런 솔직한 문장은 회의에 딴짓을 하지 않으면 좋겠다는 점을 효과적으로 알려주는 규칙이 된다. 팀 활동은 때때로 길을 벗어나거나 제대로 작동하지 않기도 하는데, 팀 헌장은 이럴 때 중요한 기준으로 작용한다. 핵심 규정을 정의해야만 팀이 생산적으로 일하는 데 꼭 필요한 원칙과 상호 존중이 지켜질 수 있다.

사례

EXAMPLE

팀 헌장

우리 팀의 목표
돈을 관리하는 방법을 새롭게 정의하여 사람들의 재정적 안정을 도울 수 있는 혁신적인 기술 기반 솔루션을 만든다.

우리 팀의 가치
개방성, 투명성, 존중, 그리고 모든 사람들이 제각기 자신의 목소리를 낼 수 있다.

우리 팀의 역할과 책임

마크(팀 리더): 역할, 산출물, 일정 등 전체 프로젝트 계획을 디자인하고 관리한다.

유진(크리에이티브 디렉터): 분명하면서도 감동을 전달할 수 있는 보고서와 프리젠테이션을 만든다.

그레이스(프로젝트 매니저): 조사와 유통 등 모든 외부 활동을 관리한다.

스테파니(조사자): 비즈니스 사례를 뒷받침할 수 있는 2차 조사를 수행한다.

캐럴라인(비즈니스 자문가): 전략과 비즈니스 실행에 관해 자문을 해준다.

알페시(기법 전문가): 디자인 개발 방법론을 찾는다.

욥(촉진자): 데이터 종합과 프로토타이핑을 촉진한다.

우리 팀의 회의와 커뮤니케이션 전략

회의 시간: 월요일 오후 1~4시, 미팅룸 A

일정 예약: 내부 전산망의 달력 이용, 마크가 주재

회의 준비: 회의 48시간 전에 안건과 필요한 업무 공유

커뮤니케이션: 문서 공유, 온라인 논의, 업데이트는 모두 내부 전산망을 활용하고 외부 프로그램은 이용하지 않음.

우리 팀의 규칙과 행동 규정

회의에는 제시간에 도착한다. 지각할 경우 다음 회의에 간식을 가져온다.

회의 도중 통화, 문자, 인터넷 서핑은 금지한다.

그룹 이메일에는 정해진 시간 내에 응답하여 다른 사람들이 그다

음 작업을 준비할 수 있는 충분한 시간을 준다.

개인은 각자 담당한 산출물에 책임을 진다.

전원이 의사를 공유한 후에 결정을 내린다. 투표는 최후의 수단
이다.

생산적인 피드백만 주고 받는다. '사람이 아니라 문제를 공격한다.'

B. 프로젝트 브리프:
야망의 뼈대를 세우기

왜 하는가?

프로젝트 비전, 핵심 이슈, 이해관계자를 분명히 하고 프로젝트를 수행해야 하는 동기도 강조되어야 한다. 프로젝트 브리프는 목적과 도전 과제가 분명하게 드러날 만큼 구체적임과 동시에 새로운 가능성과 기회를 받아들일 수 있을 만큼 유연해야 한다. 잘 만들어진 프로젝트 브리프는 간단명료하면서도 핵심적인 조사 결과가 개발 프레임워크에 모두 적합하게 포함되어 있어야 한다.

어떻게 하는가?

프로젝트 브리프 작성에 도움이 되는 질문들은 다음과 같다.

- 프로젝트의 비전과 목표는 무엇인가?
- 기회를 만드는 데 있어 제약 조건과 이슈는 무엇인가?
- 기업과 시장에 어떻게 가치를 창출할 것인가?

- 핵심 타깃 고객은 누구이며 중요한 이해관계자는 누구인가?
- 가치 창출에 필요한 활동은 무엇인가?
- 해결책을 만드는 데 있어서 우리가 기여할 부분은 무엇인가?
- 참고할 수 있는 유사한 기존 사례나 방법론이 있는가?
- 우리가 더 잘 이해해야 할 대상은 누구이고, 우리의 활동에 인사이트를 더하기 위해 추가로 필요한 사람이 있는가?

팁

활동 시스템, STEEP 분석 결과, 사업자 이해, 이해관계자 지도를 포함한 모든 데이터와 인사이트를 인풋으로 활용한다.

프로젝트를 시작하는 시점에서는 범위가 너무 좁거나 너무 넓게 정의되는 경우가 많다. 적당한 범위를 찾아내고 그 안에서 이룰 수 있는 최대한을 생각해보는 것이 중요하다.

주제에 집중하기 위해 프로젝트 브리프의 분량은 한 페이지가 이상적이며, 구체적인 정보는 첨부자료를 활용한다.

탐구 과정에서 새롭게 뭔가를 발견할 수도 있다. 프로젝트 브리프가 개발 과정에 핵심이 되는 정보를 제공하는 것은 맞지만 전체 여정을 완전히 새롭게 짜야 할 만큼 기대하지 않았던 발견을 할 가능성도 무시해서는 안 된다.

사례

프로젝트 브리프:

캐나다 왕립음악원 The Royal Conservatory 복지 프로그램

프로젝트의 비전과 목표는 무엇인가?

캐나다 왕립음악원이 노인을 대상으로 물리적·정신적 복지를 제공하는, 혁신적이고 수익 창출이 가능한 해결책을 만든다.

기회를 만들어내는 중요한 이슈 또는 제약조건은 무엇인가?

노인들은 정신적·육체적 기능이 저하되면서 여러 활동에서 거리감을 느끼고 차별을 받으며, 결국 심리적 자립심과 소속감이 낮아지면서 아예 은둔자가 되거나 가족 구성원들의 도움에 종속된다. 고령화 사회에서는 노인들을 책임질 해결책을 찾아야 한다는 압박이 존재한다.

우리의 핵심 타깃은 누구이며 중요한 이해관계자는 누구인가?

핵심 타깃은 예술과 자기 표현을 통해 기쁨을 느끼는 70세 이상의 노인이고, 나이 많은 가족 구성원과 친구들에게 관심을 보이며 도움을 주는 사람들이 중요한 이해관계자다.

가치 창출에 있어 필요한 활동은 무엇인가?

노인의 육체적·정신적 건강함을 증대하는 것이다.

해결책을 만들어내는 데 있어 캐나다 왕립음악원이 어떻게 기여할 수 있는가?

캐나다 왕립음악원은 현재 '예술과 함께하는 생활'이라는 프로그램을 지원하고 있다. 이 프로그램은 지역봉사 프로그램과 창조 워크숍을 통해 음악치료의 효과를 극대화하는 것으로, 예술을 통한 자아 표현 및 창조 활동으로 개인과 커뮤니티의 잠재력이 강화되었음을 증명하는 측정 가능한 근거도 가지고 있다. 캐나다 왕립음악원은 캐나다 내에서 가장 크고 오래된 독립 예술 교육기관으로, 지난 125년간 음악과 예술을 통해 개인의 발전과 배움의 기회를 제공해왔다.

우리가 참고할 수 있는 유사한 사례나 방법론이 있는가?
2008년 뉴욕의 노인들을 대상으로 시행된 SMARTS^{Seniors Meet the Arts} 프로그램

조사를 위한 초기 인풋을 수집하기 위해 누구를 모집해야 하나?
성별, 거주 형태, 문화적 배경이 다른 20명의 노인
가족 구성원과 전문 간병인으로 구성된 10명의 도우미

C. 프로젝트 계획서:
개발 과정을 시각화하기

비즈니스 디자인을 언제 어떻게 활용할지 그 시점과 결과물을 시각화해야 한다. 시각화된 일정표는 프로젝트가 어떻게 진행될지에 대해 팀 내에서 또는 팀 외부와 의사소통할 때 도움이 된다. 또한 과제 해결을 위한 비즈니스 디자인 도구와 활동을 조직화함으로써 개발 과정의 근간으로 삼을 수 있을 뿐 아니라 어떠한 활동이 수행되고, 어떠한 방법론이 사용되며, 어떠한 기한 내에 어떠한 산출물이 도출되는지도 알 수 있다.

1. 일정표를 만든다

커다란 종이에 프로젝트 일정을 나타내는 선을 긋고 기초 단계, 기어 1단계, 기어 2단계, 기어 3단계 등 주요 개발 단계마다 산출해야 하는 결과물을 정한다.

2. 세 개의 모든 기어에 걸쳐서 사용될 도구와 활동을 매핑한다

각 단계별로 어떠한 활동을 전개하며 최종 결과물을 만들기 위해 어떠한 확산 과정과 정리 과정을 밟을지 알려준다.

3. 이정표를 정한다

각 활동과 단계의 시작 및 종료 시점을 염두에 두고 중요 산출물과 기한을 표시한다.

4. 자세한 사항을 보완한다

각 중요 활동마다 산출물과 기한 내에 필요한 이벤트를 분명히 하고 해당 목표를 달성하는 데 필요한 조사, 진행 점검, 발표 등 여러 활동을 적는다. 개인별 역할과 책임도 할당한다.

5. 시각화한다

개발 활동, 기법, 산출물 등 핵심 요소를 표시한 시각화된 일정표을 만든다. 일정표는 각 활동을 상황에 맞추어 정리해줌으로써 최종적으로 어떠한 결과물을 향해 달려가고 있는지 알려준다.

팁

초기에는 유연하고 조금은 포괄적으로 계획하는 것이 좋다. 구체적인 계획에 초점을 맞추기보다는 주요 일정별로 어떠한 산출물을 만들어야 하는지 결정하는 것이 중요하다.

[그림 26]은 로트만 디자인웍스에서 수행한 석 달짜리 프로젝트 계획서를 시각화한 것으로 단계, 활동, 결과물이 어떻게 연결되는지 보여준다.

그림 26 개발 계획

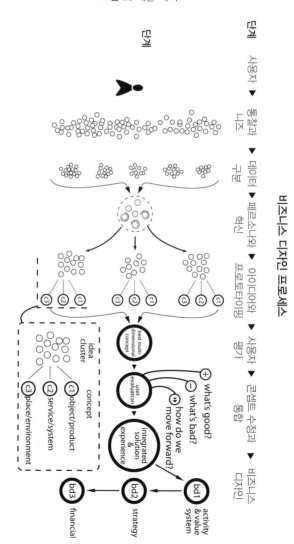

−1 ─────────────

기어 1
───────────────
공감과 사람에 대한
깊은 이해

1. 관찰:
상황과 행동을 받아들이기

왜 하는가?

자연스러운 상태의 사람들을 이해하며 새로운 인사이트를 발견해야 한다. 관찰이란 선입견이나 가설과 다르게 실제로 어떤 일이 일어나고 있는지, 즉 '현상'을 이해하게 해준다. 잘 짜인 구조적 접근에 따른 관찰은 어떤 사람이 특정 물건이나 환경, 다른 사람에게 어떠한 행동을 취하는지 이해하게 해준다. 다시 말해 관념적 이해가 아닌 실질적이고 구체적인 이해를 할 수 있도록 도와주는 것이다. 관찰에서 중요한 질문으로는 '사람, 물건, 활동 등 관찰 가능한 사실이 무엇인가?' '사람들은 다른 사람, 물건, 환경과 어떻게 상호작용을 하는가?' '실제로 무슨 일이 벌어지는가?' '벌어진 그 상황은 무엇을 의미하는가?' 등이 있다.

어떻게 하는가?

1. 활동을 정의하고 관찰 장소를 선정한다

224

깊이 있게 이해하고 싶은 상황을 생각해보고 프로젝트 조건에 가장 잘 부합하는 장소를 선택한다. 선정된 장소는 프로젝트 전체 여정과 관련 있는 곳이어야 한다(예: 학교에서 아이들이 점심을 먹는 곳).

2. 객관적으로 보는 1단계 관찰을 수행한다

첫 번째 단계의 관찰을 30~60분 정도 진행한다. 관찰한 모든 사실을 기록하고 아무것도 버리지 않는다. 과학적인 방법을 통해 객관적으로 확인 가능한 물리적 요소들을 찾아보라. 이 단계에서 중요한 것은 관찰한 것에 대해 의미를 부여하거나 판단을 내리지 않는 것이다. 다음과 같은 사실들을 수집해보자.

- 보이는 사람들은 누구인가?
- 보이는 물건은 무엇인가?
- 특정 행동이나 활동이 일어나는 곳은 어디이며 어떤 환경인가?
- 사용자가 기존의 해결책이 아닌 '임시방편'으로 문제를 해결하려 하는가?(예: 아이들이 점심 도시락을 서로 교환하거나, 어떤 아이들은 점심 도시락을 휴지통에 버린다.)

3. 가설을 만들어본다

객관적인 데이터를 최대한 수집한 후에 가설을 세운다. 관찰 결과를 근거로 그 장소에서 일어날 것이라 생각되는 가설을 만들어라(예: 아이들이 점심 도시락을 서로 교환하거나 휴지통에 버리는 이유는 도시락에 들어 있는 음식을 좋아하지 않기 때문이다).

4. 의미를 찾는 2단계 관찰을 수행한다

두 번째 단계의 관찰을 30~60분 동안 진행한다. 관찰한 것에 근거하여 행동, 상호작용, 사건, 물건 이면에 있는 의미를 포함하고 무엇이 일어났는지에 대한 생각을 적는다. 이러한 생각은 주관적이며 상당 부분 직관에 의존할 수밖에 없다. 다음의 질문을 자신에게 던져보라.

- 그러한 상황은 왜 발생하며, 사람들은 왜 그러한 행동을 취하는가?
- 어떠한 물건이 중요하며 그 물건은 어떠한 역할을 하는가?
- 사람들은 어떻게 서로 관계를 맺고 어떻게 물건과 상호작용을 하는가? 주변 환경과는 어떠한 관계를 가지는가?
- 그러한 행동을 하도록 동기를 부여하는 사회적, 실질적 맥락은 무엇인가?(예: 아이들의 표정을 보면 점심 도시락에 들어간 어떤 음식을 싫어하는지 알 수 있다. 아이들은 집에서 싸준 음식을 좋아하지 않는다. 교환할 수 없다면 버린다.)

5. 인사이트를 설명한다

메모를 분석하여 가설이 맞는지 확인하고 이전에는 알지 못했던 어떤 것을 알게 됐는지 확인한다. 새로 얻은 인사이트는 향후 사용자 이해 조사에 활용해야 한다(예: 점심 도시락에 무엇이 들어 있는지 아이들 스스로 말하게 하면 나은 식습관을 기를 수 있을 것이다).

팁
|

사진을 찍을 카메라와 메모를 작성할 노트가 필요하다.
일반적인 예상과 달리 관찰은 매우 구조적이고 원칙이 필요한 일

이다. 충분히 준비되지 않은 상태에서 관찰을 수행하면 관찰자가 흥미로워하는 일만 집중적으로 관찰하는 문제가 생길 수 있다.

윤리적 문제가 생길 수 있음을 항상 고려한다. 관찰 장소의 규칙을 지키고 관찰 대상의 신원을 보호함으로써 문제가 발생하지 않도록 사전에 유의해야 한다.

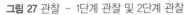

사례

[그림 27]과 다음 페이지의 내용은 한 명의 사람을 관찰한 사진과 노트다. 이 노트는 관찰 활동을 통해 무엇을 얻을 수 있는지 그 예를 보여준다.

그림 27 관찰 – 1단계 관찰 및 2단계 관찰

관찰 노트

1 단계: 사실만 적는다

오전 10시 30분, 이 남자는 개방된 사무실, 자기 책상, 컴퓨터 앞에 앉아 있다. 컴퓨터는 애플이다. 책상 위에는 머그잔이 있다. 남자는 책상 위에 놓인 러시아 인형, 에펠탑 미니어처, 분홍색 고무공 인형을 여러 번 집어 들었다 놓았다가 한다. 남자 뒤쪽의 벽에는 그림과 포스트잇이 붙어 있고 남자 옆에는 자전거와 헬멧이 놓여 있다.

2 단계: 의미를 찾는다

이 남자를 둘러싼 환경을 보면 무언가 창의적인 역할을 하는 사람일 것이라고 추측해볼 수 있다. 특히 업무를 보는 책상에 장난감을 놓아둔 것으로 보아, 이 사람은 문제에 창의적으로 접근하고 시각화된 아이디어를 발전시키는 일에 익숙할 것이다. 사무실 내에서 영감을 받을 수 있는 자신만의 작은 공간을 만든 것이라고 예상할 수 있다.

2. 공감 훈련:
직접 경험해보기

왜 하는가?

다른 사람의 관점으로 세상을 경험함으로써 현재의 사용자 여정을 더욱 잘 설명할 수 있어야 한다. 공감 훈련을 통해 다른 사람의 문제를 자연스럽게 이해하고, 더 깊게 공감하며, 신선한 통찰을 얻을 수 있다. 타인의 입장에 서는 데 필요한 질문들로는 '이 사람이 느끼고 경험하는 것은 무엇인가?' '이 사람이 가진 문제의 핵심은 무엇인가?' 등이 있다.

어떻게 하는가

1. 목표 대상을 정한다

도전 과제에 근거하여 누구의 관점을 더욱 깊이 있게 이해하고 받아들일 필요가 있는지 결정한다. 여기에서는 당신 제품의 최종 사용자인 한 명의 노인이라고 가정해보자.

2. 도전을 서술한다

그 사람이 어려움을 겪는 상황을 생각해본다. 물리적, 정신적으로 도전을 받거나 일상에서 어려움이나 무언가 장벽이 있는 상황이 있을 수 있다. 앞서 가정한 그 노인은 손이 불편해서 일상 생활에서 불편을 느끼고 있다고 생각해보자.

3. 활동을 묘사한다

그 사람의 관점에서 세상을 바라볼 수 있는 활동을 만들어낸다. 이 작업은 해당 대상, 그가 처한 상황, 그가 겪는 어려움을 명확히 이해한 다음에야 가능하다. 예를 들어 그 노인이 여러 가사 노동에서 어려움을 겪는다고 가정해보자.

4. 경험을 재창조한다

주변의 도구를 이용하여 경험을 만들어낸다. 가령 손이 불편한 노인의 가사 노동 경험을 만들어내려면 두꺼운 고무장갑을 착용하는 식이다.

5. 공감 훈련을 수행한다

다른 사람의 관점으로 세상을 보기 위해 그 사람의 삶을 한 시간 동안 살아본다. 사용자 관점에서 세상을 경험할 수 있는 활동에 푹 빠져보는 것이 필요하다. 예를 들어, 손이 불편한 노인의 경험과 관점을 이해하려면 두꺼운 고무장갑을 착용한 채 식사를 준비하거나 전화를 걸어보는 등 일상적인 행동을 직접 해본다.

6. 공감 훈련을 뒤돌아본다

직접 경험하면서 든 느낌, 경험하는 중 느낀 가장 강력한 감정, 그리고 그 사람의 전반적인 생활이 어떨지를 이해해본다.

물리적, 환경적인 제약 때문에 경험을 직접적으로 재창조하는 것이 어려울 수도 있다. 이럴 땐 그 사람이 겪고 있는 가장 큰 어려움과 비슷한 것을 경험할 수 있는 유사 상황을 정의하는 방법도 있다. 예를 들어 만성적인 고통을 겪고 있는 사람의 생활을 경험해보려면 하루 동안 신발 안에 자갈을 넣어본다. 단순히 고통을 느끼기 위해서가 아니라 생활에 집중이 되지 않고 끊임없이 겪는 불편함을 경험하기 위해서다.

공감 훈련은 사용자의 관점에서 세상을 경험할 수 있게 해준다. 이 훈련은 사용자의 입장에서 필요한 것에 집중하고 불필요한 것을 제거할 수 있다.

많은 노인들이 겪는 손끝 감각의 둔화를 이해하기 위해 팀원 중 한 명이 고무장갑을 착용하고 생활해보았다([그림 28] 참조). 해당 팀원은 하루 종일 고무장갑을 낀 채 서류 작업, 음식 만들기, 머리 빗기 등과 같은 일상적인 일을 수행한 뒤 그런 일들이 생각보다 무척 어렵고, 빨리 할 수도 없으며, 많은 집중력을 요한다는 사실을 깨달음과 더불어 상당한 좌절감과 긴장을 느꼈다. 이러한 공감 경험을 통해 그 팀원은 신체적 능력의 퇴화가 노인들의 감정 상태에도 부정적

그림 28 공감 경험

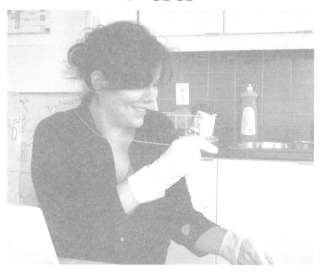

인 영향을 미친다는 인사이트를 발견했다.

3. 이해관계자 매핑:
중요한 사람들을 파악하고 연결하기

왜 하는가?

프로젝트에 중요한 사람들을 찾아내고 그들이 서로 어떻게 영향을 주는지 파악해야 한다. 이해관계자 매핑은 개별 이해관계자의 역할과 여러 이해관계자의 관계를 시각화한다. 프로젝트 브리프를 작성하면서 초기 버전에 해당하는 것을 이미 작성해봤겠지만, 기어 1의 의료 사례에서처럼 생생하고 명확한 그림을 그리려면 좀 더 깊은 분석이 필요하다. 이해관계자 매핑은 최종 사용자뿐 아니라 해결책이 실제로 작동하는 데 관여하는 수많은 이해관계자들의 니즈와 상호 관계를 파악하고 반영하여 해결책의 성공 확률을 높인다.

어떻게 하는가?

1. 프로젝트에 관련된 모든 이해관계자를 정의한다

개별 포스트잇에 각 이해관계자를 적는다. 여기서 이해관계자란 최종 사용자의 행동에 긍정적 또는 부정적인 영향을 줄 수 있는 개인이나 단체를 모두 포함한다. B2B 프로젝트에서는 회사 내의 다양한 의사결정권자뿐 아니라 고객, 유통업자, 공급업자, 판매자가 모두 포함된다. 벽이나 커다란 종이에 개별 이름이 적힌 포스트잇을 붙인다.

2. 역할과 책임을 정의한다

각 이해관계자 그룹에 기대하는 역할과 이해관계자의 상호 관계를 분석한다.

3. 연결선을 사용하여 시각화한다

명확한 이해를 위해 이해관계자 간의 관계를 시각화하여 표현한다. 영향을 가장 많이 미치는 이해관계자를 가운데에 배치하고 그를 기준으로 각각의 이해관계자를 연결하라. 기어 1에서처럼 사용자의 여정을 기반으로 하여 시각화하거나 또는 236페이지에 나오는 [그림 30]처럼 공통의 이슈를 중심으로 시각화할 수도 있다.

팁

이해관계자 매핑은 프로젝트 착수와 함께 시작하여 새로운 정보가 추가될 때마다 정기적으로 업데이트한다.

넓은 관점에서 보며 이해관계자를 최대한 포괄해야 한다. 의사결정 과정에 영향을 미칠 수 있는 모든 사람들을 생각해보고, 그들 간의 상호관계를 고려하라.

이해관계자 매핑은 기업 내부에서 임원, 구매 담당자, 프로젝트 매니저 중 누가 중요한 이해관계자인지 확인할 때는 물론 기업 외부의 협력사, 판매자, 최종 사용자와의 관계를 정의할 때도 유용하다.

기어 1에 소개된 헬스케어 회사의 이해관계자 맵, [그림 29]는 환자의 여정에 따라 시각화되었다.

이것은 초기 버전인 [그림 30]이 진화한 것이다. 초기 버전은 헬스케어 의사결정을 기준으로 이해관계자를 구분했고, 이 이해관계자들을 다시 사업자, 의약품 의사결정자, 의학 전문가, 중요 영향력을 미치는 사람 등으로 나뉘었다.

그림 29 환자의 여정에 따른 이해관계자 매핑

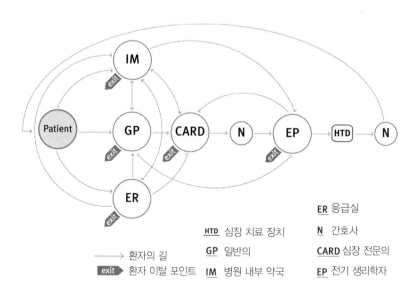

	ER 응급실
HTD 심장 치료 장치	**N** 간호사
GP 일반의	**CARD** 심장 전문의
──→ 환자의 길	
exit 환자 이탈 포인트 **IM** 병원 내부 약국	**EP** 전기 생리학자

235

그림 30 헬스케어 의사결정에 따른 이해관계자 매핑

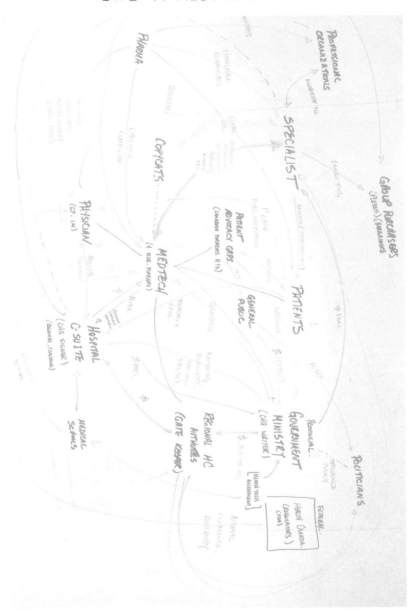

4. 니즈 찾기 조사:
집중 탐구를 디자인하기

사용자 니즈를 더욱 잘 이해하려면 연구 대상을 세심하게 선정해야 한다. 니즈 찾기 조사는 이해관계자의 활동 중 무엇을 탐구할지 선택하고, 조사 방법을 결정한 뒤, 누구를 대상으로 조사할 것인지 결정하는 논리적 작업을 포함한다. 이 조사를 위해 필요한 질문들로는 '누가 적합한 조사 대상이며 무엇이 적합한 조사 설계인가?' '몇 명의 사람들을 모집하여 어떤 활동을 조사해야 하는가?' 등이 있다.

어떻게 하는가?

1. 최종 사용자를 염두에 두고 조사 대상을 선정한다

이해관계자 맵과 프로젝트 브리프를 참고하여 가장 중요한 사람이 누구인지 결정한다. 중요한 것은 모든 주요 이해관계자의 모든 니즈를 확인하는 것이다. 이해관계자의 폭을 억지로 줄이면 도전 과제를 새롭게 정의하고 새로운 인사이트를 발견하기 어렵다는 점을

명심하자. 최종 사용자가 환자이며 핵심 조언자가 의사라고 가정해
보자.

2. 활동을 정의한다

프로젝트 브리프와 관련성이 높은 상호 연동되는 활동을
폭넓게 정의한다. 예를 들어 환자의 활동은 '나의 심장 상태 관리',
의사의 활동은 '심장 상태에 문제가 있는 환자의 관리'라고 가정해
보자.

3. 조사 대상을 다양화한다

조사 대상이 될 수 있는 여러 종류의 사람을 찾아 비교하면
같은 행동에 대해 사람들이 어떠한 유사점과 차이점을 갖고 있는지
알 수 있다. 예를 들어, 심장 상태 관리 활동에 대한 조사 대상을 찾
을 때도 나이를 달리하여 청년, 중년, 노년 그룹에서 각각 선정해도
좋고 더 나아가 동일 그룹 내에서도 성별, 사회적 지위를 고려하여
다양하게 구성할 수 있다.

4. 기준을 정한다

조사 대상자의 수, 지역, 사회적 지위를 고려하여 대상자를
선정하는 기준표와 대상자 프로필을 만든다.

5. 조사 방법을 나열한다

조사 대상자가 참여하길 바라는 활동(예: 사용자 일기, 사진으
로 유추하기)을 구체화한다. 사용자가 참여하는 조사가 많을수록 참
여 시간에 대한 보상도 커진다는 점을 명심하자.

6. 최종 계획을 세운다

조사 대상 선정과 현장조사 계획을 통합한 문서를 만든 뒤 팀원과 조사 대상 모집자가 함께 검토한다. 조사 대상 모집자는 기준에 맞는 사람들 중 기꺼이 참여하려는 사람들을 찾아줄 것이다.

팁

누구를 모집하고 어떤 활동을 탐구할지는 이해관계자 맵과 프로젝트 브리프를 참고한다.

조사 대상을 다양화할 때는 직관을 사용해도 좋다. 만약 관점과 행동 면에서 충분히 다른 점이 나타날 것이라 예상된다면 나이, 성별, 인종, 지역뿐 아니라 의학적 조언에 잘 따르는지 그렇지 않은지도 대상을 구분하는 기준이 될 수 있다. 결과적으로는 다양한 조사 대상자들이 공유하는 니즈를 발견하는 것이 중요하다.

몇 명이나 조사해야 할까? MIT의 연구에 따르면 일대일 심층 인터뷰의 경우 각 세그먼트당 10~20명 사이면 고객의 니즈를 파악하기에 충분하다. 우선 각 이해관계자 그룹별로 10명에서 시작한 뒤, 중대한 차이가 보이면 조사 대상을 늘릴 것을 제안한다. 모든 그룹에서 충족되지 않은 공통 니즈와 그룹별로 의미 있는 차이점을 확인하면서 조사 대상을 조심스럽게 확대해야 한다.

만약 주요 이해관계자 그룹 사이에서 유의미한 차이점을 발견한다면, 얼마나 그룹을 대표하는지 확인하기 위해 조사 대상을 늘려야 한다.

중도 이탈자를 고려하여 조사 대상자는 좀 더 많이 준비한다. 추가 대상자는 20~30% 정도로 선정하면 좋다.

[그림 31]은 헬스케어 프로젝트의 초기 조사 대상 선정 계획이다. 주요 이해관계자 그룹별로 잘 조합된 적당한 수의 대상이 필요하다.

그림 31 헬스케어 조사 대상 선정 매트릭스

환자와 가족 (총 25명)	간호사 (총 10명)	의사 (총 20명)	기타 의료산업 관련 종사자 (총 5명)
• 환자 (65세 이상) • 환자 (41~64세) • 환자의 배우자 (인사이트를 위해서)	• 전기생리학 전공 간호사 • 병원 간호사 • 일반의 간호사	• 전기생리학 전문가 • 병원 소속 심장 전문의 • 커뮤니티 소속 심장 전문의 • 전기생리학 의사 • 일반의	• 심리학자 • 약사

5. 사용자 일기:
사용자 여정을 이해하기

참가자와 대화를 촉진하고 사용자 관점에서 새로운 인사이트를 찾아내야 한다. 사용자 일기는 사용자를 종합적으로 이해하여 새로운 통찰을 끌어내기 위해 개인적 이야기를 하게끔 유도하는 것이다. 개인적 이야기는 특히 최종 사용자의 충족되지 않은 니즈들을 찾아 해결책을 만들 때 필요한 기본 참고사항이 된다. 사용자 일기는 특히 사진을 찍는 것이 어렵거나 금지된 상황에서 '사진을 통해 유추하기'를 보완 및 대체하는 데 효과적이다. 사용자 일기를 통해 '사용자 관점에서의 경험은 어떠한가?' '일기에서 드러나는 인사이트나 충족되지 않은 니즈는 무엇인가?'라는 질문에 대한 답을 얻을 수 있다.

1. 목표 그룹을 선정한다

현재 여정을 더 깊게 이해할 필요가 있는 이해관계자 그룹을 선정한다.

2. 경험을 정의한다

사용자 일기는 참가자가 특정 활동에 관한 개인의 경험을 행동, 생각, 감정 등의 면에서 며칠간 일기처럼 적는 것이다. 프로젝트 브리프를 참고하여 더 깊은 연구가 필요한 경험이 무엇인지 정의한다. 예를 들어 우리가 수행했던 만성 질환 프로젝트의 경우에는 환자들에게 '만성 질환으로 의사를 찾아갔을 때마다의 경험을 일기장에 모두 작성해달라'고 요청했다.

3. 패키지를 구성한다

개별 참가자에게 보내는 패키지에는 참가자 안내문, 일기장, 정보제공 동의서가 들어간다.

- **참가자 안내문:** 패키지의 전반적인 안내, 연락처, 사용자 일기 안내서, 기간, 중요 일정과 시간, 후속 인터뷰 요청이 포함된다.
- **일기장:** 사용자 일기를 작성하기 위한 구체적인 가이드를 함께 제공한다. 목적, 절차, 활동을 명기하고, 일기를 쓰는 것이 어색한 참가자를 위해서 생각을 시작하게 해줄 무언가도 함께 넣어두면 좋다. 참가자가 채워 넣을 빈 종이가 몇 장인지도 함께 적어둔다.
- **정보제공 동의서:** 사용자 일기 전반에 관한 윤리적 가이드라인을 명시한다. 목적, 진행 절차, 비밀 유지, 연락처, 그리고 참가자 동의에 대한 구체적인 내용이 포함된다.

4. 참가자를 선정하고 패키지를 전달한다

참가자 선정 후에는 개별적으로 60분 정도 사전 인터뷰를 준비한다. 인터뷰는 참가자가 편안하게 느끼는 장소에서 수행하며 인터뷰 직후 패키지를 전달한다.

5. 참가자와 후속 인터뷰를 수행한다

참가자가 작성한 일기에 대한 이야기를 나누기 위해 후속 인터뷰를 수행한다. 일기장은 참고용으로 계속 보관한다. 후속 인터뷰의 목적은 참가자가 가진 니즈에 대해 더 깊은 통찰을 얻는 것이다.

팁

인터뷰 팁은 뒤에 나오는 '듣기와 기록하기'를 참조하라.

사용자 일기는 다음 장에 소개하는 '사진을 통해 유추하기'와 함께 사용하기 좋은 도구다. 특히 보안 및 사생활 관련 이슈가 민감해서 사진 촬영이 적합하지 않은 환경에서는 사용자의 생각과 경험을 이해할 수 있는 사실상 유일한 도구다.

감정, 타이밍, 장소, 사용자의 머릿속을 돌아다니는 생각 등 인풋을 끌어내기 위해 일기를 단계별로 디자인할 수 있다. 하지만 너무 복잡하지 않게 사용자 친화적으로 만드는 것이 중요하다.

참가자를 찾는 일은 시장조사 대상자를 전문적으로 모집하는 기관에 맡기는 것이 좋다. 현장조사 계획에 맞춰 참가자에게 적합한 프로필을 정의하고, 참가자 수, 참가자 활동, 보상 계획을 전문가와 함께 결정한다. 개인 네트워크를 통해 참가자를 찾으면 샘플의 대표성이 부족하다는 문제가 발생할 수도 있다.

[그림 32]는 만성적 통증 환자를 이해하기 위해, 의사를 찾아가는 과정과 의사와 만나서 겪는 경험을 사용자 일기로 작성해달라고 환자에게 요청한 것이다. 사용자 일기가 있으면 경험에 관한 대화를 나누는 것이 쉬워지고 충족되지 않은 니즈와 인사이트를 함께 찾을 수 있다.

그림 32 환자 일기

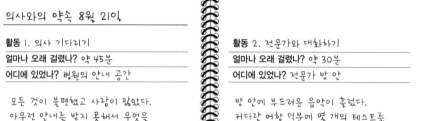

의사와의 약속 8월 21일

활동 1. 의사 기다리기
얼마나 오래 걸렸나? 약 45분
어디에 있었나? 병원의 안내 공간

모든 것이 불편했고 사람이 많았다.
아무런 안내를 받지 못해서 무엇을
해야 할지 몰랐다.

나는 정말 긴장했어.

활동 2. 전문가와 대화하기
얼마나 오래 걸렸나? 약 30분
어디에 있었나? 전문가 방 안

방 안에 부드러운 음악이 흘렀다.
커다란 어항 덕분에 몇 개의 테스트를
실시하는 과정 중에도 마음이 편안했다.

물고기들이 너무 예뻤어.

6. 사진을 통해 유추하기:
말하기를 통해 충족되지 않은 니즈를 발견하기

사용자가 찍은 사진을 통해 이해관계자로부터 의미 있는 이야기를 끌어내야 한다. 하나의 경험을 사진으로 바라보면 충족되지 않은 니즈를 찾을 수 있다. 사진을 통해 유추하는 작업은 주요 이해관계자의 이야기를 끌어내고, 전통적인 시장조사 기법으로는 찾기 어려운 통찰적 요소를 발견하는 데 효과적이다. 사용자 일기와 유사하지만 좀 더 극적인 이야기를 찾을 수 있고 인사이트를 드러내는 자극도 좀 더 구체적으로 얻을 수 있다. 사진을 통해 유추하는 작업을 하려면 "사용자의 관심사를 충족하거나 방해하는 것은 무엇인가?' '사용자가 만나는 POEMS(사람, 사물, 환경, 미디어/메시지, 서비스)는 무엇인가?' '충족되지 않은 니즈는 무엇인가?'와 같은 질문에 대한 대답이 필요하다.

245

참고로 이 방법은 일리노이 공과대학의 산업디자인 그룹과 공동 작
업한 프로젝트에서 영감을 받아 시작했다. 아래 기법은 니즈 찾기에
있어 상당한 효과가 있음이 증명되었다.

1. 최종 사용자를 염두에 두고 타깃이 되는 조사 대상자를 정한다

이해관계자 맵과 프로젝트 브리프를 참조하여 누가 가장 중
요한지 파악한다.

2. 활동을 정의한다

하나의 경험에 관한 긍정적인 면과 부정적인 면을 모두 확
인하기 위해 카메라를 이용하여 경험에 관한 사진을 찍어달라고 요
청한다. 디지털 카메라나 조사자가 제공하는 일회용 카메라를 사용
해도 좋다. 프로젝트 브리프를 활용하여 경험을 정의하되, 넓게 탐색
할 수 있는 여지를 남겨두는 것이 중요하다. 예를 들면 다음과 같다.

"건강 관리에 도움이 되는 것과 방해가 되는 것의 사진을 찍어
주세요."
"개인적인 재정 상태의 관리에 도움이 되는 것과 방해가 되는
것의 사진을 찍어주세요."
"출퇴근길에서의 좋은 경험과 나쁜 경험을 사진으로 찍어주세요."

3. 패키지를 구성한다

개별 사용자에게 보내는 패키지에는 다음의 세 가지 문서를
포함한다.

- **참가자 안내문:** 패키지의 전반적인 안내, 연락처, 기간, 중요 날짜와 시간, 후속 인터뷰 요청이 포함된다.
- **사진 안내문(카메라 포함):** 사진으로 유추하기를 위한 구체적인 가이드가 제공된다. 목적, 절차, 활동을 명기하고, 초기에 사진 찍기를 시작하게 해줄 무언가도 함께 넣어두면 좋다.
- **정보제공 동의서:** 사진을 통한 유추하기 전반에 관한 윤리적 가이드라인을 명시한다. 목적, 진행 절차, 비밀 유지, 연락처, 그리고 참가자 동의에 대한 구체적인 내용이 포함된다.

4. 조사 대상자를 선정하고 패키지를 전달한다

조사 대상자 선정 후에는 개별적으로 60분 정도의 사전 인터뷰를 준비한다. 인터뷰는 조사 대상자가 편안하게 느끼는 장소에서 수행하며 인터뷰 직후에는 패키지를 전달한다.

5. 사진을 모은다

조사 대상자가 과제를 마치면 찍은 사진을 이메일로 받거나 카메라를 모아서 사진을 현상한다.

6. 후속 인터뷰를 수행한다

모은 사진을 정렬하되 순서를 변경하거나 편집하지 않는다. 찍은 사진들에 관해서 조사 대상자와 논의하기 위해 후속 인터뷰를 준비한다. 대답을 요구하는 질문을 하기보다는 공감을 갖고 대상자의 이야기를 귀담아 듣는 것이 중요하다.

사진을 통해 유추하기는 상당한 시간과 집중을 요하므로 주요 이해
관계자 그룹을 대상으로 사용하기에 좋은 방법이다.

　모든 사진이 중요하다. 인터뷰 전에 사진을 골라내지 마라. 나쁜
사진에도 그와 관련된 이야기가 있기 마련이다.

　인터뷰 팁을 위해서는 다음 장의 '듣고 녹음하기'를 참고하자.

[그림 33]은 항암치료 중인 경찰관이 찍은 것인데, 아침에 일어났을
때 옷장에 걸려 있는 자신의 제복을 보고 느낀 상실감을 묘사했다.
옷이 옷장에 걸려 있으니 자신은 지역 주민을 위해 봉사하거나 사회

그림 33 사진을 통해 유추하기 - 스토리텔링을 통한 영감

그림 34 사진을 통해 유추하기 - 나쁜 사진은 없다

에 기여하는 구성원이 아니라는 느낌이 들면서 자신이 항암치료를 받는 동안 자존감이 많이 낮아졌음을 알게 되었다고 했다. 이 사진 한 장만으로 우리는 '항암 친구' 프로그램 아이디어를 만들어냈다.

[그림 34]는 '나쁜 사진이란 없다'는 사실을 보여준다. 가족을 모두 해외에 떠나보낸 한 여자가 어둡고 흐릿한 사진을 찍었다. 조사팀은 이 사진을 제외할 뻔했는데, 사실은 의미 있는 인사이트를 제공하는 사진이었다. 이 사람은 어두운 방에서 홀로 빛을 내고 있는 컴퓨터 스크린을 카메라에 담았다. 그녀는 12시간 시차가 있는 지구 반대편에 가족들이 있기 때문에 종종 한밤중에 가족에게 전화를 걸었고, 이를 통해 문화적 정체성을 유지하고 뿌리를 느끼는 것이 중요하다는 이야기를 이끌어냈다. 이처럼 나쁜 사진이라 해도 충분히 풍부한 이야기를 갖고 있다!

7. 듣고 녹음하기:
인터뷰에서 최대한의 내용을 이끌어내기

왜 하는가?

인터뷰 시에는 상대를 깊게 이해하고 강력한 인사이트를 끌어내야 한다. 집중력이 좋고 잘 훈련받은 사람은 충족되지 않은 니즈와 신선한 통찰이 풍부한 개인의 이야기를 잘 끌어낼 수 있다. 인터뷰는 일기나 사진 등을 사용하여 시작해도 좋고 경험에 관한 이야기를 들려달라고 요청하는 방법도 있다.

어떻게 하는가?

1. 역할을 준비한다

인터뷰는 두 명이 한 팀을 구성하여 수행하는 것이 좋다. 한 명은 인터뷰를 진행하고 가이드하며 다른 한 명은 인터뷰 동안 보고 들은 모든 것을 기록한다. 인터뷰를 기록하는 사람은 녹음기와 촬영 도구를 준비해야 하며 이야기의 세부 내용, 인용구, 관찰한 점을 놓치지 말고 기록해야 한다. 인터뷰 전에 각자의 역할에 맞게 준비물을 챙긴다.

2. 인터뷰 절차를 설명한다

인터뷰 진행자는 대상자를 편안하게 환영하는 것으로 시작한다. 아래는 인터뷰를 시작할 때 활용할 수 있는 예시다.

"오늘 우리는 _____에 대해서 당신의 이야기를 듣고 싶습니다. _____에 관해서 당신이 경험한 것을 조금이나마 이해할 수 있으면 좋겠습니다."

사진을 도구로 활용할 경우에는 좀 더 구체적인 요구를 할 수 있다.

"경험을 말씀해주실 때는 다음의 다섯 가지를 잊지 말고 이야기해주시면 더욱 좋겠습니다.

사람: 이 활동을 하는 동안 만난 사람은 누구이고 무슨 관계가 있습니까?

사물: 이 활동을 하는 동안 사용한 물건은 무엇인가요?

환경: 이 활동이 일어난 장소는 어디인가요?

메시지와 미디어: 활동을 통해 얻고자 하는 메시지는 무엇이었고 어떻게 얻으셨나요?

서비스: 이 활동과 관련해서 사용하는 서비스는 무엇인가요?

"지난번에 _____과 관련된 사진을 찍어달라고 부탁드렸습니다. 가져오신 여러 사진 중 첫 번째 사진은 무엇에 관한 것인지부터 얘기해주시면 좋겠습니다"

3. 열린 질문을 한다

열린 자세로 이야기에 대해 질문하며 "더 많이 얘기해주세요" 또는 "왜 이것이 중요한가요?"와 같은 질문을 던진다. 대상자의 이야기를 올바르게 듣고 충족되지 않은 니즈를 찾으려면 서술형으로 질문해야 하며 제품이나 서비스에 대한 직접적이고 단답형 질문은 피하는 것이 좋다.

사용자와 적절하게 인터뷰하면 풍성하면서 날것 그대로의 인사이트를 얻을 수 있다. 이와 관련된 몇 가지 실용적인 팁이 있다.

- **자연스럽게 하라.** 가장 중요한 것은 인터뷰 대상자가 편하게 느끼고, 판단에 대한 압박 없이 자유롭게 이야기하는 분위기다. 이야기를 들을 때는 진심 어린 공감과 적절한 중립을 균형 있게 유지하며 반응해야 한다.
- **말하도록 내버려두라.** 대화의 방향을 억지로 조정하지 않고 열린 마음으로 집중해서 듣기 위해 노력하면 공감과 인사이트를 얻을 수 있다. 인터뷰를 할 때는 "좀 더 자세히 얘기해주세요"와 "그게 왜 중요한가요?"라는 두 가지 질문만 사용한다고 생각하자.
- **침묵을 낯설어하지 마라.** 사람들은 종종 정적을 못 견디는데, 이 불편함을 감수하는 것이 중요하다. 침묵의 순간 사람들은 편하게 자신의 이야기를 한다. 강력한 인사이트는 4~5초 간의 정적 후에 찾아오는 경우가 종종 있다.
- **주의를 기울이고 집중하라.** 감정(무엇을 이야기할 때 눈물이 고임), 행동(무엇을 회상할 때 안절부절못함), 보디랭귀지(무엇을 할 때 에너지를 모두 써버리는 것처럼 보임)와 같은 비언어적인 단서들을

놓치지 마라.

- **모든 것을 기록하라.** 인터뷰 기록자는 이야기와 인용구를 놓치지 않고 기록함으로써 사진, 일기 등에 생기를 불어넣는다. 기록자는 인터뷰 대상자가 흥분했거나 좌절한 순간을 모두 파악하는 파수꾼이 되어야 하며 명확하지만 중요해 보이지는 않는 것들도 포함해 대상자의 입장에서 정보를 꼼꼼히 기록한다.

[그림 35]는 인터뷰와 노트 기록 절차를 시각적으로 설명하고 있다.

그림 35 인터뷰 역할과 노트 기록

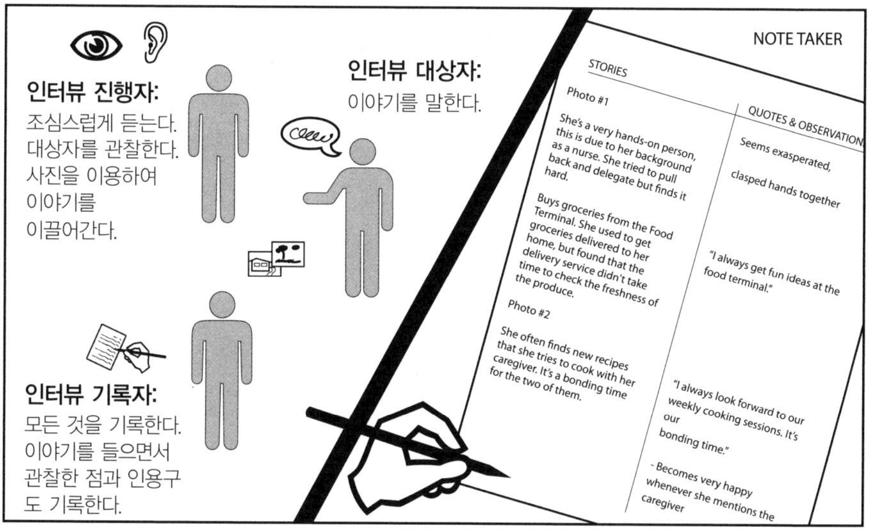

8. 마인드 매핑:
사람을 전체적으로 이해하기 위해 연결하기

왜 하는가?

생각과 아이디어들을 유기적으로 그려서 상호관련이 없어 보이는 데이터나 관찰 결과의 관계를 만들어야 한다. 이 시각화 방법은 생각과 아이디어가 본인이나 다른 사람에게 명확히 드러나도록 돕는 사고 기법이다. 마인드 매핑은 인터뷰 결과를 보고할 때, 생각을 정리할 때, 조사 결과를 유의미한 스토리로 만들 때 등 여러 용도로 사용될 수 있고, 특히 '이 사람에게 동기를 부여하는 것은 무엇인가?' '이 인터뷰에서 나타난 중요 테마는 무엇이며 각 테마는 어떻게 연결되는가?'와 같은 질문을 통해 사고하는 것을 돕는다.

어떻게 하는가?

1. 지도 중앙에 사람을 놓는다

인터뷰 대상자의 이름을 종이의 중앙에 적는 것부터 시작한다. 인터뷰 맥락을 고려하여 첫 번째 테마 또는 주제와 선을 연결한다. 인터뷰하면서 들었던 내용을 다시 회상할 수 있도록 노트를 참조하면서 다음의 질문들을 해보는 것이 도움이 된다.

- 인터뷰에서 발견한 가장 놀라운 인사이트는 무엇이며 그것이 의미하는 바는 무엇인가?
- 조사 대상자가 말한 내용의 기저에 깔린 전반적인 테마는 무엇인가?
- 조사 대상자가 말한 것들은 어떻게 연결되어 있는가?

2. 지도를 확장한다

비슷한 아이디어를 가까이 묶어보면서 모든 방향으로 지도를 확장한다. 전체 인터뷰를 자연스러운 순서대로 다시 회상하는 것이 좋다.

3. 패턴과 관계를 찾는다

대부분의 인사이트를 종이에 적었다고 생각되면 서로 연결되는 관계를 원이나 선을 사용하여 표시한다. 그리고 다음 질문을 해본다. '이 사람은 무엇으로 동기부여가 되는가?' '인터뷰에서 나타난 중요 테마는 무엇이고 서로 어떻게 연결되는가?'

팁

사용자 일기, 인터뷰 사진, 인터뷰 노트 등을 활용해야 한다.

종이는 큰 것으로 준비하여 생각이나 아이디어를 확장할 수 있는 여지를 둔다.

이 작업은 인터뷰를 진행한 파트너와 함께 해당 인터뷰를 다시 한 번 새롭게 해석할 수 있는 좋은 방법이다.

생각을 걸러내지 말고, 떠오르는 모든 생각과 아이디어를 우선 적는다. 이러한 과정 중에 왜 그것이 중요한지 생각해보면 도움이 된다. 뒤에서 소개하는 '동기 매핑'을 함께 참고하라.

사례

[그림 36]은 한 환자와의 인터뷰를 마인드 매핑한 것이다.

그림 36 환자 인터뷰의 마인드 매핑

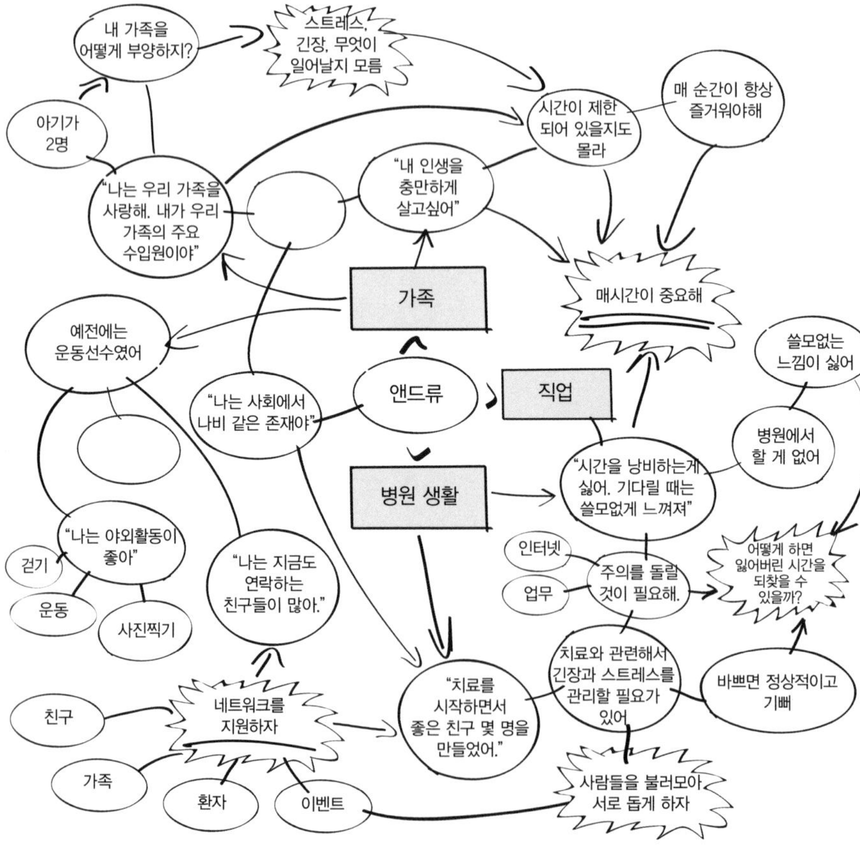

256

9. 동기 매핑:
깊은 의미 찾기

왜 하는가?

조사 대상자가 한 일과 한 말을 더욱 깊게 생각해서 내재적 동기와 충족되지 않은 니즈를 구체화해야 한다. 동기 매핑은 관찰 결과, 인터뷰 대상자의 이야기, 인용문에서 발견할 수 있는 단순하고 분명한 것 이상을 찾게 해준다. 이 방법은 마인드 매핑, 발견의 교환, 니즈 찾기 등의 분석 기법과 함께 사용하는 것이 좋다.

어떻게 하는가?

1. 이야기에서 인상적인 코멘트를 선택한다

종이의 중앙에 깊은 의미가 있다고 생각되는 코멘트, 예를 들어 "끊임없이 기다리면서 아무것도 하지 않고 벽 앞에 몇 시간이고 앉아 있었다" 같은 것을 적는다.

2. 인사이트를 정의한다

인상적인 코멘트가 조사 대상자에게 무슨 의미인지 주관적으로 해석하면서 가지 치기를 한다. 위에 예로 든 인상적인 코멘트의 가지로는 '낭비할 시간이 없고 시간은 소중하다'를 생각해볼 수 있다. 만약 인상적인 코멘트가 지닌 또 다른 의미를 생각해볼 수 있다면 지도에 또 다른 가지를 그린다.

3. 니즈를 쓴다

충족되지 않은 니즈를 찾기 위해 한 단계 더 깊이 들어간다. 위에 예로 든 인사이트의 경우 '시간을 찾아서 잘 활용해야 한다'거나 '좀 더 생산적이 되어야 한다'는 니즈가 생겨난다.

팁

관찰 연습과 마찬가지로, 동기 매핑은 대상과 더 깊이 공감하고 더 깊이 이해하는 능력을 강화시켜준다.

관련해서 무언가 직접 해볼 수 있는 수준에서 니즈를 찾아야 한다. 니즈가 너무 추상적이면 불명확하거나 영감을 주지 못한다.

직관이 중요한 역할을 한다. 조사 전반에 걸쳐 무엇이 대상자에게 중요하고 무엇이 동기를 부여하는지 직관적으로 이해해야 한다.

사례

[그림 37]은 앞서 나왔던 PMH의 시각화를 보여준다.

그림 37 동기 매핑

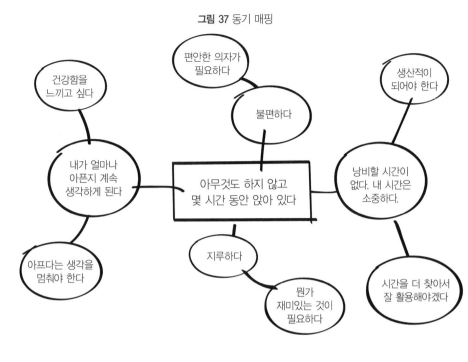

10. 대상자 프로파일링:
인터뷰 종합하기

왜 하는가?

개별 인터뷰의 핵심을 요약하고 인터뷰 참여자에 관한 정보를 재빨리 파악해야 한다. 대상자 프로파일은 주요 동기부여자, 핵심 인용구, 이야기에서 얻은 인사이트를 찾을 때 도움이 되는 유용한 참고자료다. 수행한 개별 인터뷰를 적절히 기록해두면 전체 조사를 좀 더 깊고 정교하게 할 수 있다. 특히 조사 과정에서 여러 인터뷰 대상자를 가장 쉽고 편하게 한눈에 파악하는 방법이다.

어떻게 하는가?

인터뷰를 요약할 때 참고할 몇몇 팁을 소개한다([그림 38] 참고).

- 인터뷰 노트, 마인드맵, 동기맵을 참고한다.
- 핵심 인용구를 포함한다. 놀라운 사실이나 니즈는 모두가 이해할 수 있는 용어로 바꿔야 한다.

260

- 대상자 프로필은 짧고 간결하게 만든다. 나중에 수많은 자료를 통합해야 하니 한 페이지로 만드는 것을 추천한다.

그림 38 인터뷰 요약

대상자 이름	벤 쉬플리
나이	62
날짜 및 시간	2010년 5월 7일 12:30
인터뷰 장소	커피숍
인터뷰 팀	알렉스, 알레나
인터뷰 시간	1시간

대상자 소개

경영학을 전공한 벤은 할아버지가 창업한 80년 된 양말 제조사 'Over The Top Sox'를 20년 넘게 운영해왔다. 그는 하루에 12시간을 업무에 할애할 만큼 열심히 일하며 자신이 속한 산업에서 생겨나는 끝없는 어려움에도 결코 지치는 법이 없다. 벤은 직원들과 회사를 사랑하지만 무엇보다 자신이 직접 만들어 파는 양말을 자랑스러워했다. "사람들은 양말을 제일 마지막에 생각하지만 우리는 항상 처음으로 생각합니다."

프로젝트와 관련 있는 대상자의 습관이나 일

벤은 자신의 사업에 기술이 큰 역할을 할 것이라고 믿으며, 기술 없이는 중국 제품들과 효율적으로 경쟁할 수 없다고 생각한다. 양말을 제조해서 판매하지만, 규모가 큰 고객을 대상으로 한 R&D가 자사의 핵심 경쟁력이라고 생각한다. 벤은 습관적으로 제품 개발 과정에 최신 기술을 적용하고 최신 기술이 어떻게 도움이 되는지를 계속 이야기한다. 공장의 생산 과정 상당 부분은 이미 자동화되어 노동비가 많이 절감되었다.

벤은 좋은 관계를 형성하기 위해 규모가 큰 고객은 직접 만난다. 또한 최근 제조업의 불황으로 좋은 직원을 많이 고용할 수 있는 기회가 생겼음을 알고 있기 때문에 당장 직책이 없더라도 기술과 잠재력을 가진 사람들을 고용한다.

대상자가 관심을 가지고 있고, 대상자를 움직이게 하는 것

벤은 창업가이자 열정적인 비즈니스맨으로서, 매일 해결해야 하는 새로운 과제를 위해 경영 능력를 활용하는 것을 좋아한다. 또한 직원들을 중요하게 여긴다. 모든 것에서 긍정적인 면을 보기 때문에 과제를 기회로 여긴다.

대상자의 가장 큰 어려움

가장 큰 어려움은 언제든지 쉽게 가격을 내릴 수 있는 대기업 브랜드와 경쟁해야 한다는 점이다. 자칫 잘못되면 이익이 줄어들고 구축한 클라이언트와의 관계가 무너지기 쉽다. 이것 외에도 재고 관리 역시 어려움 중 하나다. 벤은 모든 것이 순조롭게 돌아가는지 재고 창고의 상황을 실시간으로 알고 싶어 한다. 그에게 결론적으로 가장 중요한 것은 자신이 소중하게 생각하는 직원들이 떠나지 않고 함께 일할 수 있도록 수익을 관리하는 것이다.

11. 발견의 교환:
직관의 연결고리와
분석 프레임워크 만들기

왜 하는가?

개별 팀의 발견 사항을 종합하여 모두 함께 공감하고 향후 분석에 필요한 프레임워크를 찾기 위해 여러 조사에서 얻은 개별 인사이트를 시각적으로 통합해야 한다. 수많은 인터뷰와 방대한 조사 데이터가 어떤 관계를 맺고 있는지 연결해보는 것은 상당히 유용하다. 인터뷰 스토리와 데이터에서 얻은 인사이트를 서로 교환하고 공유하다 보면 패턴, 주제, 공통의 니즈가 떠오르고 가설도 직관적으로 생겨난다.

어떻게 하는가?

1. 조력자와 시각화 담당자를 정한다

인터뷰와 데이터를 교환하고 그룹 토의를 진행한다. 모든 팀원들은 인터뷰 대상자의 이야기와 조사 노트를 공유할 준비를 한다.

2. 설득력 있는 하나의 스토리로 시작한다

한 사람이 생생하게 떠오르는 인터뷰 스토리를 모두와 공유하는 것으로 시작한다. 제3자의 입장에서 이야기를 해석하거나 걸러내지 않고, 인터뷰 대상자 본인의 입장에서 1인칭으로 스토리를 그대로 옮겨야만 다른 팀원들의 공감을 효과적으로 이끌어낼 수 있다. 이야기를 회상하는 동안, 시각화 담당자는 핵심 인용구와 핵심 테마 등 필요한 단어를 받아 적으며 이야기를 하나의 시각화된 지도로 만들기 시작한다.

3. 인사이트를 더한다

다른 팀원 중 비슷한 이야기나 관련성이 높은 인사이트를 갖고 있는 사람은 곧바로 공유한다. 이 과정을 통해 인사이트가 통합되고 시각화 지도가 풍성해진다.

4. 이야기를 공유한다

첫 번째 이야기를 모두가 충분히 공유했다면, 중요하지만 기존 이야기와 충분히 다른 새로운 이야기를 다른 팀원이 공유한다. 이 작업은 서로 간의 새로운 이야기가 모두 공유되었고 패턴이 확실하게 도출되었다고 느껴질 때까지 반복한다.

5. 연결한다

이야기를 회상하고 관계를 찾기 위해 잠시 시간을 가진다. 원이나 선을 그려서 패턴이나 연결을 표시하여 중요한 테마나 공통의 니즈를 찾아본다.

6. 예상 니즈 리스트를 작성한다

앞서 진행한 발견의 교환과 거기서 등장한 패턴을 바탕으로 특정 이해관계자 집단에서 공통으로 나타나는 니즈를 작성하되, SPICE(사회적, 물리적, 정체성, 커뮤니케이션, 감성적) 프레임워크에 따라서 작성한다. 다섯 가지 이내의 니즈로 정리할 수 있다면 이상적이다. 여기서 정리된 니즈 리스트는 다음에 진행할 니즈 분석의 기본 프레임워크가 된다.

사용자 일기, 인터뷰 노트와 사진, 마인드맵, 대상자 프로필로 작업을 시작하자.

연결선을 충분히 그릴 수 있도록 큰 화이트보드나 종이를 이용한다. 그리고 핵심 인용구를 찾는다(예: "학교에 가는 첫날은 항상 무서웠어. 모든 것이 새로웠거든").

발견의 교환은 상당히 직관적인 활동이다. 모든 인터뷰에서 심오한 의미와 공통의 니즈를 발견하기 위해 동기 매핑의 사용을 권장한다.

사례

2008년 시장 폭락 직후 우리는 사람들이 무엇에 가치를 두는지 알아보기 위한 프로젝트를 진행했다. 인사이트가 충만한 이야기를 모아서 통합해보니 커뮤니티, 문화 정체성, 균형 잡힌 삶이 공통 패턴으로 떠올랐다. [그림 39]는 발견의 교환에서 등장하는 시각화된 지도의 초기 버전이다.

그림 39 이야기를 잡아서 연결한다

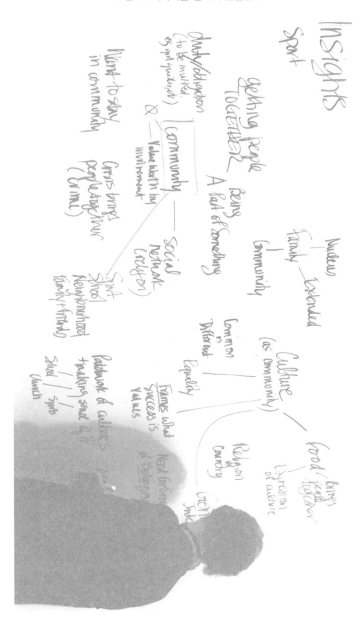

12. 니즈 발굴과 분석:
정성적 데이터를
정량적 데이터로 변환하기

왜 하는가?

니즈 찾기의 깊이와 엄격함을 갖추고, 발견된 결과물이 순간적인 영감에 머무르지 않고 넓은 관점에서 유의미하도록 만들어야 한다. 니즈 발굴과 분석의 목적은 조사에서 뽑아낸 인사이트를 잘 정의된 궁극의 니즈로 변환하는 것이다. 이때 니즈는 최종 사용자와 여러 이해관계자를 고려함과 동시에 SPICE 프레임워크를 따르는 것이 좋다.

일반적으로 니즈를 분석하는 방법에는 크게 두 가지가 있다. '자연스러운 방법'은 포스트잇에 인사이트를 작성한 뒤 분류하는 것으로, 이것의 장점은 인사이트 패턴을 통해 새로운 생각이 촉진된다는 것이다. 다음에 소개할 '엄격한 방법'은 지속적으로 규모 있는 프로젝트를 수행할 수 있는 탄탄한 기반이 있을 때 적용하기를 추천한다. 디자인웍스도 충분히 엄격하고 깊이 있는 플랫폼을 가지고 대규모 프로젝트를 수행할 때 이 방법을 사용한다.

어떻게 하는가?

이 과정은 최초의 팀 모임에서 서로의 자료를 교환하면서 생겨나는
직관적인 프레임워크에서 시작한다. 인터뷰 수행 시 작성했던 노트
와 녹음 결과물을 빠짐없이 문서 형태로 가지고 있으면 좋다(만약 없
다면 속기 서비스를 이용해서 빠르게 수행해둔다). 각 인터뷰의 모든 문
장을 하나하나 참고해서 개별 문단을 쪼개어 보면서, 그 안에 숨어
있는 인사이트와 니즈를 찾는 작업을 지속한다. 뒤에 나오는 엑셀
시트는 풍부한 데이터를 의미 있는 혁신의 기반으로 변환시킨 예다.

1. 인터뷰를 작은 단위의 정보나 인사이트 있는 인용구로 분해한다

직접 들었던 이야기, 중요한 인용구, 또는 인터뷰 대상자의
행동이나 인터뷰 수행 환경에서 인사이트를 찾아낸다. 발견한 인사
이트는 엑셀 시트의 개별 셀에 하나씩 기록한다. 인터뷰 녹취록에서
중요한 문장이나 인용구를 발췌하여 아래 조건에 해당하는 인사이
트들을 찾는다.

- 깊은 단계의 동기나 니즈를 드러내거나Revealing
- 이야기와 관찰을 통해서 엿보이는 진실된 것이거나Authentic
- 문제를 해결하는 아이디어가 담겨 있는 실용적인 것Practical

2. 인사이트를 분석하고 최초의 니즈 프레임워크와 연결한다

앞서 소개된 '발견의 교환' 최종 단계에서 만들어낸 예상 니
즈 리스트를 참고하여 어떤 니즈가 어떤 인사이트를 내포하고 있는
지 찾아본다. 하나의 의미 있는 이야기가 하나 이상의 니즈를 나타

268

낼 수 있음을 명심하자. 이 프로세스를 진행하는 동안 새롭게 나타나는 니즈를 인지해야만 그에 맞추어 니즈 분석 프레임워크를 수정할 수 있고 새로운 관점으로 인사이트를 재논의할 수 있다.

3. 니즈의 보편성과 강도를 표로 만든다

니즈의 보편성과 강도가 어느 정도인지 알아보기 위해 인터뷰에서 얻은 인사이트와 직관적으로 가정해 본 예상 니즈를 상호 확인한다. 방법은 뒤에 나오는 엑셀 시트를 참고하자.

- A열: 인터뷰 대상자
- B열: 인터뷰 대상자의 간략한 프로필
- C열: 깊은 인사이트가 도출된 이야기 부분이나 하나의 인용구로 짧게 정리한 인터뷰 내용
- D열(여러 개): 가정해본 예상 니즈(최대 7개)

C열의 각 항목에 대해 D열의 니즈들 중 연관된다고 여겨지는 니즈가 있는 열에 '1'을 기입하여 적절한 니즈를 매핑한다. 엑셀 시트에 나온 숫자를 계산하여 니즈의 보편성과 강도를 나타내는 표를 만들자. 이 표는 최초에 정의한 니즈 프레임워크의 니즈가 맞는지 확인하고, 수행했던 모든 인터뷰에 대한 데이터베이스로 활용되며 니즈 찾기의 결론을 보여준다. 니즈 발굴과 분석 단계에서는 정량화를 통해 혁신과 가치 창출로 연결되는 4~5개의 당장 충족되지 않은 깊이 있는 니즈를 얻을 수 있다.

니즈 발굴과 분석에 필요한 최초 프레임워크는 발견의 교환에서 얻은 결과물을 토대로 만든다. 하지만 최초 프레임워크는 초기 가설일 뿐이며 이후 얼마든지 변경될 수 있음을 염두에 두자. 즉, 니즈를 초기 가설에 억지로 맞추려 하지 말라는 뜻이다. 새로운 니즈가 나타나면 핵심 니즈의 리스트에 추가하고 니즈별 점수를 다시 배분하자.

최종 산출물이 분석적인 형태를 띠고 있긴 하지만 사실 니즈 발굴과 분석은 매우 반복적이고 직관적인 프로세스다.

어떤 니즈는 그 자체로 설명이 되지 않다가 니즈 찾기 프로세스가 모두 끝난 후에야 설명이 가능해지기도 한다. 동기 매핑을 사용하면 니즈를 깊이 있게 정의할 수 있다.

모든 데이터 포인트는 여러 개의 니즈와 연관될 수 있다. 특정 코멘트가 여러 니즈와 어떻게 연결될 수 있는지 질문해보기 바란다. 예를 들어 '오랫동안 기다림'이라는 코멘트는 더 참여하고 싶은 니즈, 더 생산적이고 싶은 니즈, 더 많은 정보를 필요로 한다는 니즈와 연결될 수 있다.

[표 3]은 엑셀 시트의 한 부분으로 인사이트와 인용구가 어떻게 쪼개지고, 분석되고, 니즈와 연결되는지를 보여준다.

표 3 엑셀시트를 활용한 데이터 분석

건강과 사람에 대한 깊은 이해

A 인터뷰 대상자	B 인터뷰 대상자의 간단 프로필	C 이야기와 인용구	D 지원과 연결	참여	노력이 필요없는 단순함	권한 위임	건강한 힐링
1 경찰관	48세, 기혼, 3개월째 항암 치료중	대기실에 그냥 앉아 있으면 불안해요.		1			
		암에 관해서는 절대 이야기 하지 않아요.	1				
		낭비할 시간이 없어요.		1			
		일하러 가는 것은 내 인생에서 가장 중요한 부분이에요.				1	
		기다리는 것이 가장 힘들어요.		1			1
2 은퇴한 간호사	63세, 커뮤니티에 활발하게 참여하고 있음. 항암치료 시작	얼굴을 많이 가려요. 겉모습은 괜찮은데 속으로는 울고 있어요.	1				1
		시간을 보낼 마땅한 방법이 없어요.		1			
		손자와 함께하는 시간이 행복해요.		1			
		서로 다른 환경의 사람들이 많아서 이야기를 시작하기가 어려워요.	1		1		
		벽이 우중충한 회색이고 공기가 깨끗하지 않아요		1			

A. 니즈 구체화:
혁신 플랫폼을 정의하기

왜 하는가?

개발팀에게 영감을 줄 수 있는 방식으로 충족되지 않은 니즈를 구체화하여 혁신에 꼭 필요한 핵심 플랫폼을 만들어내야 한다. 인간의 니즈를 깊이 있게 이해해야만 인간 중심의 가치를 만들어낼 수 있다. 니즈 구체화는 니즈 찾기와 관련된 모든 과정의 총합이다. 뒤에 소개될 페르소나와 사용자의 현재 여정을 이것에 더하기만 하면 솔루션을 만들고 평가하는 다음 단계로 넘어갈 준비는 끝났다고 볼 수 있다.

어떻게 하는가?

니즈에서 영감을 얻어 혁신을 만들어내려면, 지금까지 정량화시키며 딱딱한 형태로 만들어온 데이터를 거꾸로 부드러운 형태의 데이터로 되돌려야 한다. 유의미하고 폭넓은 니즈는 지금까지의 분석과 달리 인간적이고 설득력 있는 방식으로 찾아야 한다. 4~6개의 주요 니즈에 대해 다음의 활동을 수행하자.

1. 니즈의 헤드라인을 뽑는다

추상적이고 진부한 표현은 피하고 사용자 친화적인 언어를 사용하여 동기를 부여하는 니즈를 요약한다. 문구는 짧게 만드는 편이 개발에 활용하기 좋다. 예를 들어 PMH 프로젝트에서의 주요 니즈는 '참여'였다.

2. 니즈를 명확히 정의한다

프로젝트에 참여한 전원이 이해하고 받아들일 수 있도록 니즈를 명확하게 정의한다. 니즈의 정의가 불명확한 상태로 기어 2에 들어가면 "너무 좋기는 한데 그게 무슨 뜻인가요?"라는 질문이 자주 등장하면서 진도가 나가지 않는다. 예를 들어 PMH 프로젝트에서 '참여'란 '진료를 기다리거나 치료 중인 환자가 감정적, 육체적, 지적, 영적인 방법으로 생산적인 시간을 보내게 함으로써 기존에 잃어버렸던 시간을 되찾은 시간으로 바꾸는 것'을 의미했다.

3. 니즈를 정의하는 핵심 인용구를 제공한다

노트와 대상자 프로필을 참고하여 니즈의 중요한 포인트를 일반인의 목소리로 전달할 핵심 인용구를 선택한다. 예를 들어 '참여'와 관련된 핵심 인용구는 "기다리는 것이 제일 힘들어요. 5시간이면 무언가 새로운 것 하나를 배우기에 충분한 시간이잖아요"였다.

팁

사용자 일기, 인터뷰 노트와 사진, 인터뷰 대상자 프로필을 준비한다.

니즈는 진짜 일반인이 말하는 것처럼 표현되어야 한다. 그래야만 쉽게 이해되고, 인사이트를 가지며, 설득력 있는 인용구를 통해 그 의미가 강화될 수 있다.

니즈는 프로젝트와 관련이 있고 기회를 만들 수 있을 만큼 포괄적이어야 하지만, 의미가 모호하거나 솔루션을 끌어낼 수 없을 만큼 지나치게 광범위해서는 안 된다.

B. 페르소나:
인간 원형 만들기

왜 하는가?

중요한 이해관계자를 종합적으로 묘사함으로써 맥락을 고려한 니즈를 이해해야 한다. 페르소나는 실제 사람들의 데이터를 통해 만들어진 가상의 인물로, 개발 과정에서 실제 인물들을 잊지 않고 계속 염두에 둘 수 있도록 도와주며 프로젝트의 과제를 인간적이고 종합적인 관점에서 바라볼 수 있게 해준다.

어떻게 하는가?

1. 중요 이해관계자 그룹을 정의한다

핵심 이해관계자를 선정한다. 대부분의 경우 가장 중요한 이해관계자는 최종 솔루션을 사용할 최종 사용자다.

2. 이해관계자들 사이에 서로 중요한 차이가 있는지 확인한다

조사 자료를 참고하여 그룹 내 사람들이 동기, 태도, 행동과 관련해 다른 점을 가지고 있는지 살펴본다. 만약 선택한 이해관계자 그룹이 하나 이상의 명확한 특징을 가지고 있다면 지나친 일반화를 피하고 소외되는 사람이 없도록 복수의 페르소나를 만든다. PMH 프로젝트를 예로 들면, 니즈를 공유하긴 하지만 확연히 다르게 표현하는 복수의 환자 그룹이 있었다. 우리는 이 환자 그룹을 다르게 프로파일링해서 최대한 많은 환자들을 염두에 둔 환자 경험을 만들어 냈다.

3. 의인화한다

앞서 찾아낸 각각의 특징적인 이해관계자들을 의인화하자. 페르소나는 조사에서 얻은 사용자의 핵심적인 차별성을 설명할 수 있어야 한다. 의인화한 페르소나가 실제 사람인 것처럼 느껴지도록 1인칭 시점을 사용하고("나는…"), 핵심 인용구를 더하고, 관심사와 라이프스타일을 반영하는 시각 자료를 만들어 설명한다. 이때 만들어 낸 가상의 캐릭터가 실제 데이터에 근거한 것이라는 점을 명심하자. 즉, 캐릭터는 '실제로 존재하는' 사람처럼 만들어야 하며 추상화 혹은 이상화하는 것을 피해야 한다.

팁

찾아낸 니즈뿐 아니라 조사 대상자 프로필과 인터뷰 노트를 참고한다.

페르소나는 혁신을 위한 기준이 된다. 제대로 만들기만 하면 개발 과정뿐 아니라 가치를 창출하는 모든 과정에서 사람들이 사용자에 공감하고 '인간적인 요소'를 중심에 둔 상태로 일을 진행할 수 있다.

때로는 사용자를 지나치게 정형화하는 것을 피하기 위해 하나 이상의 페르소나를 만드는 것이 유용할 수도 있다. 중요한 것은 각 페르소나가 명확하고 독자적인 관점을 가지고 있어야 다양한 솔루션을 개발해 전체 솔루션의 가치를 극대화할 수 있다는 점이다.

보안에 유의한다. 인터뷰에서 얻은 실제 이름이나 개인 정보, 사진은 사용하지 않는다.

사례

PMH 프로젝트에서는 다양한 환자 그룹을 반영하는 여러 개의 페르소나를 만들었다. [그림 40]과 [그림 41]은 니즈가 공통되지만 각각 다른 동기를 가진 페르소나 두 개를 보여준다. 한 그룹은 실제로 무슨 일이 일어나는지 궁금해하고 타인의 지원을 받고 싶어 하는 반면, 다른 그룹은 치료 과정에 관여해서 자신이 치료를 통제하고 싶어 했다. 두 그룹은 니즈 면에서 공통점이 있었지만 각각 다른 솔루션을 필요로 했다.

그림 40 환자 페르소나

앤드류 매킨지

나이: 46세,
직업: 회계감사관,
신분: 기혼, 자녀 2

저는 아내, 두 아이와 함께 에이잭스Ajax에 있는 소박한 집에서 살고 있습니다. 고등학교 때는 운동 선수로 활약했고 지금은 조깅, 보트, 하이킹 등 다양한 스포츠와 야외 활동을 즐깁니다. 우리 가족은 지역사회 활동에 참여하려고 노력합니다. 저는 동네 아이들의 하키팀에서 코치를 하고 지역 공원의 유지 및 관리와 관련된 자원봉사를 합니다. 암 진단을 받은 것이 두 번째라서 나는 치료 과정에 대해서 꽤 많은 것을 안다고 말할 수 있습니다. 죽음까지 어느 정도의 시간이 남았는지, 내가 그때까지 가족들을 잘 보살필 수 있을지가 걱정되지만 아직은 풀타임으로 일하려고 노력합니다. 친구와 가족, 특히 아내는 치료 과정에서 힘든 순간을 잘 견딜 수 있도록 많은 도움을 줍니다. 친구가 종종 함께 가기는 하지만 부담이 되고 싶지는 않아서 대부분 혼자 운전해서 병원에 갑니다. 주변 지인이나 가족들은 아마 나를 열심히 일하고, 관대하고, 몰입하는 스타일의 사람이라고 생각할 겁니다.

그림 41 환자 페르소나

파멜라 토머스

나이: 63세,
직업: 은퇴한 간호사
신분: 미망인

저는 암 진단을 받은 지 2년째입니다. 치료를 위해 1주일에 한 번, 보통 수요일에 병원에 갑니다. 저는 배리Barrie에 있는 작은 집에서 혼자 살고 있습니다. 오랫동안 제 간병인이 되어준 신시아는 제 상태를 확인하기 위해 1주일에 한 번 집에 옵니다. 네 명의 자녀와 열 명의 손자손녀가 가끔 제 집을 방문하는데, 그 아이들이 좀 더 자주 찾아와주면 좋겠습니다. 치료를 시작한 이후에는 좋아하는 일을 많이 하면서 바쁘게 지내려고 노력하고 있습니다. 매일 개를 데리고 근처 숲에 산책을 가고, 일요일에는 동네 교회에서 자원봉사를 합니다. 화요일과 목요일에는 친구들을 초대해서 요리를 하고, 금요일에는 커뮤니티 센터에 가서 뜨개질을 합니다. 커뮤니티 센터는 오랜 친구들과 시간을 보내기에 아주 훌륭한 장소인 데다 때로는 새 친구들을 사귈 수 있는 곳이기도 합니다. 병원 치료를 받으러 가는 날에는 셔틀버스를 탑니다. 저는 병원에 가는 날을 기다립니다. 이상하게 들리겠지만, 병원에 가는 날이 제겐 1주일 중 가장 중요한 날입니다. 병원에 가면 다른 사람과 연결되는 것 같습니다.

C. 현재 여정:
공감 어린 이야기를 통해 기회에 상황을 입히기

왜 하는가?

행동, 어려움, 감정을 더해서 현재 사용자 경험을 살아 숨쉬게 해야 한다. 프로젝트에 관여하는 모든 사람들이 사용자에게 공감하고 기회를 상황에 맞게 바라보려면 스토리텔링이 필수적이다. 스토리텔링은 해결책을 개발할 수 있는 기회를 제공하며, 사용자 경험을 면밀하게 조사하는 하나의 방법으로 기어 1에서 반드시 사용되어야 한다. 결과적으로 기어 1을 통해 한 사람의 여정과 여정 중 만나게 되는 감정, 사람, 장소에서 새로운 인사이트를 발굴해야 한다.

어떻게 하는가?

1. 시간표를 작성한다

현재의 사용자 경험을 시간순으로 쓸 수 있는 커다란 종이에 선을 긋고 사용자의 이야기를 적는다. 시간표는 몇 시간, 며칠, 몇 달이 될 수도 있다.

2. 경험 구간을 작성한다

기어 1에서 모은 인사이트를 바탕으로 시간표 위에 있는 경험을 초기, 중기, 말기로 구분한다. 사용자가 만나는 POEMS(사람, 사물, 환경, 메세지, 서비스)를 고려한다.

3. 여정을 구체화한다

조사를 통해 알게 된 경험이 어떻게 전개될지를 생각하면서 사용자가 경험할 일반적인 여정을 포함하는 스토리를 만든다. 이때 사용자의 어려움, 감정 상황, 필요한 것, 그리고 다른 사람과의 상호 작용을 고려한다. 경험의 각 단계가 분명해지도록 POEMS에서 손에 잡히는 요소를 선택하여 스토리를 구체화한다. 스토리를 만들다가 막히면 인터뷰 노트, 니즈, 페르소나를 참고한다.

4. 이야기를 시각화한다

스토리를 생생하게 만들기 위해 현재 여정에 사진, 스케치, 그래픽, 슬라이드, 음악이 들어 있는 짤막한 영상 등을 더한다. 사용자가 곤란해하는 감정까지 포함하면 스토리는 더욱 강력해진다.

팁

여정을 설명할 때는 의미 없는 세부 사항을 너무 분석적으로 파고들지 말고 종합적인 관점에서 직관에 근거하여 사용자의 니즈와 행동을 강조하는 것이 좋다.

사진, 텍스트, 음악이 포함된 간단한 동영상을 만들면 다른 사람에게 경험을 설명하는 것이 쉽다. 기초적인 영상 제작 소프트웨어의 사용을 권장한다.

다음 사례는 PMH 프로젝트에서 얻은 간단하지만 강력한 3분짜리 여정 스토리다. 우리는 이 스토리를 통해 현재의 환자 경험이 가진 어려움을 이해했고, 니즈를 충족시키는 더 나은 치료 여정을 제안했다. 현재의 경험에는 느리고 슬픈 음악과 흑백 사진을, 새로운 경험에는 밝은 음악과 천연색 사진을 이용했다.

음악	스토리라인	시각자료
슬프고 느린	PMH 치료 병동 2007	PMH 외부
	환자는 여기로 들어갑니다.	벽에 붙어 있는 의자로 가득 찬 길고 음침한 공간
	환자는 이것을 봅니다.	구식 프레임의 인쇄물이 붙은 회색 벽
	환자가 몇 시간 동안 진료 차례를 기다리는 곳이 여기입니다.	여유 없이 빽빽하게 늘어선 규격화된 의자
	환자는 이것을 쳐다봅니다.	온도계와 눈부신 등이 달려 있는 따분한 벽
	환자가 할 수 있는 것은 이것입니다.	너덜너덜하게 닳은 오래된 잡지
	환자가 앉을 수 있는 곳은 여기입니다.	복도를 향해 있는 의자들로 혼잡한 치료실
	환자가 쉴 수 있는 곳은 여기입니다.	복도까지 늘어서 있는 바퀴 달린 환자 이송용 들것
	환자가 보는 것은 이것입니다.	형광등 패널과 환기구
	이것이 환자의 현재 경험입니다. 우리가 어떻게 개선할 수 있을까요?	복도에 끝없이 늘어선 대기자들의 따분하고 음침한 사진

전환	PMH의 헌신적인 도움과 비전을 바탕으로 이렇게 바뀔 수 있습니다.	(라켓볼 방처럼) 텅 빈 커다란 하얀색 공간
즐겁고 밝은	환자에게 희망을 주는 경험을 만듭니다.	구름을 뚫고 나오는 햇살이 보이는 지평선
	여기서는 언제나 도움을 받을 수 있습니다.	친절하고 배려심 깊은 전문 의료팀
	상황을 알기 때문에 확신을 갖게 됩니다.	(비행기 도착을 알리는) 스케줄 보드
	항상 편안하고 안전하고 평화롭습니다.	불교식 옥상 정원, 편안한 거실, 요가하는 여성의 모습
	여기서는 관계가 시작됩니다.	웃음 짓는 간호사와 환자
	기다림은 생각하기에 따라 다릅니다.	햇빛이 들어오는 스튜디오에서 캔버스에 그림을 그리는 여자
	아마 일하거나 놀 수 있을지도 모릅니다.	근접 촬영된 컴퓨터와 근접 촬영된 체스 보드
	여러분은 병원에 있다는 사실을 잊을 것입니다.	미술 작품이 걸린 벽 금붕어가 들어 있는 어항을 바라보는 여성의 근접 촬영
긍정적인	PMH라는 곳이 있습니다.	(라켓볼 방처럼) 텅 빈 커다란 하얀색 공간에 찍혀진 PMH 로고

2

기어 2
콘셉트의 시각화

1. 아이데이션:
새로운 가능성을 만들기

왜 하는가?

현재 충족되지 않은 니즈를 만족시킬 수 있는 다양한 아이디어를 만들어내야 한다. 여러 배경 지식을 가진 팀원들이 함께 일하면 다양한 경험과 상상력에 근거한 아이디어가 나온다. 조금은 별나고 특이한 아이디어가 과할 정도로 만들어져야만 그중에서 충족되지 않은 니즈를 해결할 전혀 다른 가능성이 탄생할 수 있다. 아이디어 단계에서의 핵심 질문은 '어떻게 하면 이 사람의 니즈를 가장 잘 해결할 수 있을까?'다.

어떻게 하는가?

1. 아이디어를 만든다

수백 개의 아이디어를 만들어본다.

• **하나의 페르소나와 하나의 니즈를 선택한다.** 어떤 것이어도 좋

284

다. 핵심은 하나에만 집중해서 한 사람에게 공감하고 그 사람이 가진 하나의 특정 니즈만 만족시킬 방법을 생각하는 것이다. 다양한 시각을 동원해서 최대한 많은 아이디어를 만들어내자.

- **니즈를 질문화한다.** 하나의 페르소나와 가장 중요한 니즈 하나를 선택한 뒤, 이 둘을 사용해서 다음과 같은 질문을 만들어본다. "(페르소나)가 (니즈를 충족)하기 위해 우리는 무엇을 할 수 있을까?"(예: 앤드류가 더 생산적이라는 느낌이 들게 하기 위해 PMH은 무엇을 할 수 있을까?)

- **아이디어를 만든다.** 하나의 니즈를 만족시킬 아이디어를 만들 때는 자유로워야 하고 절대로 평가하지 않아야 한다. 목표는 정해진 시간 내에 최대한의 아이디어를 만드는 것이다. 개별 아이디어의 질을 높이려는 노력을 하지 말고 그저 많은 아이디어를 만들기 위해 노력하라. 아이디어는 많으면 많을수록 좋다.

- **이러한 방법을 모든 페르소나와 니즈에 대해서 반복한다.** 이 단계를 계속 반복하면 다양한 방법으로 여러 니즈에 접근할 수 있으므로 풍부한 아이디어를 얻게 된다. 새로운 페르소나와 새로운 니즈에 집중하는 각 단계에서 새로운 아이디어를 끊임없이 만들 수 있다.

2. 아이디어를 묶어서 콘셉트를 만든다

만들어본 수많은 아이디어를 비슷한 것끼리 묶어서 패턴을 찾고, 그 그룹 내에서 공통으로 떠오르는 콘셉트를 다시 한 번 생각해본다. 예를 들어 여러 아이디어가 '다양한 페르소나에 대한 의사소통'에 관한 것으로 묶인다면 의사소통을 개선하는 서비스를 생각해볼 수 있다.

3. 콘셉트를 확장한다

'이 콘셉트는 니즈를 충족하고 사용자에게 가치를 만들어주는가?' '이 콘셉트는 사용자 경험을 극적으로 개선할 만큼 돌파구가 되는가?'라는 기준에 따라 최고의 콘셉트를 선택한다.

한 번에 하나의 콘셉트를 대상으로 다음과 같은 질문들을 해보자. '이 콘셉트는 어떤 결과를 가져올까?' '이 콘셉트는 어떻게 하면 현실에서 작동할 수 있을까?' '이 콘셉트에 더해질 수 있는 POEMS 요소로는 어떤 것이 있을까?'

회사에서 판매하는 제품이나 서비스에서 벗어나라. 사업에서 완전히 벗어난 콘셉트가 색다른 방식으로 도움이 될 수 있다. 아이디어 단계에서 편집은 금물이다.

끝날 때까지는 아무런 판단도 하지 말자. 대신 다른 사람의 아이디어에 내 아이디어를 더해보자. 모든 아이디어는 저마다 가치가 있다. 말도 안 되는 이상한 것 옆에 종종 돌파구가 숨어 있기도 한다.

아이디어가 계속 흐르도록 핵심만 잡은 채 계속 진행하자. 세부적인 사항에 집중하느라 멈춰서는 안 된다.

낙서나 그림으로 아이디어를 시각화하라. 시각화하면 아이디어를 이해하는 것은 물론 새로운 아이디어를 만들어내기도 좋다.

아이디어를 만들기 위해 은유나 유추를 사용하자. 자신을 아주 유명하고 성공한 회사라고 생각하고, 니즈를 충족시키기 위해 어떠한 아이디어를 만들지 생각해보자(뒤에 나올 '은유' 부분을 참고하라).

[그림 42]는 아이디어 프로세스를 시각적으로 표현한 것이다.

그림 42 아이디어와 콘셉트 만들기

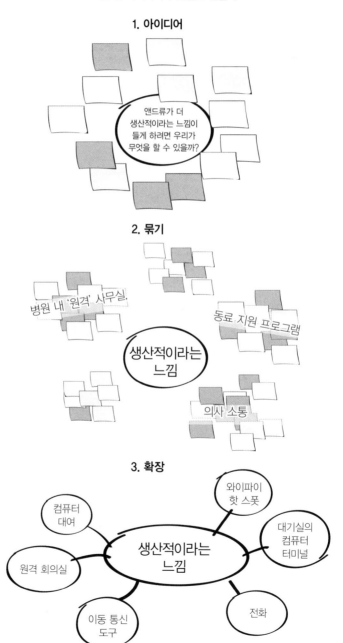

2. 은유:
유추를 통해 상상력을 자극하기

왜 하는가?

두 가지 서로 다른 것의 유추를 통해서 상상력을 자극해야 한다. 은유는 한 맥락과 다른 맥락 간의 특성과 현상을 관련 지어 브레인스토밍의 연료로 사용한다. 이 방법은 혁신적인 아이디어를 만드는 데 유용하다.

어떻게 하는가?

1. 만들고 싶은 결과물이나 '감정'을 묘사한다

충족되지 않은 니즈에 기반하여, 새로운 경험을 통해 만들어내고 싶은 이상적인 결과물을 묘사한다. 예를 들어 조기 어린이 교육 활동을 디자인하는 과정에서 아이들이 더 재미있게 스스로 참여하는 활동을 원한다는 사실을 발견했다고 가정하자.

2. 유추할 대상을 찾는다

원하는 결과나 반응에 근거하여, 동일한 결과를 만들어내거나 비슷한 반응을 이끌어낼 수 있는 다른 무언가를 생각해본다. 더 넓고 다양한 가능성을 생각해보기 위해 다른 산업을 살펴보는 것도 추천한다. 예를 들어, 아이들이 더 재미있게 스스로 참여하는 학습 아이디어를 생각해내기 위해 스포츠나 게임과 같은 다른 뭔가를 떠올려볼 수 있다. 만약 게임을 은유로 선택했다면 '학습이 게임이라면 무엇이 수반되어야 할까? 또 어떤 형태가 될 수 있을까?'와 같은 질문을 해야 한다.

3. 유추 대상의 속성을 바탕으로 아이디어를 만든다

대안을 찾았다면 이미 가진 아이디어를 개선할 수 있다. 예를 들어 게임은 활동적이고, 재미있고, 경쟁적이고, 상호 작용적이다. 조기 어린이 수학 교육을 게임으로 만들면 학생들끼리 팀을 구성하거나 우승자에게 상품을 줄 수도 있다.

팁

유추를 하려는 두 맥락의 차이가 클수록 강한 은유가 만들어진다 (예: 공부와 게임).

적절한 은유를 찾으려면 연습이 필요하다. 영감을 주는 은유를 찾는 데는 시간이 필요하다.

PMH에서는 새로운 항암치료 경험의 은유로 항공사의 일등석 경험을 사용했다. 환자들은 항암치료 의자에 몇 시간이고 앉아 있어야 한다. 우리는 사람들이 최소한으로 움직이며 오랫동안 앉아 있을 수밖에 없는 다른 상황을 생각해보았고, 항공사의 일등석이 적절한 은유가 될 수 있다고 판단했다. 일등석 좌석은 호화롭고 편안하며 여러 필수품을 승객에게 제공한다. 물론 의자를 새롭게 디자인하는 것도 중요하지만 그 외에도 환자로 하여금 즐겁고 편안한 치료 시간을 보내게 하는 여러 서비스를 생각해볼 수 있다.

3. 경험 매핑:
새롭고 이상적인 경험을 디자인하기

다양한 관점에서 바라볼 수 있는 하나의 통합된 사용자 경험을 디자인해야 한다. 경험 매핑은 경험을 단계별로 묘사한 뒤 새로운 솔루션이 경험 위에서 어떻게 적용될 수 있는지를 설명해준다. 끊임없이 연결된 경험에 아이디어와 콘셉트를 덧붙이면서 고객의 경험을 기계적으로 끼워 맞추는 것에서 벗어나 설득력 있는 이야기를 만들면 사용자의 가치를 높일 수 있다. 경험 매핑을 사용하면 새로운 솔루션이 실제 생활에 어떻게 적용될지, 충족되지 않은 니즈를 어떻게 충족할지, 경험에서 빈틈은 없는지, 경험에서 더 발전시켜야 할 부분은 없는지 등을 알 수 있다.

어떻게 하는가?

1. 시간표를 만든다

큰 종이 위에 선을 하나 긋는다. 이 선은 앞으로 만들어질 솔루션을 경험하게 되는 사용자의 모든 시간을 나타낸다. 제품을 모두 소비하거나, 서비스를 모두 경험하는 데 걸리는 시간에 따라 이 선은 몇 시간, 며칠, 또는 몇 달을 의미할 수도 있다.

2. 경험 단계를 구분한다

사용자가 어려움을 느끼는 단계부터 시작하여 사용자가 솔루션을 발견하는 단계, 경험하는 단계, 그리고 솔루션에 대한 결과를 얻고 그에 대한 인상을 기억하는 단계까지 시간표를 나눈다. 특히 처음에 어떻게 솔루션을 발견하는지, 솔루션이 포함하는 다양한 요소들이 사용자와 어떻게 상호작용을 하는지, 솔루션이 니즈를 얼마나 잘 충족했는지를 어떻게 기억하고 회상하는지에 특히 주의를 기울인다.

3. 경험을 확장한다

각 경험 단계의 연속성과 POEMS 프레임워크를 고려하면서 사용자가 생각하기에 이상적인 경험에 관한 이야기를 만들어낸다. 특히 사용자가 느끼는 불편함, 감정 상태, 필요로 하는 기능, 다른 이해관계자와의 상호 관계를 고려하여 가능한 한 상세하게 만들고, 만약 스토리가 막히면 사용자의 관점에서 생각해본다(자세한 내용은 뒤에 나올 '롤플레잉'을 참조하라).

4. 경험을 시각화하고 스토리로 표현한다

사진, 스케치, 시각 자료를 사용하여 경험을 더욱 구체화한다. 경험의 모든 면을 설명하면서 주요 디자인 요소들이 들어간 설득력 있는 스토리를 만든다.

아이디어와 니즈, 페르소나를 항상 중심에 둔다.

만약 경험 매핑을 어디서부터 시작해야 할지 결정하기 어렵다면 중요한 아이디어가 등장하는 솔루션 발견 혹은 솔루션 사용 시점부터 시작해보는 것을 추천한다. 전체 여정의 중간 지점이긴 하지만 아이디어가 만들어낼 새로운 경험을 하는 이후 단계와 사용자가 아이디어에 도달하는 이전 단계로 나누어보는 것이다.

이전에 충분히 발전시키지 못했던 아이디어들도 경험 매핑에 반영해본다. 더욱 발전된 솔루션을 만들 수도 있고 경험 자체의 간극을 메꿀 수도 있다.

경험 단계를 나눌 때 모호한 것은 피한다. POEMS 프레임워크를 사용하여 가능한 한 구체적으로 만든다. 그래야만 구체적인 사항들이 스토리와 관련을 가지며 자연스럽게 엮일 수 있다.

[그림 43]은 환자 경험 매핑의 한 부분으로, 시간표를 따라 어떻게 아이디어가 발전되며 경험의 간극이 줄어드는지를 도식화한 것이다.

그림 43 경험 매핑

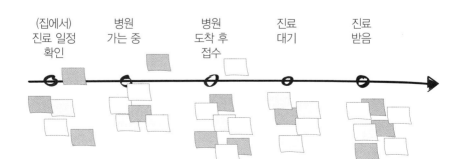

4. 반복 프로토타이핑:
추상적인 것을 구체화하기

왜 하는가?

추상적인 아이디어를 구체화해서 생각과 대화를 촉진해야 한다. 경험 맵과 스토리보드는 물론 아이디어를 표현하는 모든 것을 프로토타입이라고 부를 수 있지만, 일반적으로 반복 프로토타이핑은 만들어내고 싶은 경험의 물리적인 요소를 포함한 개념이다. 경험의 핵심이 되는 요소를 물리적 형태로 만들면 핵심 요소를 중심으로 집중해서 생각할 수 있고, 실험을 통해 콘셉트가 더욱 발전되며, 사용자로부터 유용한 피드백을 받을 수도 있다. 특히 롤플레잉과 경험 맵, 스토리 보드와 함께 사용하면 더욱 유용하다. 반복 프로토타이핑은 솔루션에 생명력을 불어넣는 방법으로, 경험의 특정 요소가 어떻게 생겼고 어떻게 작동하며 아이디어의 어떤 면을 더 발전시킬 필요가 있는지 알려준다.

1. 경험에서 추상적인 것을 골라낸다

아이디어, 경험 매핑에서 나온 아이디어 중 가장 중요하고 추상적이면서 더 발전시키고 싶은 아이디어를 고른다. 모든 팀원이 좋아하지만 서로 다른 그림을 그리는 아이디어일 수도 있고, 현실에서 어떻게 진행될지에 대해 서로 다른 생각을 갖고 있는 아이디어일 수도 있다.

2. 아이디어를 프로토타이핑한다

쉽게 구할 수 있는 값싼 재료(골판지, 보드마커, 젓가락 등)을 이용하여 아이디어를 구체화한다. 아이디어를 구체화할 때에는 그것이 어떻게 생겼을지, 어떻게 동작할지, 어떤 맥락에서 사용될지, 어떻게 사용자의 니즈를 충족시킬 수 있는지 등을 생각해본다. 프로토타입은 완성된 제품과 닮은 형태여야 하는 것이 아니라 원하는 의도를 설명하기 위한 수단이어야 한다. 프로토타입은 다음과 같은 특성을 가져야 한다.

빠르고 시의적절해야 한다. 시간을 적게 써서 만들수록 좋다.

싸고 버리기 쉬워야 한다. 비용이 적게 드는 재료를 사용한다.

많아야 한다. 가능한 많은 프로토타입을 만든다.

3. 아이디어가 어떻게 작동할지 탐구한다

아이디어가 어떤 방식으로 움직일지 이해하기 위해 사용자의 경험에 프로토타입을 집어넣어보자. 피드백을 얻기 위해서는 롤플레잉이나 스토리보드를 사용하여 프로토타입을 설명하고 소개하는 것이 좋다(이에 대해서는 뒤에서 자세히 설명하겠다).

4. 반복하고 확장한다

자신의 직관과 사용자로부터 얻은 피드백을 바탕으로 프로토타입을 발전시키자. 건설적인 피드백과 지속적인 테스트가 있어야만 모든 이해관계자들을 만족시키는 솔루션을 만들어낼 수 있다.

팁

프로토타이핑이란 시간과 돈을 적게 투자하여 아이디어를 물리적 형태로 구체화하는 것이다. 이 방법은 아이디어를 시각화하고, 빨리 학습하게 하고, 위험을 줄일 수 있다는 장점이 있다.

프로토타입은 원하는 의도를 설명하는 데 필요한 수준 이상의 완성도를 가져야 할 필요가 없다.

프로토타이핑 시에는 롤플레잉 및 스토리보드를 함께 활용하는 것이 좋다. 대강의 콘셉트를 빨리 만들어 여러 이해관계자들과 함께 경험을 개선하면 경험의 간극을 줄일 수 있다.

사례

로트만 디자인웍스에서 프로젝트를 수행하는 학생들이 가정 내 음식물 처리 시스템 아이디어를 만들고 이를 테스트한 적이 있다. 이 아이디어가 실제 가정에서 어떻게 작동할지 알아보기 위해 이들은 테이프, 종이접시, 마커를 이용하여 콘셉트를 프로토타이핑한 뒤 그것으로 롤플레잉해보았다([그림 44] 참조). 그 결과, 음식물 처리 시스템은 일반 가정의 주방 시스템에 꼭 들어맞아야 한다는 점을 깨달았고, 쓰레기를 쉽게 버릴 수 있으면서도 눈에 띄지 않는 곳에 이 제품을 설치하는 것이 핵심임을 깨달았다.

그림 44 음식물 처리 시스템 프로토타이핑

5. 롤플레잉:
간극을 줄이기 위해 경험을 연기해보기

왜 하는가?

간극을 파악하고, 피드백을 취합하고, 사용자를 위한 자연스러운 해결책을 만들기 위해서는 솔루션을 적용해봐야 한다. 롤플레잉이란 경험의 다면성을 이해하기 위해 즉석 연기를 해보는 것이다. 새로운 아이디어를 실제 상황에서 설명하고 보여주려면 배우, 소도구, 세트, 좋은 스토리라인이 필요하다. 롤플레잉을 하면 솔루션의 어떤 면이 제대로 작동하고 어떤 면이 그렇지 않은지 파악할 수 있다. 팀원들이 다 같이 롤플레잉을 해보면 아이디어도 생기고, 그에 대한 사용자들의 피드백을 받아서 공동작업에 활용할 수도 있다.

어떻게 하는가

1. 이야기를 개발한다

　새롭게 제안할 경험에 근거하여 그 경험이 실제로 사용자에게 어떻게 적용되는지 보여줄 하나의 이야기를 개발한다.

2. 무대를 세팅한다

세트, 소도구, 프로토타입, 역할을 연기할 사람을 정한다. 이런 것들이 구체적이거나 완벽할 필요는 전혀 없다. 그저 실제로 사용할 때 주변 환경이나 사물을 올바르게 떠올릴 수 있을 정도면 충분하다.

3. 역할을 수행한다

연극을 하며 새롭게 제안할 경험을 가상으로 겪어본다. 이때 중요한 것은 구체적인 스크립트 없이 즉흥적으로 해보는 것이다. 경험의 간극과 자연스럽지 못한 행동을 찾아내기 위해 우선은 팀 내에서 즉흥 연기를 해본다. 그 후 좀더 다듬고 발전시켜서 다른 사람들 앞에서 해본 뒤 제대로 작동하는 것과 그렇지 않은 것에 대한 피드백을 받는다.

4. 평가받고 다듬는다

제대로 되는 것과 안 되는 것을 평가한다. 피드백을 끌어내는 것과 관련해서는 공동 작업에 대한 팁을 참조하기 바란다.

팁

솔루션이 가미된 경험을 연기하기 위해 경험 맵, 스토리 라인, 프로토타입 소품을 활용한다.

너무 코믹하거나 우스꽝스러워지지 않도록 주의한다. 개인적인 문제나 건강과 관련된 민감한 문제를 유머스럽게 해석하는 것은 조심해야 하며 배려와 존중을 잊지 말아야 한다. 또한 롤플레잉은 실제 생활을 반영해야 하는 것이므로 코믹하게 해석하면 전달하고자 했던 본래의 메시지가 희석될 수도 있으니 주의한다.

롤플레잉은 사용자의 피드백을 받고, 경험을 더욱 개선시키기 위해 공동 작업과 함께 수행하는 것이 좋다.

네슬레 제과팀은 타깃 사용자의 피드백을 얻기 위해 여러 개의 프로토타입을 만들어 다양한 롤플레잉을 수행했고([그림 45] 참조), 그 결과 의미 있고 즉각적인 피드백을 얻어 콘셉트를 더욱 확장시켰다.

그림 45 소품을 활용한 경험의 롤플레잉

6. 스토리보딩:
핵심 프레임에 이야기를 담기

왜 하는가?

이상적인 사용자 경험의 핵심 요소들을 연속적이고 시각적인 방식으로 찾아내야 한다. 스토리보딩은 사용자로부터 콘셉트에 대한 피드백을 끌어낼 수 있는 효율적인 방식으로, 덜 연극적이지만 좀더 정제된 방법이다. 사용자를 위한 여러 대안 솔루션들을 적용해볼 수도 있고, 아이디어의 장점과 핵심 요소들이 포함되어 있으므로 내부 발표에서는 시놉시스로 활용할 수도 있다.

어떻게 하는가?

1. 내러티브를 만든다

경험 매핑을 참조하여 다음 내용이 포함되도록 프레임별로 이야기를 만든다.

•**시작:** 관점을 소개하고, 어디서 이야기가 시작하는지, 또 갈등과

301

상황이 무엇인지 소개한다.

- **중간:** 사용자에게 제공될 새로운 경험을 묘사한다. 사용자들이 어떻게 솔루션을 인지하는지, 솔루션을 통해 무엇을 경험하는지, 그리고 어떻게 경험을 끝내는지를 묘사한다.
- **끝:** 이야기를 마치고 결과물을 요약한다.

2. 핵심 부분을 선택한다

POEMS 프레임워크를 사용하여, 경험의 핵심이 나타나는 이야기의 중요 부분을 선택한다. 스토리보딩의 결과는 바로 이 경험의 핵심 부분을 어떻게 디자인하는가에 큰 영향을 받는다. 콘셉트가 얼마나 포괄적인지에 따라 핵심 부분은 어디서든지 포착될 수 있다.

3. 핵심 부분을 구체화한다

사진이나 그림을 통해 시각화해야 할 행동과 핵심 요소를 가능한 구체적으로 설명한다. 상상력을 동원하여 핵심 요소를 시각화한다. 이렇게 하면 초심을 잃지 않고 일관된 커뮤니케이션을 하는 것이 가능해진다.

4. 스토리보드를 완성한다

글로 쓴 이야기와 시각적 요소를 조합하여 실제 경험이 어떻게 펼쳐질지에 대한 명확한 이야기를 만든다.

팁

스토리보드란 만화책이나 광고, 영화를 위한 프레임 단위의 책과 똑같이 생겼다. 글자와 핵심 이미지를 사용하여 중요 메시지를 스토리 형태로 전달하기 위해 사용된다.

일반화를 피하기 위해 핵심 요소는 최대한 구체적으로 만든다.

[그림 46]은 PMH 프로젝트에서 가져온 프레임의 일부로, 집에서 출발하여 병원에 도착하는 환자의 이상적인 경험을 전달하기 위해 사용되었다.

그림 46 스토리보딩 사례

1. 병원 포털 확인

아침에 일어난 앤드류는 인터넷으로 진료 시간을 확인하고, 원격으로 예약한 뒤 개인 서비스를 신청한다.

2. 병원 셔틀버스 이용

10분 간격으로 운행되는 병원 셔틀버스는 정해진 정류장에서 앤드류를 싣고 곧장 병원으로 향한다.

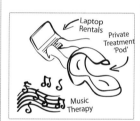

Laptop Rentals
Private Treatment 'Pod'
Music Therapy

개인 공간에서 앤드류의 진료가 시작된다. 개인 공간에는 인터넷과 연결된 랩탑이 있어 이메일, 미디어 채널, 음악 등에 접속할 수 있다.

303

7. 공동창조 작업:
개발 프로세스에 다른 사람들을 끌어들이기

왜 하는가?

다른 사람들, 특히 사용자를 개발 초기 단계에 참여시켜서 아이디어를 다듬고 확장해야 한다. 공동창조 작업은 팀원들이 자기 아이디어에 지나치게 집착하는 것을 방지하고 최종 사용자를 포함한 외부의 의견을 들을 수 있게 해준다. 이 작업을 통해 솔루션을 경험할 다양한 사용자들로부터 어떤 것이 제대로 작동하고 어떤 것이 작동하지 않는지 피드백을 들을 수 있다. 또한 새로운 인사이트를 발견할 수 있고, 사용자 중심의 솔루션을 만드는 데 필요한 새로운 아이디어를 얻을 수 있다. 공동창조 작업은 평가가 아니라 가능한 한 의미 있고 풍부한 솔루션을 만드는 단계이므로 콘셉트를 솔직히 설명하고 열린 자세로 피드백을 유도하는 것이 중요하다.

어떻게 하는가?

1. 준비한다

사용자들에게 새로운 경험과 콘셉트(경험 맵, 스토리보드, 롤 플레잉, 물리적인 프로토타입 등)을 보이기 이전에 사용자에게 경험을 소개할 사람, 이야기를 들려줄 사람, 노트를 작성할 사람, 그리고 관찰할 사람 등으로 개별 팀원들의 역할을 나눈다.

2. 활동을 소개한다

발표자가 사용자에게 팀을 소개하고 이번 활동의 목적과 피드백 세션에 대해 설명한다. 현재의 아이디어는 최종 상태가 아니며, 솔직한 피드백을 받기 위해 모든 것이 열려 있는 상태라는 점을 강조한다.

3. 프로토타입을 소개한다

10~15분 내로 경험을 설명한다. 발표는 전문적으로 진행하며 그 어떤 상황에서도 사용자의 감정이 다치지 않도록 조심한다. '발표팀이 더 좋은 경험을 만들기 위해 노력하고 있으니 나도 적극적으로 참여해야겠다'라는 사용자의 마음을 얻으려면 참석한 사용자로부터 공감을 얻어야 한다.

4. 사용자의 피드백을 취합한다

발표자는 피드백 세션을 이끌면서 사용자에게 다음 질문을 하고, 사용자들이 제공하는 피드백은 사전에 정한 사람이 기록한다. 다른 팀원들은 토론 자체에 영향을 주거나 받지 말고 옆에 앉아만 있는다.

- 이해가 되지 않는 부분은 무엇인가요?
- 제대로 작동하지 않는 부분은 어디인가요?

• 어떻게 하면 더 나아질 수 있나요?

5. 작업을 정리하고 아이디어를 수정한다

아이디어를 더 풍부하게 만들 수 있는 기회를 포착했다면 다 같이 토론한다. 스토리보드나 경험 맵을 발표에 사용했다면 모든 아이디어와 노트를 확인하여 무엇이 작동하고 무엇이 그렇지 않은지, 그리고 어떻게 개선할 수 있는지를 점검한다. 무엇을 깨달았고 어떻게 하면 사용자에게 더 많은 가치를 줄 수 있는지도 논의하며 피드백을 기준으로 아이디어를 더 풍부하게 만든다.

팁

롤플레잉, 경험 맵, 스토리보드 등 다양한 종류의 프로토타입 제작 방법을 공동창조 작업에 활용할 수 있다. 사용자들 스스로 프로젝트에 참여하고 있다는 느낌을 받을 수 있도록 완성도가 낮은 프로토타입을 사용하는 것이 좋다. 중요한 것은 아이디어가 명확해야 한다는 점이다. 개략적으로 발표한다고 해서 발표 자체가 즉흥적이어서는 안 되고, 일관성과 설득력이 있는 이야기가 전달되어야 한다.

사용자를 믿어야 한다. 사용자는 상상력이 뛰어나고, 현명하며, 의미 있는 피드백을 기꺼이 제공하려 할 만큼 관대하다. 사용자는 고객과 다르다.

아이디어를 방어해서는 안 된다. 비판에 대해 개방적이어야 하고 코멘트를 기꺼이 받아들여야 한다. 어쩌면 비판까지도 적극적으로 받아들일 필요가 있다. 어떤 부분이 제대로 작동하지 않음을 알게 된다는 것은 그 부분을 고칠 수 있는 기회를 얻는 것과 같다. 건설적인 피드백이 있으면 콘셉트가 더욱 정교해질 수 있다.

공동창조 작업이 학습의 기회임을 명심하자. 개방형 질문을 사용해서 사용자들이 그들의 의견을 자유롭게 표시할 수 있도록 도와주자.

부정적인 피드백을 받았다고 의기소침해질 필요는 없고, 무엇이 당장 완벽하지 않다고 해서 슬퍼할 이유 또한 없다.

사용자에 대한 새로운 인사이트를 얻을 수 있는 또 하나의 기회임을 명심하자. 사용자를 더 깊게 이해하면 더욱 더 풍부한 콘셉트와 더 많은 아이디어를 다시 한 번 얻을 수도 있다.

사례

네슬레 제과팀은 10대 사용자를 대상으로 자신들의 새 아이디어를 테스트해보고 싶었다. 그들은 10대 사용자를 공동창조 작업에 초대하여 함께 롤플레잉을 해본 뒤 타깃 사용자들의 경험에 대한 통찰을 얻을 수 있었다. 이 작업에 초대된 10대 사용자는 종이로 만든 학교 복도의 사물함, 프로토타입으로 만든 편의점 내부, 화이트보드에 그린 집에 있는 컴퓨터를 사용하여 자신의 일상적인 하루를 연기했다.

그림 47 고등학생의 하루를 경험해보는 공동창조 작업

3

기어 3
전략적 비즈니스 디자인과 실행

1. 필요 역량:
돌파구 찾기

왜 하는가?

이상적인 경험의 핵심 요소를 실현하는 데 필요한 역량을 정의해야 한다. 필요 역량이란 필요한 디자인 활동을 역량으로 전환한 뒤 이를 내부와 외부의 자원에 대비해보는 것이다. 이 활동은 전략적 제휴에 필요한 역량과 대안을 점검하는 데 유용하다. 다음은 필요 역량의 실행을 위한 질문들이다.

- 이상적인 경험을 이루는 요소는 무엇인가?
- 이상적인 경험을 만들고 제공하려면 무엇을 해야 하는가? 성공하는 데는 무엇이 필요한가?
- 사용 가능한 현재의 기업 역량은 무엇인가?
- 이상적인 경험의 개발에 필요한 내부적인 조건과 비용은 무엇인가?
- 이상적인 경험의 개발에 필요한 외부 자원과 연결 가능한 파트너십으로는 무엇이 있는가?
- 새로운 역량을 개발하고 확보하기 위한 전략은 무엇인가?

뒤에 소개하는 '활동 시스템 디자인'과 함께 필요 역량을 수행하면서 전략의 방향을 정하는 것이 좋다. 이를 통해 내·외부적으로 해야할 일 및 투자와 노력의 우선순위를 결정할 수 있다. 이상적인 경험을 중요한 요소로 세분화하면 기업이 해야 할 중요한 의사결정이 무엇인지 알 수 있다. 가장 먼저 해야 할 것은 무슨 일을 해야 하는지, 그리고 누가 적임자인지 파악하는 것이다.

1. 이상적인 경험 요소를 늘어놓는다

경험의 중요 요소인 사람, 사물, 공간, 메시지/미디어(커뮤니케이션), 서비스를 POEMS에 따라서 정의한다.

2. 개별 요소의 개발 및 전달에 필요한 역량을 파악한다

역량은 이상적인 경험 안에 제품과 서비스를 녹여 넣기 위해 필요한 전문성과 능력이다. 예를 들어 네스프레소처럼 새로운 커피 머신을 만드는 경우라면 제품 디자인과 생산에 관한 전문성이 필요할 것이다.

3. 기업의 현재 역량을 파악한다

필요한 요구 조건을 충족하는 데 있어 활용 가능한 현재 역량이 무엇인지 파악한다. 만약 현재 역량이 부족하거나 존재하지 않는다면, 필요 역량을 내부에서 개발할지 또는 외부에 있는 전문가를 고용하여 해결할지 결정한다.

4. 새롭게 개발할 신규 역량의 비용을 예상한다

구체적인 숫자를 산출할 수 없다면 직관을 활용하여 높음/중간/낮음 정도로 임시 구간을 정해본다. 역량 개발에 필요한 노력의 양도 비용 산정에 좋은 기준이 된다. 예를 들어 네스프레소가 커피 머신이라는 제품을 개발하는 비용은 매우 높았지만 캡슐의 특허 기술을 확보하고 발전시키는 비용은 높지 않았다.

5. 외부 전문가를 확보한다

필요 역량이 현재 기업 내부에 존재하지 않는다면 외부 업체를 통해 전문성을 획득할 수 있는 방안을 파악한다. 네스프레소의 경우에는 세계적인 가전제품 제조사인 크룹스 및 매지믹스와 제휴를 맺었다.

6. 역량을 쌓을 수 있는 전략을 정의한다

성공에 필요한 역량을 확보하기 위해 현재의 내부 역량을 확장해서 극대화할 것인지, 아니면 제휴를 통하거나 외부 역량을 들여와서 안정화할 것인지를 파악한다. 각 시나리오의 장단점에 대해 중요도를 매긴다. 상당한 시간을 투입해 주어진 옵션을 꼼꼼히 평가하고 파악한 뒤 역량을 쌓는 전략을 결정한다.

팁

이상적인 경험을 구성하는 경험 요소와 디자인 요소를 모두 포함하고 있는 경험 맵, 그리고 스토리보드를 참고하는 것이 도움이 된다.

지금 수행 중인 기업 활동을 파악하고 기업의 현재 역량을 최대한 활용하기 위해 활동 시스템을 참고한다.

이해관계자의 페르소나와 니즈도 참고한다. 최종 사용자를 대상으로 하는 비전을 작성하려면 참가하는 모든 이해관계자들의 상황을 고려해야 한다.

역량을 쌓을 수 있는 대안을 생각해보기 위해 브레인스토밍을 수행한다. 전통적인 방식 외에도 창조적인 방법을 모두 포함하여 관련 있는 모든 가능한 파트너를 생각해본다. 이전에 만들어둔 사업자 파악이 이때 유용하게 쓰일 수 있다.

만약 자사 역량이 부족하다면 전략적 제휴를 통해 다른 기업의 역량을 활용할 수 있다. 파트너들을 탐색할 때는 각 기업이 중요한 의사결정을 내릴 때 운영이나 재무적인 면에서 자사와 얼마나 잘 맞고 함께할 수 있는지를 따져봐야 한다.

사례

[표 4]는 네스프레소가 비전을 현실화하는 데 필요한 역량을 나열한 도표다.

표 4 필요 역량

요소	필요 역량	기업의 현재 역량	내부 개발 비용	외부 전문가 소싱	역량 관련 전략
커피 캡슐	품질 좋은 커피와 배송 기술	커피 조달 특허받은 기술, 생산 전문성	중간	필요 없음	내부 개발

313

고급 커피 메이커	세계 수준 제품 디자인	매우 낮음	중간(핵심 전문성은 없음)	알레시	전문 외부 디자이너와 협업
	가전 제품 개발 및 생산 능력	없음	높음	크룹스, 매지믹스	전략적 제휴 결성
브랜드 마케팅	브랜딩과 커뮤니 케이션	세계 수준 마케팅 에이전시에 접근 가능	낮음–중간	마케팅 파트너	브랜드 마케팅 파트너와 함께 내부 개발
다이렉트 마케팅	데이터 베이스 관리, 콜센터	약간의 경험, 핵심은 아님	중간	다이렉트 마케팅 파트너	다이렉트 마케팅 파트너와 협업
공정 가치 프로그램	농장 관리, 콩 생산 전문성	네슬레의 전문성	중간 (모기업 역량 활용 가능)	필요 없음	네슬레와 함께 개발

2. 활동 시스템:
성공을 위해 전략을 디자인하기

비전을 기업 전략으로 전환하여 성공하려면 프레임워크가 필요하다. 상호 관련된 활동을 통해 전략을 시각화하면 어떻게 가치를 창출할지 이해할 수 있고 핵심 활동에 집중할 수 있다. 이후에 소개될 가치 교환도 활동 시스템을 디자인하는 데 도움이 된다.

활동 시스템이 강력하면 기업과 시장을 상대로 하는 독특한 활동이 서로 시너지를 일으키며 가치를 만들어낸다.

어떻게 하는가?

활동 시스템은 대부분의 비즈니스 디자인 프로세스와 마찬가지로 이전 활동의 결과물이 필요하며 반복적인 수정이 요구된다. 필요 역량, 가치 교환, 상호성을 이용하여 활동 시스템을 작성할 수 있는 가이드라인을 제안한다.

1. 제안을 반복한다

여정의 기준이 되는 기회와 가치 제안을 통합한다.

2. 성공에 필수적인 핵심 활동을 결정한다

제안을 전달하고, 최종 사용자에게 가치를 제공하고, 기업에게는 투자 대비 수익을 이끌어낼 수 있는 핵심 허브 4~5개를 선택한다. 이 허브들은 내부나 외부 협력자들과 함께 잘 수행해야 한다. 특히 '브랜드를 강화한다' '고객 관계를 증진한다' '기업의 크기를 키운다'와 같이 실제 활동을 기준으로 하는 명칭을 작성한다. 예를 들어 네스프레소의 경우([그림 48] 참조)에는 프리미엄 커피 경험을 제공, 독특하게 통합된 스타일리시한 커피 시스템을 제공, 소비자들과 직접적인 브랜드 관계를 구축, 공유 가치 및 사회와 환경에 대한 책임을 다하는 것을 네 가지 핵심 전략 활동으로 삼았다.

3. 허브끼리 어떻게 연결되는지 파악한다

좋은 시스템은 각 요소들이 상호 작용을 하며 시너지를 낸다. 네스프레소의 경우 많은 허브들이 상호 연결되어 서로를 강화시켰다. 예를 들어 '프리미엄 커피 경험의 제공'은 '독특하게 통합된 스타일리시한 커피 시스템의 제공'과 연결되어 있다.

4. 허브와 연결되는 다른 활동을 파악한다

가시적인 결과 도출에 필요한 활동을 찾는다. 네스프레소의 경우에는 독특하게 통합된 스타일리시한 커피 시스템을 제공하기 위해 가전제품 제조업체와 파트너십을 맺는 것이 필요했다. 특허 받은 캡슐과 커피 끓이는 시스템은 두 가지 허브 활동, 즉 '스타일리시한 커피 시스템'과 '프리미엄 커피 경험 제공' 모두와 연결된다.

5. 평가하고 반복한 뒤 독특한 전략을 최종 결정한다

　　현재 상황을 파악하는 대부분의 활동과 마찬가지로 정보를 통합하고 시각화해서 미래의 활동 시스템을 만드는 작업 역시 다분히 반복적이다. 서로 잘 연결되어 시너지가 생기며, 충분히 독특하다는 믿음이 들 때까지 시스템 디자인을 계속 수정한다.

팁

활동 시스템을 조정할 때는 뒤에 설명할 '가치 교환 평가'가 도움이 된다.

　활동 시스템이 어떻게 작동하고 독특한 가치를 만들어내는지 설명할 때는 다음의 주제들을 이야기 형태로 만들어 활용하는 것이 좋다.

- **가치 제안:** 우리 회사는 시장에서 어떠한 독특한 가치를 만들어 내는가?
- **허브:** 우리 회사의 현재 전략을 설명하는 핵심 활동은 무엇인가?
- **활동:** 허브를 강화하기 위해 수행하는 구체적인 활동은 무엇인가?
- **관계:** 허브와 활동은 서로 어떻게 연결되어 있고 서로를 어떻게 강화시켜주는가?
- **독특함:** 이 시스템은 다른 시스템과 어떻게 다른가? 경쟁우위는 어디서 만들어지는가?

　활동 시스템 평가에 대해서는 뒤에서 소개할 '활동 시스템 측정'을 참고하자.

전략적 비즈니스 디자인과 실행

[그림 48]은 앞서 나왔던 [그림 13]과 같은 것으로, 네스프레소가 자신만의 독특한 활동을 어떻게 시스템에 통합시켰는지를 보여주는 시각자료다.

그림 48 네스프레소의 활동 시스템

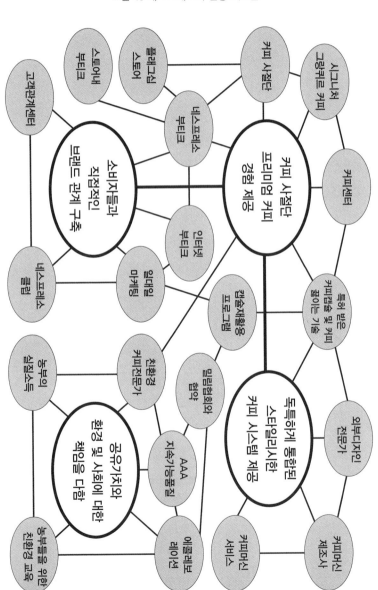

3. 활동 시스템 측정:
기업의 전략을 평가하기

왜 하는가?

가치를 만들고 경쟁우위를 강화할 수 있는 전략을 평가해야 한다. 활동 시스템 측정은 로저 마틴의 활동 시스템 작업에서 영감을 받아 만든, 궁극적인 전략 테스트 방법이다.

어떻게 하는가?

다음의 질문들에 대답한다.

- **전략이 가치를 만들어낼 수 있는가?**
  - 전략이 최종 사용자에게 어떻게 가치를 만들어줄 수 있는가? 새로운 활동 시스템이 기존에 충족되지 못한 사용자의 니즈를 새롭고 유의미한 방법으로 충족 시킬 수 있는가?
  - 활동은 회사에게 가치를 만들어줄 수 있는가?
  - 전략이 다른 이해관계자에게 가치를 만들어줄 수 있는가? 다

른 이해관계자들은 어떻게 성공할 수 있는가?('가치 교환'을 참고하라.)

- **전략이 돌파구인가?**
  - 새로운 활동 시스템이 어느 정도로 새롭고 유의미한 제안을 시장에 제시하는가?
  - 전략이 게임의 규칙을 바꿀 수 있는가? 또 현재 파악된 사업자들 상황에서 경쟁을 변화시킬 수 있는가?
  - 기존 전략을 의미 있는 방향으로 진화시킨 형태의 전략인가?

- **전략이 독특한가?**
  - 시장에서 영감을 얻은 아이디어와 이를 수행하기 위한 기업의 내부 활동이 경쟁사와 비교했을 때 다른 점이 있는가?
  - 새로운 전략으로 시장에 진출하려는 신규 사업자를 사전에 제압할 수 있는가?
  - 활동 시스템이 독특한 장점을 제공하는가?

- **전략이 시스템과 잘 맞는가?**
  - 여러 활동이 상호 보완적이며 서로를 강화하는가? 활동이 잘 결합되고 상호 시너지를 내는가?
  - 새로운 전략이 현재 잘하고 있는 것을 어떻게 극대화하는가? 기존 전략과 잘 들어맞는가? 또는 기존 전략과 충분히 다른가? (뒤에서 소개할 '각 시나리오에 따른 활동 계획'을 참고하라.)

- **시스템이 지속 가능한 장점을 만들어내는가?**
  - 새로운 전략으로 얼마나 오랫동안 우위를 점할 수 있는가?
  - 얼마나 쉽게 모방이 가능한가?
  - 시스템의 어떠한 면이 모방하기 어려운가?

활동 시스템 평가에 필요한 것은 열정보다 객관적인 분석이다. 평가에 따라 테스트를 통과하지 못한 경우에는, 아이디어와 비전에 집착하지 말고 더 강하고 보다 독특하게 만들기 위해 수정해야 한다.

충분한 객관성을 확보하려면 개인보다는 팀으로 하는 것이 좋다. 이 작업을 통해 팀의 몰입이 더 공고해질 것이다.

선배 멘토와 믿을 수 있는 사람의 조언이 큰 도움이 된다.

전략적 비즈니스 디자인과 실행

321

4. 실행 계획:
혁신의 공급과 관리를 측정하기

왜 하는가?

기업의 상황에 맞춰 비전을 추구할 수 있도록 자원을 배분하는 최적의 방법을 결정해야 한다. 회사는 종종 혁신을 당장 '해야 할 일'에 욱여넣으려 하거나 기업 운영에 억지로 끼워 맞추려다가 아이디어 특유의 가능성을 놓치고 일을 그르치곤 한다.

어떻게 하는가?

새로운 아이디어를 활성화시키고 잘 관리해서 효과를 보려면 아래 몇 가지 방법 중 하나를 택해야 한다.

- **진화:** 만약 새로운 생각을 통해 사업이 자연스럽게 개선될 수 있다면 그것을 기존 비즈니에 접목한다. 즉, 새로운 생각이 회사를 한 단계 일으켜 앞으로 나아가게 하고 성장을 가속화함과 동시에 당장의 사업도 위험에 빠뜨리지 않으면서 단기간에 새로

322

운 생각을 활성화시킬 수 있다면 이 방법을 사용한다. 예를 들어 네슬레 제과팀은 기회를 재정의하고 장기 전략을 핵심 사업에 집중함으로써 강력한 지원을 받은 눈앞의 사업이 장기 비전에까지 이르게 하는 방법을 사용했다.

- **동시 추진:** 만약 새로운 전략을 결정하고 작동시키는 데 전면적인 자원의 집중이 필요하다면, 수익을 내는 사업팀은 그대로 두고 내부적으로 독립적인 팀을 꾸려 함께 일하도록 한다. 두 팀이 함께 일하는 과정에서 기존 전략과 미래의 전략이 서로 영향을 주고받으며 더욱 강해져 좋은 결과를 만들 수도 있다. 예를 들어 P&G에서는 브랜드팀 하나를 종종 현재의 비즈니스팀과 미래의 비즈니스팀으로 분리한다. 팀을 구분하면 기존 비즈니스를 강화하는 동시에 미래의 포지셔닝을 고려하며 경쟁우위를 만들어간다는 장점이 생긴다.

- **신규 팀 구성:** 새로운 아이디어 전담팀을 완전히 분리해서 독립적인 스타트업으로 생각하는 것도 한 방법이다. 기존 활동 시스템과 경영 시스템을 살펴보면 이 방법이 도움이 되는지 확인할 수 있다. 새로운 아이디어가 현재 시스템에 희석되어버리거나 새로운 전략이 기존 운영 체제에 순응해서 초기 의도를 잃어버릴 가능성이 있다면 신규 팀을 구성하는 것이 좋다. 이 방법은 모기업으로부터 자문이나 지원을 받기 어려워질 수 있다는 리스크도 있지만 새로운 상황에 맞는 더 많은 의사결정 권한을 갖게 된다는 확실한 장점이 있다. 네스프레소의 경우에는 사업 시작 초기부터 네슬레에서 독립된 팀을 꾸려서 운영했는데, 그 덕분에 모기업과는 확연하게 다른 비즈니스 전략을 성공적으로 추구할 수 있었다.

더불어, 새로운 아이디어를 활성화시킬 때 고려해야 할 몇몇 사항이 있다.

1. 기존 활동 시스템과 새로운 활동 시스템을 비교한다

아래 몇 가지 질문을 해본다.

- 활동 시스템으로 이루어진 새로운 전략이 기존 전략과 어떻게 다른가? 근본적으로 철저하게 다른가, 기존 전략의 연장 선상에 있는 자연스러운 확장인가, 또는 이 둘의 중간 지점에 존재하는가?
- 기존 전략과 새로운 전략이 긴장 상태에 있는가? 긴장 상태는 갈등의 요소임을 명심하자. 기존 마케팅 방식과 다른 새로운 마케팅 활동을 전개해야 할 수도 있고, 기존 비즈니스에 적합한 경영 시스템을 고쳐야만 새로운 전략을 추구할 수 있는 경우도 있다.
- 새로운 전략을 추구하려면 기존 전략을 어떻게 극대화할 수 있는가?

2. 필요한 자원을 파악한다

계획 실행에 필요한 인력과 노력을 파악하기 위해 다음의 질문들을 해보자.

- 이 인력과 자원이 혹시 다른 우선순위에 이미 배분되어 있는 것은 아닌가? 새로운 계획 때문에 집중에 방해가 되지는 않는가? 이 인력이 팀 내에 다른 사람을 고용해서 일을 시킬 수 있는가?
- 기업이 현재 가진 자원보다 더 많은 자원을 요구하는가? 인력과 개발에 있어서 추가 투자가 필요한가?

3. 비용이 덜 드는 대안도 고려한다

궁극적인 목표는 현재 운영되는 비즈니스에 끼치는 혼란을 최소화하면서 천천히 끈기 있게 새로운 비전을 추구하는 것이다. 비용이 확실히 보이고 가치가 명확한 인력, 연구, 개발, 자금 등에만 비용을 투자하자.

팁

실행 계획은 작은 의사결정이 아니니 충분히 오랫동안 생각해서 어떠한 방법이 기업의 현재와 미래에 가장 큰 도움이 될지 알아본다.

몇 가지 시나리오를 만들고 각 시나리오별 비용, 혜택, 위험을 고려한다. 가장 생산성이 높은 방법을 찾으려면 창조적임과 동시에 분석적인 팀 활동이 필요하다.

조직 전략을 디자인하고 적용할 때는 임원의 협조와 지원이 절대적이다. 더 넓은 관점에서 현재 사업과 기업의 미래를 함께 고민하는 것이 꼭 필요하다.

5. 가치 교환:
가치의 전달과 교환을 디자인하기

왜 하는가?

디자인 요소와 새로운 경험은 이해관계자 간의 가치를 창출하는 시스템으로 전환되어야 한다. 가치 교환은 가치가 만들어지는 과정을 통합적이고 시각적으로 보여줄 뿐 아니라 이해관계자들로 하여금 수익을 창출하는 기회를 발견하게 해주고, 솔루션을 효과적으로 전달함으로써 비용을 절감할 수 있다는 장점도 있다. 이 방법은 아이디어가 어떻게 만들어지고 전달되는지, 누가 핵심 이해관계자고 가치가 어떻게 교환되는지, 돈이 어디에 있는지, 자원을 어떻게 하면 효과적이고 효율적으로 사용할 수 있는지의 질문에 대한 답을 제공해준다.

어떻게 하는가?

기업 내부에서 무엇을 하고 외부에서는 파트너들과 무엇을 할지 결정해야 하기 때문에, 가치 교환은 필요 역량 및 활동 시스템과 함께 만드는 것이 좋다. 이 기법은 특히 재무 상태를 생각해보는 데 도움이 된다. 뒤에서 설명할 상호성에 따르면, 모두가 넓은 의미에서 서로 이득을 얻게 하는 데는 폭넓은 가치 평가가 중요하다. 즉, 가치라는 것이 항상 명확하게 가격표가 붙어 있는 것은 아니라는 점을 깨달아야 하는데, 이에 대해 싱가포르의 WISH 프로젝트를 하나의 사례로 소개한다.

1. 이해관계자의 역할을 확인한다

필요 역량의 결과물에 근거하여 솔루션과 관계된 모든 이해관계자를 확인하고 각 이해관계자가 기여할 수 있는 독특한 것이 무엇인지 알아본다. 예를 들어 싱가포르의 WISH 프로젝트에서는 생산자가 제품을 제조하고 네크워크 내 다른 생산자들과 함께 패키징하며 마지막으로 최종 선물상자를 유통시키는 역할까지 수행했다.

2. 핵심 디자인 요소가 어떻게 전달되는지 확인한다

디자인 요소가 처음에 어떻게 만들어지고 나중에 어떻게 소비자에게 전달되는지, 그리고 조력자와 영향력을 가진 이해관계자들에 의해서 가치가 어떻게 만들어지는지를 포함한다. WISH 프로젝트에서는 제품이 소비자에게 전달되는 방법에 브랜딩, 커뮤니케이션, 판매 등 다양한 판매촉진 기법들뿐 아니라 플래그십 스토어와 WISH 상자 등도 포함시켰다.

3. 이해관계자의 금전적 수익을 확인한다

모든 이해관계자가 가치 창출에 기여하고 반대 급부로 넓은 의미의 보상을 받는 것은 중요하지만, 실제로 이해관계자들이 사업에서 가장 중요한 '금전적 이득'을 얻는지 확인할 필요가 있다. 금전적 교환이 일어나는지의 여부 뿐만 아니라 구체적으로 그것이 어떻게 일어나는지도 파악해야 한다. WISH 프로젝트에서는 가장 확실한 수익의 원천이 WISH 상자의 판매 수익이었고 수익의 대부분이 생산자와 소매점에게 돌아갔지만, 디자인 요소의 창조 및 전달에 기여한 다른 파트너들에게도 보상이 주어져야 했다.

4. 이해관계자들이 포함된 가치 교환을 시각화한다

솔루션이 전달되는 동안 이해관계자들이 서로 어떻게 연결되는지를 보여주는 하나의 생태계 시스템을 그려야 한다. 커다란 면에 포스트잇을 사용해서 솔루션 전달과 가치 교환 시스템을 만들어 본다.

5. 추가 수익의 원천을 찾는다

핵심 제품이나 서비스를 판매하는 방법을 통해 이미 확실한 수익의 원천을 가지고 있더라도 추가적으로 이득을 낼 수 있는 지점을 찾아본다. 예를 들어 WISH 프로젝트에서는 싱가포르를 홍보하는 데 관심이 있는 회사나 기관들이 네트워크 참여에 흥미가 있는지 알아보았다.

6. 효율성을 추구한다

가치 사슬이 얼마나 효과적으로 작동하는지 생각하면서 역량 개발 비용을 최소화한다. WISH 프로젝트에서는 패키징에 기존 역량을 사용하는 것이 가장 효율적이었다. 외부 기업에 외주를 맡기는 것도 생각했으나 가치 체인에 추가 비용이 발생한다는 문제점이 있었다. 기존 소매상을 통해 제품을 유통시키면 빠르게 전달되는 장점이 있는 것처럼, 기존 패키징 사업자와 함께 일하면 더 많은 고객에게 접근할 수 있다는 장점이 있었다.

7. 알아보고 만들어보고 반복하고 수정한다

프로토타입을 만든 뒤에는 솔루션을 전달하는 데 있어 현재의 대안이 가장 효과적이고 효율적인지, 혹시 비용을 줄이거나 추가 수익을 낼 수 있는 대안은 없는지 확인한다. WISH 프로젝트의 경우에는 싱가포르 홍보에 관심이 있는 여행사나 공공기관으로부터 추가 수익을 올릴 수 있는 가능성이 있었다.

8. 기업의 독특한 역할을 확인한다

특정 솔루션을 만들어 성공하기 위해 얼마나 독특한 포지셔닝이 되어 있는지 확인한다. 기존 역량과 상호 관계를 이해한 다음, 성공 가능성이나 경쟁우위 제고에 사용할 만한 것이 있다면 극대화한다. 예를 들어 WISH 프로젝트에서는 '싱가포르 원조 디저트를 제공하는 강력한 협업 네트워크'라는, 다른 누군가가 침범하거나 복제하지 못하는 특성이 있었다.

팁

경험 맵은 솔루션의 의도를 유지하는 데 중요한 참고 자료가 된다.

최종 사용자를 포함한 이해관계자에게 가치를 전달하는 데는 이해관계자 맵, 페르소나, 니즈 등이 소중한 참고자료로 활용된다.

필요 역량을 확인하고 미래의 활동 시스템을 만드는 일은 전략 결정에 필수적인 상호 밀접한 활동이다.

가치 교환은 반복 프로세스다. 가치를 교환하는 다른 모델을 보여주기 위해 이해관계자나 요소를 다르게 배열할 수도 있다. 포스트잇과 화이트보드를 이용해서 시각화된 자료를 여러 번 지우고 수정하자.

　시스템을 수정할 때는 외부 파트너 및 기술을 고려하면서 시스템의 가능성과 효율성을 따져본다. 이전에 만들어둔 사업자 파악이 도움이 될 수 있다. 새로운 아이디어를 고객에게 전달할 수 있는 모든 파트너를 상상해보고 어떻게 가치를 전달하고 받을 수 있는지 생각해보자.

　가치 교환 시스템을 모두 그린 후에는 뒤에 나오는 '상호성' 팁에 따라 시스템을 지속 가능하게 만드는 법을 고민한다.

사례

다음 그림에 나오는 싱가포르 WISH 사례에서는 경험을 구성하는 핵심 요소를 만들고 전달하는 일에 관여한 모든 이해관계자들의 역할이 표시되어 있다. 달러 표시는 이해관계자에게 금전적인 이득이 생긴다는 것을 의미한다.

그림 49 WISH 프로그램 내 이해관계자들의 역할

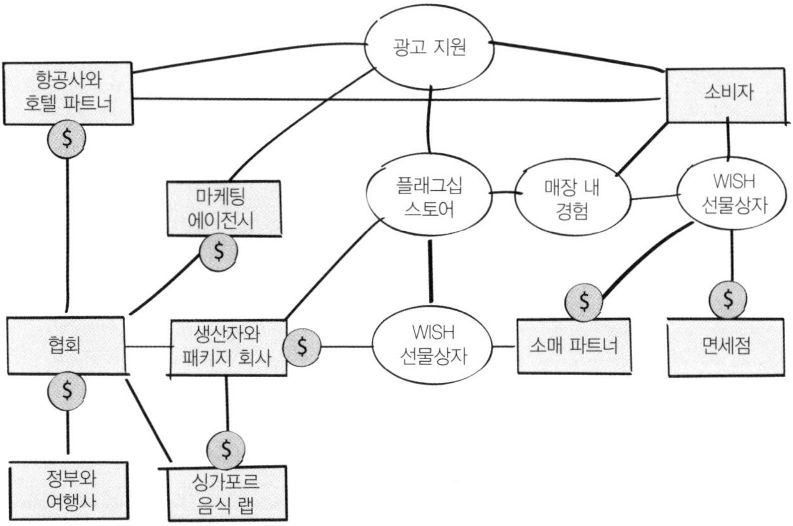

다이어그램 내 텍스트:

- 광고 지원
- 항공사와 호텔 파트너 ($)
- 소비자
- 마케팅 에이전시 ($)
- 플래그십 스토어
- 매장 내 경험
- WISH 선물상자
- 협회 ($)
- 생산자와 패키지 회사 ($)
- WISH 선물상자
- 소매 파트너 ($)
- 면세점 ($)
- 정부와 여행사
- 싱가포르 음식 랩 ($)

〈역량과 역할〉

협회 – 브랜드 마케팅, 협회 내 생산자 의견 조정

생산자 – 제품 생산 경험, 고품질 제품 공급, 패키징, 재고, 운송

싱가포르 음식 랩 – 배합과 패키징에 관한 기술적 전문성

소매 파트너 – 소비자 접근 및 제품의 유통

항공사와 호텔 파트너 – 여행자 접근 및 제품의 유통

마케팅 에이전시 – 브랜딩, 패키징, 마케팅 서비스, 광고 및 커뮤니케이션

정부와 여행사 – 재정 지원 및 스폰서십

6. 상호성:
생태계 내에서 가치 교환의 균형을 유지하기

왜 하는가?

새로운 생태계 내에서 이해관계자들끼리 주고 받는 것이 균형을 이룬다는 것을 보여주어야 한다. '상호성'은 모든 사람이 재무적이나 비재무적으로 가치를 주고받음을 의미한다. 솔루션이 지속 가능하려면 상호성이 반드시 필요하다. 이 활동을 통해 모든 사람이 가치를 균형 있게 주고받는지, 그래서 교환 시스템이 지속 가능한지를 알 수 있다.

어떻게 하는가?

1. 성공에 필수적인 이해관계자를 모두 찾는다

이해관계자에는 최종 고객, 핵심 전략 파트너, 조력자, 기업 전체가 모두 포함되며 이들 모두는 활동 시스템으로 연결되어 있어야 한다. 이 사람들은 전략을 작동하고 가치를 생성하며 경쟁우위를 확보하는 데 꼭 필요하다.

2. 각 이해관계자가 어떠한 가치를 주고받는지 설명한다

가치는 재무적일 수도 있고(돈을 받는다), 감정적일 수도 있으며(유의미하게 기분이 좋아진다), 명성일 수도 있고(신분이 상승한다), 실용적일 수도 있다(새로운 시장이나 정보에 접근한다). 이러한 가치는 간단한 균형표로 만들 수 있다.

3. 개별 이해관계자 별로 주고받는 균형을 측정한다

가치의 종류와 상관없이 공정하고 균형 잡힌 가치 교환을 만드는 것이 중요하다. 그렇게 해야만 이해관계자들이 참여하려 하는 동기가 부여되고 지속 가능한 노력도 투입할 수 있기 때문이다.

4. 기업이 어떻게 독특한 가치를 더하는지 측정한다

가장 중요한 마지막 단계는 기업이 시스템을 이끌어갈 만큼 독특하게 포지셔닝하여 다른 기업에 휩쓸리지 않게 하는 것이다.

팁

필요할 경우 활동 시스템, 필요 역량, 가치 교환을 참고한다.

가치란 재무적으로만 설명되거나 엄격하게 동등한 수준으로 교환되어야 하는 것이 아니다. 상호성에서는 각 이해관계자들이 '시스템 내'에 있으면서 얻는 동기부여와 혜택을 좀 더 넓은 범위로 해석할 필요가 있다. 이해관계자들이 얻는 혜택에는 다양한 형태가 있음을 명심하자.

상호성은 중요한 이해관계자의 니즈를 이해하기 위해 계속 진행되는 노력이다. 이를 통해 생태계가 지속되고 자신만의 독특한 포지션을 만들어낼 수 있다.

균형 잡힌 생태계를 가진 기업의 훌륭한 예가 네스프레소다. 이 회사에는 소비자, 판매자, 농장주, 환경 연합, 제품 디자이너, 생산 공장, 서비스 제공자 등 여러 이해관계자가 있다. 네스프레소는 부단한 노력을 통해 모든 이해관계자들이 시스템 내에서 승리할 수 있는 방법을 고민해왔음은 물론 마케팅, 특허 받은 캡슐 기술, 품질 관리, 국제적 유통망 등 독특한 역량을 시스템 안에 불러들였다. [표 5]는 몇 명의 이해관계자가 무엇을 주고받으며 네스프레소가 어떻게 가치를 더해갔는지를 보여준다.

표 5 균형 잡힌 교환

이해관계자	무엇을 주는가	무엇을 받는가	네스프레소는 어떻게 가치를 더하는가
커피 머신 생산자	제조 역량과 능력	매출, 가시적이고 수준 높은 브랜드 네임과의 연계	국제 유통망에 접근 허용, 특허 받은 캡슐 기술, 품질에 대한 헌신, 마케팅 전문성, 강한 브랜드 이미지
(플래그십을 제외한) 대부분의 소매상	소비자에 대한 접근	판매 수익, 판매 지원	마케팅 전문성과 강한 브랜드 이미지
커피 콩 생산자	품질 좋은 콩	수익, 사업 성장에 필요한 지원	공정무역을 통한 가치 공유, 사업 성장에 필요한 전문성

7. 재무 민감도 분석:
불확실성과 위험을 측정하기

재무 성과에 상당한 영향을 끼치는 불확실성을 확인해서 재무 위험을 측정하고 줄여야 한다. 재무 민감도는 상품 기획 및 전략 수립에 있어 성공 가능성을 극대화하는 정보임과 동시에 활동 시스템과 가치 교환에 정보를 제공하고 어떠한 실험을 수행해야 하는지도 알려주는 역할을 한다.

대부분의 기업은 강력한 재무 지식을 가지고 있고 비용에 관한 숫자를 동원해서 수익 시나리오와 변동을 계산한다. 여기서 설명할 기법은, 적절하게 고려하지 않으면 예상하지 못한 상태에서 부정적 영향을 끼치는 '알려지지 않은' 변수를 떼어내 검증하는 것이다. 손에 잡히는 솔루션을 만들고 경험을 직접 시연해보는 과정을 거쳤다면 어떤 변수가 위험할지 대략 추정할 수 있다. 이제 분석적이고 비판적인 시각을 가지고 무엇이 잘못될지, 어떠한 재무적 상황이 펼쳐질지, 더욱 중요하게는 어떻게 실험과 시스템을 디자인해서 위험을 최소화하고 성공 가능성을 최대화할 수 있을지를 생각해봐야 한다.

이 기법은 변수를 연구 및 예측하여 재무 모형의 적합도를 개선함으로써 프로젝트에 대한 신뢰를 높이는 것을 추가 목표로 한다. 제안하는 솔루션의 각 단계별로 핵심 변동 비용을 확인, 예상되는 어려움 및 리스크 관리 계획도 함께 세울 필요가 있다.

어떻게 하는가?

1. 경험을 해체하여 디자인 요소의 실행에 필요한 확실성 정도를 측정한다

솔루션을 구성하는 핵심 요소를 확인한 뒤 어떤 요소가 확실하고 어떤 것이 불확실한지 알아본다. 가령 제품 생산에 익숙한 회사라면 솔루션으로 만들어질 제품의 품질이나 비용을 예측하는 것은 상대적으로 확실할 것이다. 하지만 솔루션이 모바일 서비스나 새로운 유통 채널 등 새로운 전달 방식을 요구한다면 이와 관련된 경험이 부족하기 때문에 비용 예측 면에서 상대적으로 불확실할 가능성이 높다.

2. 핵심 요소와 관련된 변동 비용과 매출 기여 요인을 확인한다

솔루션의 개별 단계마다 다음을 확인하자.

- **변동 비용:** 콜센터나 서비스 전화 등 경영 활동에 비례해서 변화하는 비용과 운영상의 불확실성, 특히 무언가 잘못될 수도 있는 것들(예: 새로운 판매 채널에서 자판기나 트럭이 고장 나는 상황, 최저 가격 보상제로 인해 제품이 환불되는 상황)
- **매출 기여 요인:** 일정 기간 동안 기업이 받게 되는 금액을 결정하는 활동(예: 판매 수량, 유통 과정에서의 판매)

3. 알려지지 않은 요인을 떼내어 재무 민감도를 테스트한다

지금까지의 경험과 직관을 바탕으로 어떠한 알려지지 않은 변수가 재무 실적에 가장 큰 영향을 끼치는지 결정한다. 처음에는 엑셀에서 스프레드 시트 형태로 계산해야겠지만 나중에는 실험을 통해 시장에서 실제 테스트를 해야 한다. 만약 부정적인 결과가 도출되면 그와 관련된 위험을 줄일 수 있는 방법을 구상해볼 필요가 있다. 가령 사무실 인근 매장과 편의점 내 매장과 같은 두 종류 판매 채널의 일일 판매량 차이, 또는 많은 사람이 사용하는 자판기의 내구성이 궁금할 수도 있다. 이 모든 것이 결국 실험의 한 요소가 된다.

4. 실험을 디자인한다. 실험이란 해야 한다거나 하면 안 된다는 단순한 결론을 내리는 것이 아니다

그보다는 추가로 고려해야 할 사항이 무엇인지, 위험을 줄이고 성공 가능성을 높이려면 무엇을 해야 하는지 알아내는 것이 실험 본연의 목적이다. 뒤에 소개되는 것처럼, 측정할 수 있는 결과물과 그것이 나중에 어떻게 사용될지 파악할 수 있도록 실험을 명확히 디자인하는 것이 중요하다.

팁

경험 맵, 필요 역량, 활동 시스템, 가치 교환을 바탕으로 재무 민감도 분석을 시작하자.

전체 결과에 상당한 영향을 미치는 고정 비용(예: 자본 비용, 웹사이트 구축 비용)은 여기서 소개하는 재무 민감도 분석에 포함시키지 않았다. 이 장에서는 위험도가 높은 변수에만 집중했다.

결론적으로 위험도가 낮은 요인은 곧바로 개발 단계나 빠른 성공 단계에 진입시키는 것이 좋다('빠른 성공의 팁' 참고).

8. 경영 시스템:
지원 시스템을 디자인하고 중요한 것을 측정하기

왜 하는가?

일을 진행할 수 있도록 시스템을 만들어야 하고 실적을 평가하기 위해 측정할 니즈를 결정해야 한다. 새로운 가치를 만들어내는 솔루션 및 그에 맞는 새로운 기업 전략을 운영하려면 기존과는 다른 경영 시스템과 측정 시스템이 필요하다. 새로운 솔루션과 전략을 단순히 기존 시스템에 적용하면 생산성이 급락하고 발전을 방해하는 경우가 많다. 전략을 성공시키는 데 있어 필요한 지원 및 측정 시스템을 파악하고 있는 기업은 장기적인 발전에 도움이 되는 의사결정을 내릴 수 있다. 올바른 경영 시스템과 측정 시스템을 만들려면 모든 것을 분명하게 꺼내놓고 여정에 참여한 전원의 이해 관계를 조율하는 것이 중요하다. 새로운 비전을 효과적으로 달성하고 운영하기 위해서, 또 가장 중요한 것을 측정하기 위해서는 무엇이 필요한지 토론해야 한다.

경영 시스템

충분한 지원을 받기 위해서는 어떤 경영 시스템이 필요한지 고려하면서 다음의 과정을 따라가보자.

1. 효과적인 전략 수행에 필요한 시스템을 찾는다. 신제품 시장 진입 시스템, 재고 관리 시스템, 품질 관리 시스템, 커뮤니케이션 시스템, 직원 관리 시스템 등 고려해볼 만한 다양한 시스템이 있다. 이러한 모든 시스템은 솔루션을 시장에 내보낼 때 기업이 핵심적으로 고려해야 하는 부분을 확인하면서 효과적이고 효율적으로 운영되도록 만들어준다. 시스템은 기업을 운영하고 성장을 가속화하며 규모를 키워주는 핵심임을 명심하자.

2. 기존 시스템이 무엇인지 확인한다. 현재 수익을 내는 경영 시스템이 무엇인지 조사한다. 대부분의 기업에서는 기존의 경영 시스템이 신제품 론칭과 운영에 있어 핵심 역할을 담당한다.

3. 극대화하고 조정한다. 새로운 전략을 적용하기에 좋은 시스템이 있을 수도 있고 기존 전략에 너무 잘 맞아서 새로운 방식으로 성장하는 데 오히려 방해가 되는 시스템이 있을 수도 있다. 계속 사용할 기존 시스템의 어떠한 부분을 극대화할지, 새로운 시스템이 어디에 필요할지, 가장 중요하게는 기존 시스템과 새로운 시스템이 어디에서 충돌할지를 확인하고 예측해야 한다.

4. 신규 시스템을 통합하고 향후 발생할 갈등을 명시한다. 새로운 시스템을 운영하여 신규 전략을 달성하는 방법을 명시화하고 다른 사람들의 이해를 조정하는 것이 중요하다. 이 작업은 활동 시스템 측정과 연계되어야 한다.

측정 시스템

어떠한 측정 도구와 기법이 의미 있고 가능한지 알아야 한다. 이를 위해서는 경영 시스템을 디자인할 때처럼 어떻게 성장을 측정할지, 의사결정의 성과들 측정하는 기존의 방식과 어떻게 들어맞을지 등을 질문해야 한다. 새로운 아이디어를 위해서는 종종 기존에는 측정하지 않았던 전혀 다른 성과를 측정해야 할 수도 있다.

1. 성과 측정 지수를 찾는다. 기업 목표와 사업 성과를 측정하는 판매(판매액, 판매 대수), 비용, 수익, 총 매출, 유통 과정 등 여러 지표를 나열한다. 어떤 것은 지금 사용하는 것일 수도 있고, 어떤 것은 새롭게 사용해야 하는 것일 수도 있다. 예를 들어 기업이 과거에는 저가의 대량생산 제품을 판매하면서 생산 능력의 극대화를 중시했는데 이제는 고가의 소량생산 제품으로 전환해야 한다면 기존에는 사용하지 않았던 판매 수익을 고려해야 한다.

2. 정량 추적 지표를 만든다. 이미 만들어진 성과 지표에 초점을 맞추고 추적하고 싶은 핵심 정량 지표를 단답형 질문으로 만든다. 인지도, 시도 여부, 만족도, 추천, 재구매 의향, 충성도, 구매 빈도 등이 여기에 포함된다. 정량 지표에는 항상 신경을 쓰되 필요한 경우에는 수정한다.

3. 정성 조사를 추가로 실시한다. 정성 조사를 통해서는 고객 가치를 실질적으로 증진시키고 예상치 못한 방법으로 문제를 해결하는 참신한 아이디어와 통찰을 얻을 수 있다. 만약 예상된 결과를 얻지 못했다면 무엇이 잘못됐는지 알려줄 수 있는 사람을 고객과 함께 열린 마음으로 찾아본다. 고객이 불만을 가지고 있다면 핵심 불만에 관한 인터뷰도 실시해본다. 정성 조사는 가치 있는 피드백을 얻을 수 있는 중요 자원임을 명심하자.

측정 도구가 여러 개 만들어지면 우선순위가 높은 측정 지표를 가장 위에 배치해서 중요도를 강조하자. 장단기적으로도 우선순위 가치가 높은 측정 지표에 집중해야만 유의미한 학습이 일어나고 프로젝트의 성공 가능성이 극대화된다.

경영 시스템을 디자인할 때는 초기부터 핵심 의사결정권자들과 조율하는 것이 중요하다. 무엇을, 왜, 어떻게 측정할 것인지 분명하게 공유하라. 실험 단계에서 '예상 결과'를 정의한 것처럼, 의사결정 지표도 함께 첨부하는 것을 추천한다.

A. 제안서:
기회를 연결하기

왜 하는가?

기어 1과 기어 2의 결과물을 정리하여 가치 제안으로 전환해야 한다. 새롭게 제안하는 비즈니스 아이디어가 제안서의 형태로 명확하게 요약되어 기어 3의 인풋이 되어야만 어디에서 경쟁할지, 어떻게 이길지 알 수 있다.

어떻게 하는가?

이제까지 알아낸 모든 것을 다음과 같이 정리하고 통합하여 팀원 모두가 진행 경과를 이해한다.

1. 영감을 찾는다(기어 1). 우리의 핵심 사용자는 누구고, 그의 어떠한 니즈를 만족시킬 예정인가?
페르소나를 다시 꺼내본다. 기회는 무엇인가? 이 기회는 사용자의 생활 중 어디에 적용될 수 있나?

어떠한 충족되지 않은 니즈를 충족하려고 하는가? SPICE 프레임 워크(사회적, 물리적, 정체성, 의사소통, 감정적)를 활용하여 기회에 좀 더 통합적으로 접근하는 것을 추천한다.

2. 아이디어를 만든다(기어 2). 독창적으로 제공하려는 것이 무엇인가?

한 발 뒤로 물러서서 핵심 아이디어와 그 아이디어의 의도를 논의해본다.

페르소나가 기뻐할 만한 좋은 아이디어란 한마디로 무엇인가?

3. 사용자에 가치를 둔다(기어 1과 기어 2를 연결). 혜택은 무엇인가?

이 아이디어를 통해 페르소나가 얻는 혜택은 무엇인가?

이 아이디어가 페르소나의 생활에 어떤 유의미한 방식으로 가치를 줄 수 있나?

4. 기업에 가치를 둔다(기어 3). 폭넓은 관점에서 이 아이디어를 통해 우리 회사가 얻는 것은 무엇인가?(예: 고객 충성도 제고, 입소문 창출, 수익 증대, 직원들의 참여 증가 등)

이 아이디어는 우리 회사를 경쟁사와 어떻게 차별화시키나?

5. 통합적으로 제안한다(모든 것을 연결). 결국, 독창적인 제안은 무엇인가?(타깃 고객, 제공하고자 하는 것, 니즈 충족을 모두 연결)

팁

정교한 아이디어에는 여러 장점이 있다. 제안 내용이 강력하면 최종 비전의 달성을 향한 여정에 있어 등대와 같은 역할을 해줄 것이다.

필요하다면 '맨 처음 영감을 주는 것은 무엇인가?' '이 아이디어가 사용자에게 가장 의미 있는 방식으로 혜택을 제공하는 방식은 무엇인가?' '사용자에게 가장 어필하는 것은 무엇인가?' 등과 같은 질문을 통해 즉각적인 토의를 진행한다.

[그림 50]은 싱가포르 WISH 아이디어의 시놉시스를 보여준다.

그림 50 기회의 연결

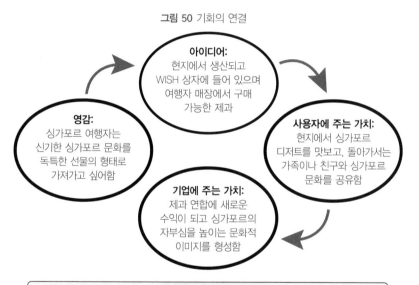

아이디어:
현지에서 생산되고
WISH 상자에 들어 있으며
여행자 매장에서 구매
가능한 제과

영감:
싱가포르 여행자는
신기한 싱가포르 문화를
독특한 선물의 형태로
가져가고 싶어함

사용자에 주는 가치:
현지에서 싱가포르
디저트를 맛보고, 돌아가서는
가족이나 친구와 싱가포르
문화를 공유함

기업에 주는 가치:
제과 연합에 새로운
수익이 되고 싱가포르의
자부심을 높이는 문화적
이미지를 형성함

싱가포르 WISH 제안:
싱가포르에서 생산되어 신중하게 선별된 베이커리 아이템으로 독특한
선물 컬렉션을 구성하여 해외 관광객에게 싱가포르 고유의 문화적 경험과
즐거움을 제공한다.

B. 실험:
모르는 것을 테스트하기

왜 하는가?

불확실성과 예상되는 위험을 학습하여 기업이 다음 단계의 개발과 론칭을 할 수 있는 자신감을 길러야 한다. 실험은 프로토타입의 한 종류로서 누구도 실행해보지 않은 새로운 아이디어를 실행한 뒤 그 결과물을 측정하고 학습하는 것이다. 실험은 시장에서 새로운 아이디어가 얼마나 받아들여지는지 상황을 살펴보거나, 재무 민감도 분석에서 위험 변수를 찾거나, 잘 만든 사용자 경험을 어떻게 전달해야 하는지 알아볼 수 있는 좋은 방법이다. 비즈니스 디자인에서 실험의 목적은 이미 나온 가설을 증명하는 것이 아니라 새로운 비전을 전달하는 더 좋은 방법을 찾거나, 더욱 중요하게는 스스로가 올바른 길을 가고 있음을 확신할 수 있는 심리적 근거를 제공받는 것이다.

어떻게 하는가?

1. 아이디어를 불확실하고 위험하게 만드는 요소를 찾는다

이러한 요소는 무언가 잘못되었을 때 사용자 경험이나 비즈니스 모델을 위험하게 만들 수 있다. 제품 자체의 위험 요소일 수도 있고, 제품을 사용하거나 버릴 때 발생하는 이슈일 수도 있으며, 새로운 유통 채널에서 일어나는 특정 상황 혹은 중요한 신규 커뮤니케이션 요소를 측정하다 발생하는 문제일 수도 있다. 성공은 이 요소를 어떻게 관리하는가에 달려 있다.

2. 찾아낸 요소에 관한 가설을 만든다

각 실험마다 직관을 동원하여 성공 확률을 높일 수 있는 예측을 한다. 예를 들어 '의사가 환자의 상담 도구를 좋아하고 이용할까?' '새로운 제품을 새로운 장소에서 판매하면 사람들이 찾아올까?' '기술적인 문제를 전화 통화로 해결하는 것을 사람들이 과연 좋아할까?' '환자로 붐비는 장소에서 기계를 통해 제조된 약이 과연 쓸 만하고 오래갈 수 있을까?' 등이 그 예가 될 수 있다.

3. 실험을 디자인한다

가설을 검증하는 몇 가지 옵션을 생각해보고 아주 작은 규모의 실험을 해본다. 예를 들어 두 개의 다른 판매 채널 중 어느 쪽이 더 많이 판매되는지, 판매처에 판매원이 있는 것과 온라인 단말기를 통해서 구매 결정을 도와주는 것 중 어떤 쪽이 보다 효과적인지 궁금할 수 있다. 측정 대상과 방법은 명확할수록 좋다.

4. 예상 결과를 만든다

최악의 상황을 포함하여 예상되는 결과의 폭을 예측하는 것은 중요하다. 어떤 결과를 예상하는지, 예상 결과를 얻지 못했을 때는 무엇을 할 수 있는지 확인한다. 실험이란 한 번 해본 뒤 되고

안 되고의 결과를 얻는 것이 아니라 학습을 하는 것이므로, 위험을 줄이고 향후 무엇을 할지 결정할 수 있도록 대안 실험을 만들어도 좋다. 실패하더라도 결론의 개선 방향에 대한 중요한 인사이트를 얻게 된다는 점을 명심하자.

5. 실행하고, 평가하고, 다듬는다

아이디어를 진전시키기 위해 무엇을 해야 할지 결정한다. 실험 결과를 바탕으로 아이디어의 각 요소들을 다듬거나 활동 시스템을 개선한다. 아이디어가 실제로 작동하고 전략이 좋다는 심적 근거를 얻게 된다면 더할 나위 없이 좋다.

팁

어떤 실험을 수행할지 결정할 때는 경험 맵, 프로토타입, 활동 시스템, 재무 민감도 분석을 살펴본다.

초기에 시간과 돈을 투자하여 실험을 진행하면 시장상황 파악에도 좋고 큰 비용을 날리는 실패도 피할 수 있으므로 장기적으로 수익에 도움이 된다. 아주 적은 시간과 돈을 투자해서 아이디어를 풍부하게 하고 비즈니스의 성공 가능성을 증대하는 실험을 만들어볼 수 있다. 새로운 방법으로 가설을 검증할 때는 재무적 제약 조건을 넣어 수행하자. 예를 들어 돈이 많이 드는 것을 새로 만들어 실험하는 것보다는 동일한 장비를 새롭게 페인팅해서 실험해보는 것이다.

실험을 통해 측정 가능한 결과와 수행 가능한 학습 결과물이 도출되어야 한다.

네스프레소의 초기 시절, 전前 대표인 장 폴 게일라드 Jean-Paul Gaillard 는 제네바, 로잔, 니옹에 있는 가전제품 할인매장에 들러서 사람들에게 제품을 판매해본 적이 있다. 당시 목표는 1주일 동안 100대의 기계를 팔 수 있는지 알아보려는 것이었다. 결과적으로는 사무실에 팔린 25대를 포함하여 총 50대가 팔렸다. 이전에 수행된 시장조사에서 '네스프레소의 시장은 없다'고 결론 내린 것과 달리 이 실험은 시장이 존재한다는 점을 보여주었다. 이 결과를 토대로 게일라드는 아이디어를 밀어붙여서 스위스 전역에 네스프레소를 론칭할 수 있었다.

C. 빠른 성공:
학습 효과를 자산화하기

왜 하는가?

새롭게 배운 것은 단기적으로 기업에 도움이 되도록 변환되어야 하고 장기적으로 새로운 비전으로 향하는 길에도 도움을 줄 수 있어야 한다. 빠른 성공은 실험과 달리 위험이 없으면서도 사업에 즉각 긍정적인 영향을 주는 통찰과 아이디어를 극대화한다. 빠른 성공은 이전에 잘하던 것을 좀더 잘하는 것이기도 하고, 이전에는 가치를 만들어내지 못하던 것을 새로운 것으로 대체하는 것이기도 하며, 가치를 직접적으로 창출하지 못하는 일을 없애버리는 작업이기도 하다. 이를 통해 비즈니스 디자인은 돈을 벌고 시간과 비용을 절약하게 해준다. 이제는 지금까지 배운 모든 것에 기반해서 어떻게 가치를 만들어낼 수 있는지 생각해봐야 할 때다.

어떻게 하는가?

1. 현 사업과 관련된 프로젝트에서 얻은 아이디어를 생각해보자

배운 것은 단기 도전과제를 해결하는 작은 움직임일 수도 있고, 장기 전략과 비전을 달성하는 데 알맞는 대규모 아이디어일 수도 있다. 예를 들면 '새로운 비전에 걸맞도록 단기 판매촉진 전략을 재구성해야 한다'는 아이디어를 얻을 수 있다.

2. 아이디어 중에서 지금 바로 실행 가능한 작은 '전술적 요소'를 찾는다

실질적으로 누구에게도 아무런 문제점을 일으키지 않으면서 이해관계자들의 니즈를 충분히 충족시킬 수 있는 아이디어 요소를 찾는다. 이는 최종 사용자에게 더 좋은 서비스를 제공하는 것일 수도 있고, 사용자에게 영향을 미치는 사람들의 동기와 참여를 이끌어내는 것일 수도 있다. 이러한 아이디어는 이해관계자뿐 아니라 기업에도 도움이 되기 때문에 즉시 적용해볼 수 있다. 프로세스 개선, 수익 창출의 기회 발굴, 신규 유통 채널 발굴, 의사소통 채널의 개선, 제품 품질 개선 등 다양한 사례가 있다. 앞서 기어 1에서 설명된 헬스케어 사례에서는 특정 통증을 호소하는 환자들을 위해 '빠른 수속 및 진료'를 시도하는 것이 당장 적용 가능하고 기업 가치를 높이는 방법이었다.

3. 학습을 통해 빠른 성공을 활성화한다

이 프로세스는 니즈 발견 및 아이디어 개발에 대해 즉각적인 보상이 따른다는 장점이 있다. 이해관계자를 새롭게 이해하고, 새로운 아이디어를 얻으며, 노력이 가치 있다는 것을 곧바로 증명하자.

4. 실행하고, 학습하고, 빠른 성공을 축하한다

이제 당신에겐 비즈니스 디자인의 가치를 느껴볼 수 있는 소중한 기회가 왔다. 장기 비전을 향해서 달리기 시작한다는 것을 다른 사람들에게 알리고 그들의 동기를 자극할 수도 있다.

팁

아이디어는 값비쌀 필요가 없다. 올바른 시간과 장소만 만나면 작고 간단한 아이디어도 놀라운 결과를 만들어낸다.

장기적으로 가치를 만들어내지 못하는 프로젝트가 있다면 그만 두어야 한다.